内 容 简 介

本书共分 11 章:(1)现代礼仪概述;(2)现代礼仪构成的三要素;(3)现代公众基本礼仪;(4)现代公众专题社交活动礼仪;(5)现代办公室礼仪;(6)现代商场服务礼仪;(7)现代商务谈判礼仪;(8)现代推销礼仪;(9)现代饭店(酒店、宾馆)礼仪;(10)涉外礼仪;(11)现代礼仪文书。

现代礼仪教程

常建坤 主编

吴 修 主审

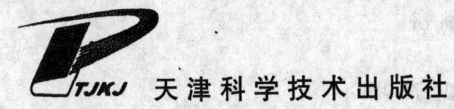
天津科学技术出版社

图书在版编目(CIP)数据

现代礼仪教程/常建坤主编 .—天津:天津科学技术出版社,2009
ISBN 978-7-5308-2439-9

Ⅰ.现... Ⅱ.常... Ⅲ.礼仪—教材 Ⅳ.K891

中国版本图书馆 CIP 数据核字(2000)第 65685 号

责任编辑:赵玲玲
责任印制:张军利

天津科学技术出版社出版
出版人:胡振泰
天津市西康路 35 号 邮编 300051
电话(022)23332393 (发行部)23332390(市场部) 27217980(邮购部)
网址:www.tjkjcbs.com.cn
新华书店经销
天津市津通印刷有限公司印刷

开本 787×1092 1/32 印张 9.75 字数 198 000
2009 年 7 月第 1 版第 14 次印刷
定价:13.80 元

编写人员名单

主　编：常建坤
主　审：吴　修
副主编：李　红　陆现柱
编　委：卜金涛　王　欣　秦晓书　刘国进
　　　　　王建华　学世质　肖秀静　李　红
　　　　　常建坤　陆现柱

前　言

现代礼仪以科学精神、民主思想和现代生活为基础,形式新颖、实用、简约、灵活,体现了高、快节奏的时代旋律。古老的礼仪现已变成了一门年轻的应用科学。因此,加强对现代礼仪的教育与研究,更好地为我国社会主义现代化建设服务,目前已成为众所周知的当务之急。

随着我国社会主义市场经济体制的逐步建立以及改革开放的不断深化,人们社会活动的规模、范围、频率都会日益发展、扩大和加快,同时人们的思想观念、精神面貌、价值尺度和行为方式等也会发生不同程度的变化。因此,认真研究现代礼仪的本质与规律,探索现代礼仪的发展与趋势,深入总结现代礼仪实践的理论和经验,为人们提供思想观点正确而又富有实效的礼仪规范、方法技巧和经验,对提高国民的礼仪素质、文明程度和道德水准等都是大有裨益的。这也正是我们编写本书的初衷。

本书与其他礼仪著作相比具有两大显著特点:一是参加本书编写的既有长期从事教学、理论研究的学者,又有从事实际工作的专家,因此真正做到了理论与实践的结合,具有很大的实用价值。二是本书内容较为全面、系统,这在目前国内礼仪书籍中尚不多见,因而适用面广。正因为如此,本书既可作为高等院校、中专学校的通用教材,又可作为技工学校、职业学校和各种培训班的教材。此外,还可作为有关人员的自学用书。

本书由常建坤同志设计大纲和提出写作要求,并主持召开了编写会议。参加本书编写的人员有:常建坤、李红、陆现柱、王欣、卜金涛、秦晓书、刘国进、王建华、学世质、肖秀静。其中,由常建坤担任主编,李红、陆现柱担任副主编。本书由天津师范大学吴修教授担任主审。

本书在编写过程中,承蒙天津科学技术出版社以及南京经济学院等编者所在单位的大力支持;参与了有关专家、学者的著论,吸取了一些有启发性的观点和有价值的资料;责任编辑付出了许多劳动。我们一并谨表谢忱。

由于编写时间仓促,加之编者水平所限,书中缺点和错误在所难免,敬希专家和广大读者赐教,以便再版时修订完善。

编 者
1997 年 6 月

目　　录

第一章　现代礼仪概述 …………………………（1）
　第一节　现代礼仪的形成与发展 ………………（1）
　　一、礼仪的起源 …………………………………（1）
　　二、礼仪的沿革 …………………………………（3）
　　三、现代礼仪的形成和发展 ……………………（6）
　第二节　现代礼仪的概念、特征和作用 …………（11）
　　一、现代礼仪的概念 ……………………………（11）
　　二、现代礼仪的特征 ……………………………（15）
　　三、现代礼仪的作用 ……………………………（17）
　第三节　现代礼仪的理论基础 ……………………（22）
　　一、传统礼仪的理论体系 ………………………（22）
　　二、现代礼仪的理论依据 ………………………（24）
　复习思考题 …………………………………………（27）
第二章　现代礼仪构成的三要素 ………………（28）
　第一节　仪表仪容礼仪 ……………………………（28）
　　一、仪表仪容美的重要性 ………………………（29）
　　二、仪表仪容美的基本原则 ……………………（30）
　　三、仪表仪容美的礼仪规范 ……………………（32）
　第二节　仪态礼仪 …………………………………（35）
　　一、仪态礼仪的作用 ……………………………（35）

二、仪态礼仪的规范 …………………………………… (37)
　第三节　交谈的语言礼仪 ………………………………… (42)
　　一、创造良好的交谈氛围 ……………………………… (42)
　　二、选择恰当的交谈内容 ……………………………… (44)
　　三、交谈的语言艺术 …………………………………… (45)
　　四、聆听的艺术 ………………………………………… (47)
　复习思考题 ………………………………………………… (48)
第三章　现代公众基本礼仪 ……………………………… (49)
　第一节　现代公众基本礼仪的实施原则 ………………… (50)
　　一、自信与微笑的原则 ………………………………… (50)
　　二、谦虚与相互尊重的原则 …………………………… (51)
　　三、理解与宽容的原则 ………………………………… (51)
　　四、热情与关心的原则 ………………………………… (52)
　　五、真诚守信的原则 …………………………………… (53)
　　六、遵守社会公德的原则 ……………………………… (53)
　第二节　日常礼貌用语 …………………………………… (55)
　　一、日常礼貌用语应遵循的原则 ……………………… (55)
　　二、称呼 ………………………………………………… (55)
　　三、问候语 ……………………………………………… (56)
　　四、答谢语 ……………………………………………… (57)
　　五、致歉语 ……………………………………………… (58)
　　六、请求语 ……………………………………………… (59)
　第三节　见面的礼节 ……………………………………… (60)
　　一、握手 ………………………………………………… (60)
　　二、鞠躬 ………………………………………………… (62)
　　三、致意礼 ……………………………………………… (63)
　　四、拥抱礼与亲吻礼 …………………………………… (63)

五、介绍 ································ (65)
　　六、名片 ································ (66)
第四节　拜访与待客的礼节 ················ (68)
　　一、拜访的礼节 ·························· (68)
　　二、待客的礼节 ·························· (69)
第五节　探病与馈赠的礼节 ················ (70)
　　一、探病的礼节 ·························· (70)
　　二、馈赠的礼节 ·························· (72)
第六节　电话礼仪 ························ (73)
　　一、打电话的礼仪 ······················ (74)
　　二、接电话的礼仪 ······················ (75)
复习思考题 ································ (76)

第四章　现代公众专题社交活动礼仪 ········ (77)
第一节　会议礼仪 ························ (77)
　　一、会议组织礼仪 ······················ (78)
　　二、会议主持礼仪 ······················ (78)
　　三、主席台成员礼仪 ···················· (79)
　　四、一般与会者礼仪 ···················· (80)
第二节　宴会礼仪 ························ (80)
　　一、组织礼仪 ·························· (81)
　　二、席间礼仪 ·························· (82)
　　三、用餐礼仪 ·························· (85)
第三节　舞会礼仪 ························ (86)
　　一、舞会的组织、准备礼仪 ·············· (86)
　　二、邀请跳舞礼仪 ······················ (87)
　　三、跳舞的礼仪 ························ (89)
第四节　庆典仪式礼仪 ···················· (90)

一、开业典礼 …………………………………（90）
　　二、剪彩仪式 …………………………………（92）
　第五节　婚丧祝寿礼仪 …………………………（95）
　　一、婚礼 …………………………………………（95）
　　二、丧礼 …………………………………………（96）
　　三、祝寿礼仪 …………………………………（98）
　复习思考题 …………………………………………（99）
第五章　现代办公室礼仪 ……………………………（100）
　第一节　办公室工作人员的礼貌修养 ……………（100）
　　一、办公室工作人员礼貌修养的重要性 ………（100）
　　二、办公室工作人员礼貌修养的基本原则
　　　　及培养途径 …………………………………（101）
　第二节　办公室工作人员的仪表仪容礼仪 ………（102）
　　一、办公室工作人员仪表仪容礼仪的重要性 …（102）
　　二、办公室工作人员仪表仪容礼仪的要求 ……（103）
　第三节　办公室工作人员的言谈举止礼仪 ………（107）
　　一、办公室工作人员的举止礼仪 ………………（107）
　　二、办公室工作人员的谈吐礼仪 ………………（111）
　第四节　办公室工作人员的日常工作礼仪 ………（112）
　　一、上班前的物质与心理准备 …………………（112）
　　二、上班时对室外特殊情况的处理 ……………（113）
　　三、被领导者礼仪 ………………………………（113）
　　四、同事间礼仪 …………………………………（118）
　　五、上司喜欢的下属 ……………………………（121）
　第五节　电话礼仪 …………………………………（123）
　　一、电话第一声足以体现公司的形象 …………（123）
　　二、"您好"之后请报公司名称 …………………（124）

三、接听电话应随时保持笑容 …………………… (124)
　　四、姿态正确声音就明朗 ………………………… (124)
　　五、电话应对中的声调 …………………………… (125)
　　六、不要让铃声响得太久 ………………………… (125)
　　七、用左手握话筒右手执笔 ……………………… (125)
　　八、正确记载所欲传达的事 ……………………… (126)
　　九、通话完毕应让对方先挂断电话 ……………… (126)
　　十、确认对方姓名一定要注意礼貌 ……………… (126)
　　十一、在办公室内避免打私人电话 ……………… (126)
　　十二、避免让对方久等 …………………………… (127)
　　十三、学会耐心接听电话，切忌在通话中表现出
　　　　　不耐烦的口吻 ……………………………… (128)
　　十四、电话记录中应特别注意数字号码，要写
　　　　　得准确、无误 ……………………………… (128)
　　十五、要熟知到达公司的各条交通线路 ………… (128)
　　十六、拿起电话筒时请中断任何交谈 …………… (129)
　　十七、工作时间以外，因公务打往私人住宅的
　　　　　电话首先要考虑对方是否方便 …………… (129)
　复习思考题 ………………………………………… (130)
第六章　现代商场服务礼仪 ………………………… (131)
　第一节　现代商场环境礼仪 ……………………… (131)
　　一、商场设计，体现特色 ………………………… (132)
　　二、服务设施，周到齐全 ………………………… (134)
　　三、商品陈列，赏心悦目 ………………………… (135)
　　四、店容店貌，清洁卫生 ………………………… (136)
　第二节　现代商场接待服务礼仪 ………………… (138)
　　一、热情周到的服务态度 ………………………… (139)

二、文明礼貌的语言艺术 ……………………（140）
　　三、观察研究顾客的心理需求 ………………（142）
　　四、端庄文雅的服务仪态 ……………………（145）
　第三节　防止和排除营业员与顾客之间
　　　　　发生冲突的礼仪……………………………（146）
　　一、营业员与顾客之间发生冲突的种类 ………（146）
　　二、营业员与顾客之间冲突的发展方式 ………（147）
　　三、营业员与顾客之间发生冲突的根源 ………（147）
　　四、防止营业员与顾客之间发生冲突的艺术 ……（148）
　　五、排除营业员与顾客之间发生冲突的艺术 ……（151）
　复习思考题……………………………………………（154）

第七章　现代商务谈判礼仪……………………………（155）
　第一节　现代商务谈判准备礼仪……………………（155）
　　一、搜集与谈判对手有关的信息资料 …………（155）
　　二、选派谈判人员，组织谈判队伍 ……………（157）
　　三、营造良好的谈判环境，促成合作 …………（158）
　第二节　现代商务谈判开局礼仪……………………（162）
　　一、创造良好的谈判气氛 ………………………（162）
　　二、正确运用谈判的开局策略 …………………（163）
　　三、开局摸底礼仪 ………………………………（164）
　第三节　现代商务谈判磋商礼仪……………………（166）
　　一、商务谈判磋商礼仪的基本要求 ……………（166）
　　二、处理商务谈判磋商矛盾的礼仪艺术 ………（168）
　第四节　现代商务谈判签字仪式的礼仪规范……（173）
　　一、做好协议文本的准备工作 …………………（173）
　　二、确定参加签字仪式的人员 …………………（174）
　　三、签字仪式场所的选择及布置 ………………（174）

复习思考题 …………………………………………… (177)
第八章 现代推销礼仪 …………………………………… (178)
第一节 接近顾客的礼仪 …………………………… (178)
一、重视给客户的第一印象 ……………………… (178)
二、消除客户的紧张心理 ………………………… (179)
三、寻找共同点，缩短与顾客的心理距离 ……… (180)
四、讲究初次见面的说话技巧 …………………… (182)
五、了解顾客类型及其应对方法………………… (183)
六、心平气和地面对拒绝 ………………………… (184)
第二节 约见、接待顾客的礼仪 …………………… (185)
一、约见顾客的礼仪 ……………………………… (185)
二、接待顾客的礼仪 ……………………………… (187)
第三节 推销商谈礼仪 ……………………………… (188)
一、推销的说话技巧礼仪 ………………………… (188)
二、创意是推销员决定胜负的关键 ……………… (191)
三、处理异议的礼仪 ……………………………… (194)
复习思考题 …………………………………………… (196)

第九章 现代饭店（酒店、宾馆）礼仪 ………………… (197)
第一节 现代饭店（酒店、宾馆）礼仪的基本要求 …………………………………………… (197)
一、仪表仪容的基本要求 ………………………… (197)
二、仪态的基本要求 ……………………………… (201)
三、礼貌服务用语 ………………………………… (206)
四、操作礼节 ……………………………………… (211)
第二节 现代饭店（酒店、宾馆）岗位礼仪 …… (213)
一、前厅服务礼仪 ………………………………… (213)
二、总台服务礼仪 ………………………………… (218)

三、客房服务礼仪 ………………………………… (221)
                四、餐厅服务礼仪 ………………………………… (223)
                五、酒吧服务礼仪 ………………………………… (227)
                六、康乐服务礼仪 ………………………………… (229)
        复习思考题 …………………………………………… (231)
第十章　涉外礼仪 ……………………………………… (232)
        第一节　涉外礼仪的基本原则 ……………………… (232)
                一、维护国家利益的原则 ………………………… (232)
                二、注重特色的原则 ……………………………… (233)
                三、严肃外事纪律的原则 ………………………… (233)
                四、尊重妇女的原则 ……………………………… (234)
        第二节　涉外语言礼仪 ……………………………… (234)
                一、称呼 …………………………………………… (235)
                二、语言习惯 ……………………………………… (236)
                三、谈话话题 ……………………………………… (239)
        第三节　涉外迎送礼仪 ……………………………… (241)
                一、确定迎送规格 ………………………………… (241)
                二、掌握抵达及离开时间 ………………………… (241)
                三、献花 …………………………………………… (242)
                四、介绍 …………………………………………… (242)
                五、陪车 …………………………………………… (242)
                六、注意事项 ……………………………………… (243)
        第四节　涉外会见、会谈礼仪 ……………………… (244)
                一、时间安排 ……………………………………… (244)
                二、地点与座次 …………………………………… (245)
                三、会见、会谈程序 ……………………………… (246)
                四、礼节要求 ……………………………………… (247)

第五节　涉外宴请礼仪·················(247)
　　　一、涉外宴请的形式·················(247)
　　　二、涉外宴请的程序·················(251)
　　　三、涉外宴请现场的礼宾工作 ·················(254)
　　　四、涉外宴请的礼节要求 ·················(255)
　　第六节　涉外演出与舞会礼仪·················(258)
　　　一、涉外演出的礼仪·················(258)
　　　二、涉外舞会礼仪·················(260)
　　第七节　涉外参观游览礼仪·················(262)
　　　一、涉外参观游览的程序·················(262)
　　　二、在国外参观游览的礼节要求·················(263)
　　第八节　礼宾次序与国旗悬挂·················(264)
　　　一、礼宾次序·················(264)
　　　二、国旗悬挂·················(266)
　　第九节　东西方礼仪的特点及世界部分国家的
　　　　　　习俗与禁忌·················(268)
　　　一、东方礼仪的特点·················(268)
　　　二、西方礼仪的特点·················(269)
　　　三、世界部分国家的习俗与禁忌·················(270)
　复习思考题·················(273)
第十一章　现代礼仪文书·················(274)
　第一节　现代礼仪文书的概念和作用·················(274)
　　　一、现代礼仪文书的概念·················(274)
　　　二、现代礼仪文书的作用·················(275)
　第二节　现代礼仪文书的写作要求·················(276)
　　　一、实事求是·················(276)
　　　二、感情要真挚·················(277)

- 三、语言要得体 …………………………………… (278)
- 四、体式要规范 …………………………………… (279)

第三节 日常礼仪文书 ………………………………… (280)
- 一、请柬 …………………………………………… (281)
- 二、聘书 …………………………………………… (282)
- 三、感谢信 ………………………………………… (283)
- 四、慰问信 ………………………………………… (284)
- 五、贺信、贺电、贺卡 …………………………… (285)
- 六、致词 …………………………………………… (286)

第四节 涉外礼仪文书 ………………………………… (287)
- 一、外贸函电的概念 ……………………………… (287)
- 二、外贸函电的作用 ……………………………… (288)
- 三、外贸函电的格式与写法 ……………………… (289)

复习思考题 ……………………………………………… (292)

第一章

现代礼仪概述

自古以来,礼仪在人们的社会生活中,一直都处于至关重要的地位。在现代社会中,礼仪是人们生活中必不可少的部分,是社会生产力发展带来的精神文明的象征,也是促进社会进步、创造良好的社会风尚的道德规范。目前,礼仪正在现代社会中发挥着日益重要的作用。

第一节 现代礼仪的形成与发展

一、礼仪的起源

中国是世界公认的文明古国之一,也是人类文明的发源地之一。中国自古以来都崇尚礼仪,而且素有"礼仪之邦"的美称。那么,礼仪究竟起源于何时?对此,人们一直都在进行种种论述和探讨。现代人类学、考古学的研究成果表明,礼仪起源于人类最原始的两大信仰:一是天地信仰;二是祖先信仰。礼仪是随着人类社会的发展和进步而逐步发展和完善起来的。正如《礼记·

礼运》中所概述的那样:"夫礼必本于天,动而之地,别而之事,变而从时,协于分艺。"

郭沫若在《十批判书·孔墨的批判》中说:"大概礼之起源于祀神。"这是有历史根源的。在原始社会,生产力水平十分低下,人类的思维尚处于低级阶段,因而对自然界的认识是朦胧的、模糊的;而对自然界中的各种事物和现象,如日月、星辰、山川、河流、风雨、雷电等,由于不能解释而作为崇拜的对象。当人类的思维发展到一定阶段时,人们才把日月、星辰归于天,山川、湖海归于地,并配以各种神灵的名称。为了表示对天地的敬仰,祭祀便产生了。泰山封禅就是最好的佐证。《史记·正义》中记载:"此泰山上筑土为坛以祭天,报天之功,故曰封。此泰山下小山上除地,报地之功,故曰禅。"

天地观念产生之后,人们必然去思索天地的起源。出于原始的万物有灵的意识,于是人们便创造出了"盘古开天地""女娲炼石补天"的神话传说。因此,人们对于开天辟地有道有德的神,当然不敢怠慢;而民间建祠以祀神,则对民俗有着深远的影响。

人们在不断认识周围世界的同时,也在不断认识自己。为了说明人的精神活力和解释生死现象,于是又产生了鬼神之说。即人死后肉体为鬼,精神为神;祖先死后,灵魂不死。先人的灵和物的灵结合在一起,物就成了祖先意志的代表,成为部落或氏族的保护神。于是,就产生了在祭祀天地时以祖先神配祀的做法,即祖先等于上帝。对于祖先的祭祀方法是立宗庙。"庙之言貌也,宗庙者,先祖之尊貌也"(《礼记·祭法》)。后来,宗庙就演变成了祖先牌位。因此,祭祖在古代是最为隆重的礼仪。

需要说明的是,生殖崇拜在原始社会中具有很重要的地位。即把男女之间的性关系和生育现象,看做是一种极其神秘和神圣的事。《礼记·内则》中记载："礼始于谨夫妇。"因此，作为古代社会典章制度和行为规范的"礼"，就是以严肃男女关系为出发点的。

尊天法祖是中国古代社会不可违背的观念，表现这一观念的"礼"就是"祭祀"。即使到了礼的内容日益丰富的夏商周时期，人们仍把祭祀天地鬼神视为国之大礼，甚至影响着后来几千年的礼制礼俗。所以，在中国古代社会中，礼就是从天地信仰、祖先信仰出发而制定的。它既包含着人与人之间的等级关系，又包含着人对自然的依赖关系。

奴隶社会产生后，人们由对"天"和"神"的崇拜，转为崇拜君主。奴隶主为了维护自己的统治，特别制定出了一整套礼的形式和制度。例如，周代出现的《周礼》《礼仪》《礼记》（简称"三礼"），就反映了周代的礼仪制度，这也是被后世称道的"礼学三著作"。这三部"礼经"特别是《周礼》，对后世治国安邦、施政教化，规范人们的行为，培育人们的人格，都起到了不可估量的作用。

二、礼仪的沿革

礼仪是社会发展和进步的产物，是一个历史的范畴。礼仪在世代相传的同时，还随着社会生产环境、生存环境和生活形态的变化而不断得以丰富和发展。

我国礼仪的沿革，大体上可以划分为以下4个阶段：

（一）礼仪形成阶段（约公元前21世纪至公元前771年）

这一阶段，主要是指夏商周时期。从史料上看，夏代已开始制礼，商代礼仪已渗透到了社会生活中的各个方面。记载周代礼仪的书籍"三礼"的出现，标志着《周礼》已经达到了系统完备阶段。在这一时期，礼仪的特征，已从单纯祭祀天地鬼神祖先的形式,跨入了全面制约人们行为的领域。发生这一重大转折的根本原因,就在于社会生产力有了发展,人类社会已开始进入了奴隶社会。统治阶级为了维护本阶级的利益,通过修订比较完整的国家礼仪制度,来规范和制约人们在社会生活中的行为,以巩固其统治地位。

在这一阶段中,礼的内容主要体现在《周礼》中的"五礼"部分。所谓"五礼",是指"吉礼""凶礼""宾礼""军礼""嘉礼"。这是对我国古代礼仪的总结汇编。其中,既有反映人与天地鬼神关系的祭祀之礼,又有反映人际关系的家族、亲友、君臣之间的交际之礼。此外,还有表现人生历程的冠、婚、丧、葬等诸礼。这些礼仪内容,对后世人们的行为规范、人际交往以及社会公德的形成,都产生了极大的影响。

(二)封建礼仪阶段(公元前771年至1911年前)

这一阶段,主要是指从儒学的产生,到以儒学为基础的封建礼仪的形成、强化和衰落时期,也即春秋战国时期。这一时期,学术界百家争鸣,以孔子为祖师的儒家学派逐步形成。从这时起,就开始了对礼仪的起源、本质和功能进行理论阐述,并整理了一批珍贵的礼仪典籍和文献资料。礼仪的内容被后来的儒家继承下来并将礼仪伦理道德化,继而形成了儒家学派的核心"礼教"。儒家"礼教"伴随着中国封建社会的始终,一直影响着中国文化。

在这一时期,礼仪的明显特征,就是把人们的行为纳入封建道德的轨道。其繁文缛节的形式,表现了封建伦理道德的巨大约束力。在"修身、齐家、治国、平天下"的背后,融国家法权与道德修养于一体,要人们追求修己之道,听命于统治阶级的治人之政,以求得封建统治阶级的天下太平;把人们教化成"非礼勿视,非礼勿听,非礼勿言,非礼勿动"的精神奴隶。礼教文化是这一时期礼的核心和基本内容。礼教文化的根本思想,就是"天地君亲师"。它教人夫服从 即服从天地的法则,服从君王的统治,服从祖先的训诫,服从先师的教诲。

在社会生活中,真正对人起约束作用的还是封建社会的纲常名教,即按人的社会地位和等级所规定的必须遵守的道德法则,其中就包括"三纲五常"。所谓"三纲",就是君为臣纲、父为子纲、夫为妻纲;所谓"五常",就是仁、义、礼、智、信五常。从"三纲五常"中,又引申出君贤臣忠、父慈子孝、兄友弟恭、夫唱妇随、朋信友诚,概括为忠、孝、节、义。这些道德法则细化为具体的行为规范,就是各式各样的礼仪。这些礼仪内容,对维护封建统治和宗法制度,巩固封建秩序,都起到了非常重要的作用。

封建礼教中有糟粕,当然也有其合理的积极因素。因此,需要用历史的辩证的观点来对待,既要"扬弃"糟粕,又要继承和发扬优良的传统礼仪。

(三)近代礼仪阶段(1911年至1948年)

辛亥革命的胜利,结束了统治中国两千多年的封建专制制度。政治制度发生了根本的变革,新的礼仪礼俗也就随之出现。于是,人们又开始掀起了改革封建礼教的热潮,强烈要求革除维护尊卑等级的陈旧落后的礼仪,倡导既便于人们相互交往,又能体现相互尊重的新礼仪。

这一时期的礼仪,体现了近代民主、自由、平等的原则。于是,资产阶级的平等思想、文化习俗和审美观念,开始渗透到社会生活中的各个方面;人们的思想得到了解放,积极地提倡新的习俗、新的礼仪。

在礼仪内容上,近代礼仪既消除了封建社会的种种陈规陋习,又采取了一系列废除旧礼仪的措施,如限期剪辫、否定缠足、保障人权、严禁鸦片、改变称呼、废止跪拜等,同时还拟订了新的国家礼制和民间礼制,实行了新礼仪,如鞠躬、请安、握手、鼓掌等。这些变化,反映了近代礼仪已开始趋向简单化和规范化。近代礼仪借鉴和吸收了适合中国国情的西方礼仪之长,顺应了社会潮流和世界潮流的发展,因而有效地促进了中华民族和世界各民族的友好交往。

(四)现代礼仪阶段(1949年以来)

1949年10月1日新中国成立后,新型的社会关系和人际关系的确立,标志着我国礼仪进入了一个崭新的历史时期。即人民当家作主而成为国家的主人,由此而建立起来的平等、亲密的同志关系和新的礼仪风范,表现出了崭新的社会关系和时代风貌。

三、现代礼仪的形成和发展

礼仪在世代相传的过程中,必然要受社会和时代的影响而发生内容和形式上的变化。随着时代的变革以及社会物质文明和精神文明建设事业的发展,能反映社会形态的巨大变革和社会文明程度提高的现代礼仪,也会随之不断地得以完善,这是历史发展的必然。我国的现代礼仪,正是遵循着这一历史轨迹而逐步形成和发展起来的。

新中国成立后,党和政府积极开展思想、文化斗争,破除迷信观念,改掉陋习,如吸毒、赌博、卖淫、嫖娼、纳妾、封建迷信等。同时,全民开展移风易俗活动,改革红白喜事,反对大操大办;反对买卖、包办婚姻,打击拐卖妇女儿童、虐待老人、抛弃女婴等行为;提倡婚事新办、计划生育、火葬等。在消除不健康、不合理的旧礼仪的同时,积极倡导人们需要继承和发扬的优良传统礼仪。

(一)中国的优良传统礼仪

中国的优良传统礼仪,反映了中国人民的传统美德和文明、上进、丰富多彩的生活特色,因而是中华民族的精神财富。这主要表现在社会礼俗、尊长礼仪、尊师礼仪和社交礼仪等几个方面。

1. 社会礼俗

在社会礼俗方面,主要有下列几项内容:

(1)促进家庭和睦、邻里互助的风俗。例如,传统的春节、端午节、中秋节等;会亲友、祝喜寿、贺生子、乡规民约等,不仅增强了家庭邻里间的友爱,而且促进了乡村社区关系的协调。

(2)扩大社会交往和经济联系的民俗。例如,逛闹市、赶集会以及许多民间综合性交易活动等,都与人民的衣食住行有着广泛的联系。这些民俗与活动,为人们提供了民间贸易和社交场所,加强了社会交往。有许多蕴含科学经验和常识的民俗、岁时节令的习俗,反映了古代人民的天文、历法知识。

(3)增加生活情趣、活跃文化娱乐的民俗。例如,各种各样的灯会、武术大会、舞龙、赛舟、踏青等,都生动地表现了中国人民的聪明才智,既可以使人们遂悉自己祖先所创造的历史文化,陶冶道德情操,又能增强人们对生活的热爱和审美意识。

2. 尊长礼仪

在尊长礼仪方面,主要有下列两项内容:

(1)敬老尊长的礼节美俗。我国素有敬老尊长之风。老年人被视为知识和经验的化身,自然会受到后辈的尊敬。我国历代都有养老法规,以及遍及于城乡各地的尊敬老人的礼节美俗。当今社会不仅需要加以大力提倡敬老尊长,而且已把敬老尊长的传统礼仪作为社会主义精神文明建设的重要组成部分。为此,还规定了"敬老口",即每年农历九月初九的"老人节",促进了全社会对老人的敬重与关心。

(2)孝敬父母、赡养双亲的优良传统。社会主义制度的建立,虽然建立了新型的家庭关系,但党和政府仍大力提倡和称赞这一优良传统。我国《宪法》明确规定:"成年子女有赡养扶助父母的义务""禁止虐待老人"。这就是用法律的手段来约束人们,使其敬老、养老。此外,还广泛开展尊老爱老的道德、礼貌教育,对那些孝顺父母、礼敬双亲的楷模给予表彰与宣传,从而形成了一种尊重老人、尊重父母的社会风尚。

3. 尊师礼仪

在尊师礼仪方面,我国有尊师重教的优良传统。尊师重教自古以来就受到推崇,现代社会又得到了进一步的继承与发扬。为此。国家规定了"教师节",颁布了《教师法》,这对进一步提高教师的地位和声誉,形成尊重知识、尊重人才、尊师重教的社会风尚,起到了积极的推动作用。此外,还出现了一些新型的尊师礼仪或活动方式,如举行优秀教师、老教师执教××周年纪念会、座谈会,学校统一安排或学生自发举办的敬师集会,在喜庆的节假日给老师寄送慰问信、贺卡、明信片、礼仪电报等。这些活动无不体现了学生及全社会对教师的理解与崇敬。

4. 社交礼仪

在社交礼仪方面,主要有下列两项内容:

(1)以诚待人、言而有信的传统美德。诚是发自内心的真实的心意,是言行与思想的一致;信是信守实现自己的诺言,是言与行的一致。诚信既是对自己人格的尊重,也是对别人人格的尊重。虽然现代商品经济社会的社交关系已经发生了很大的变化,但是那种尔虞我诈、损人利己的人际关系、交往行为仍然受到了普遍的谴责。经营者依然信守"诚招天下客,誉从信中来"的信条。以诚待人、言而有信仍然是现代社会中社交关系的重要行为规范。

(2)豁达宽厚、礼让谦恭的美德。豁达宽厚,是冷静理智、心胸开阔的表现,有利于交友和赢得友谊;礼让谦恭,就是行礼忍让、谦虚恭敬,对别人尊重也能赢得别人对自己的尊重。与人为善、豁达待人、讲究礼让,不仅是一个人修养的表现,也是社会生活中调节人际关系的重要准则,它对人际关系的和谐、社会的稳定起着积极的作用。

以上优良传统礼仪,在现代社会得到了继承和发扬,促进了社会主义精神文明建设,因而是现代礼仪的重要内容。

(二)"五讲""四美"的基本内容

社会体制的变革,自然需要新的礼仪形式与之相适应;现代社会生活的运转和传播媒介的使用,也必然冲击着陈旧落后的礼仪。经济体制的改革标志着我国礼仪制度、民俗文化的完善与改革,进入了一个崭新的发展阶段。特别是我国在建设社会主义物质文明的同时,明确提出的"建设社会主义精神文明"这一科学命题,给现代礼仪赋予了全新的时代精神。目前,在我国社会主义精神文明建设中,以"五讲""四美"为主要内容的文明礼貌活动,已经蔚然成风。

1."五讲"的基本内容

(1)讲文明。讲文明包括语言文明、行为文明、交往文明、家庭文明、仪表文明、环境文明。语言文明,即说话和气、文雅,不污言秽语、无理强辩;行为文明,即举止庄重,不轻浮、粗野;交往文明,即待人热情诚恳、彬彬有礼,助人为乐;家庭文明,即尊老爱幼,互助互爱;仪表文明,即穿着整洁、大方、得体;环境文明,即学习、工作和生活场所干净、整齐、美观。

(2)讲礼貌。即对人称呼时使用尊称,与人说话时态度和蔼、语言文明;行为谦逊敬让,坦率开朗,不强人所难、盛气凌人;

讲究仪容、风度,姿势端正大方。

(3)讲卫生。即要讲究清洁,预防疾病,治理城乡脏、乱、差现象;个人要做到不随地吐痰、不乱扔废物,注意饮食卫生,勤理发,勤洗澡,勤换衣,勤剪指甲;保持室内外清洁,空气通畅,物品摆放整齐。

(4)讲秩序。即要遵守国家宪法、法律制度,保持社会的安定团结、井然有序;遵守社会秩序,在公共场所自觉维护治安秩序、公共卫生秩序、交通秩序;遵守工作秩序,按时上下班,不违反操作规程、行为守则;遵守学习纪律,尊重师长,认真听讲,爱护公物,加强组织纪律性;遵守生活秩序等。

(5)讲道德。即要热爱祖国、热爱社会主义、热爱共产党,坚持以集体主义原则处理国家、集体、个人的关系,坚持主人翁思想和共产主义劳动态度,大公无私,艰苦奋斗,讲究职业道德;在处理人际关系上,诚实、友爱、互相帮助,勇于同不良现象作斗争;在家庭婚姻关系上,主张男女平等、家庭和睦、尊老爱幼等等。

2."四美"的基本内容

(1)心灵美。即要注重思想、品德和情操的修养,维护党的领导和社会主义制度,做到"爱国、正直、诚实",不做有辱国格、人格的事,不损人利己,不弄虚作假。

(2)语言美。即要使用和推行礼貌语言,做到和气、文雅、谦逊,不讲粗话、脏话,不强词夺理,不恶语伤人。

(3)行为美。即要做一个有益于人民、有益于社会的人,做到"勤劳、友爱、守纪",不损害集体,不破坏公物,不危害社会秩序。

(4)环境美。即要搞好个人、家庭、工作场地和公共场所的卫生,做到"卫生、整洁、绿化",不随地吐痰,不乱扔果皮、纸屑,不破坏树木、花草。

(三)吸收世界先进、文明的礼仪

改革开放以来,随着国际交往日益频繁,外国形形色色的价值观念和生活方式不断传入我国,兼收并蓄吸收世界上一切国家先进、文明的礼仪之长,也成为我国现代礼仪的组成部分。例如,现代商界的招待会、洽谈会等活动,大都是按国际上通行的礼仪进行的。我们要吸收和借鉴国际上一些通行的规则和惯例,并将其渐渐融进中华民族的礼仪之中,为我国的社会主义现代化建设事业服务。

综上所述,我国现代礼仪形成于新中国成立后,发展于改革开放的时代。它大致是在两种情况下形成和发展的:一是对优良传统礼仪加以继承、发扬和改革,赋予新的内容,使其更好地为现实服务;二是在时代精神的指引下,产生或引入全新的礼仪形式。随着我国社会主义物质文明和精神文明建设事业的发展,现代礼仪也必将获得更大的发展。

第二节 现代礼仪的概念、特征和作用

一、现代礼仪的概念

要真正理解现代礼仪的概念,首先要弄清"礼""礼貌""礼节""礼仪"等基本概念。

(一)礼

"礼"的含义比较广泛,其跨度和差异也比较大。

从礼仪的起源可以看出,"礼"的最初含义就是供神的仪式。《辞海》解释为"礼"是从甲骨文中"禮"字演变而来的,意思是盛

了玉石的盒子放在架子上,拿这样的东西供神。以后,逐步引深,礼就成为古代社会的一种制度。它规定了群体之间和群体内部对有限社会资源的分割、分配和分享的办法。无论对于国家、社会还是个人,礼都是不可缺少的。正如《荀子·修养》所说的那样,"人无礼则不生,事无礼则不成,国家无礼则不宁"。

"礼"有多重含义,有礼貌之礼、礼节之礼、伦理制度之礼等多种区分;而礼制、礼教、礼治,则是从不同方面来表达礼的内容和功能的。

在中国古代典籍里,"礼"又通"理"。《礼记·仲尼燕居》中说:"礼者,理也。"《管子·心术上》说:"礼者,谓之有理。"中国传统文化中的"礼",不仅可以"修身、齐家、治国、平天下",还能够认识事物之"理",并且循"理"而行,使宇宙万物兴旺发达。

"礼"在中国是一种重要的文化形态,是人类文化发展的历史产物,也是人类文明的结晶和标志。它既是一种价值观,也是一种以礼节仪式为内容的风俗习惯。中国几千年延续下来的风俗习惯,大都是以"礼"为核心。人们从其出生、成人、结婚到死亡,都要举行一些特殊的礼仪作为纪念;在节日、出访、邀请、会客、宴会、告别等每一项活动中,也都有特殊的礼节要求。每一个时代的仪式和礼节,都会有所变化。但是,它们所蕴含的基本精神,即相互尊重、信任、依赖、友善,却是一致的。随着历史的发展,在很多场合,"礼"已成了"礼貌""礼节""礼仪"的代名词。

综上所述,所谓礼,就是指由历史传统所形成的,以确立和维护社会等级秩序为核心内容的价值观和道德规范,以及与之相适应的规章制度和行为方式,是表示敬意的通称。

(二)礼貌

礼貌,是指人们在交往中,表示相互敬重和友好的行为规范。它既能体现出时代风尚和人们的道德观念,又能体现出人们的精神面貌和文明程度。

礼貌是待人接物时的外在表现,它通过言谈、表情、姿势等形式,来表示对他人的敬重。礼貌由两部分组成,即礼貌行为和礼貌语言。礼貌行为是一种无声的语言,需要通过仪表、仪容、仪态来体现;礼貌语言是一种有声的语言,要求人们不讲脏话、粗话,说话和气,言谈得体。

在人们交往时讲究礼貌,不仅有助于建立相互尊重、友好合作的关系,还可以缓解或避免某些不必要的冲突。礼貌看起来是生活中的小事,但从小事上却能看出一个人的教养,反映出一个人内心世界的美。切莫"勿以善小而不为"!

(三)礼节

礼节,是指人们在日常生活中尤其是在交际场合,表示相互问候、致意、致谢、祝颂、慰问以及给予必要的协助与照料的惯用形式。一般来说,礼节产生于礼仪之前。人们从最初单调的、简单的交往礼节开始,逐步发展和形成一种约定俗成的规矩,即礼节程序。所以,礼节是礼仪的基础,礼仪是程序化的礼节;礼节是礼貌的具体表现,体现在仪表、仪容、仪态及语言、行为等方面,其实质是礼貌本质的外化;礼貌概括了礼节所要求的全部道德规范。

(四)礼仪

"礼仪"的含义很广。在中国古代社会,礼仪既表现为一般行为规范,又涵盖政治、法律制度。近代以后,礼仪的范畴逐渐缩小,礼仪与政治体制、法律典章、行政区划、伦理道德等逐步分离。到了现代,礼仪一般只有礼节和仪式的意思,只是指现代社会中反映的一定规则、习俗和程序,表示礼貌、敬重的礼节和仪式。

（五）现代礼仪

现代礼仪，是指人们在现代社会交往中，共同遵循的行为准则和交往规范。它既可以单指为表示敬意而隆重举行的某种仪式，又可以泛指人们交往的礼节、礼貌。对"现代礼仪"这一概念，需要从以下几个方面加以认识和理解：

（1）现代礼仪是社会交往和社会发展的需要。社会交往是人类共有的最基本的心理需要，是人类实践活动的重要组成部分。没有社会交往，就没有社会的存在和发展。

（2）现代礼仪的目的是为了建立和发展良好、和谐的社会交往关系。现代礼仪是人类精神文明的重要体现。

（3）现代礼仪的行为准则和交往规范是由人们共同认可的。人们要自觉学习和遵守现代礼仪，按章办事。任何胡作非为、为所欲为的行为，都是违背现代礼仪要求的。

（4）现代礼仪是一种情感互通的过程。在礼仪的实施过程中，交往双方都要表现出对对方的尊重、恭敬、友好、谦和、诚恳、平和，这是尊重互换、情感互通的过程。

（5）现代礼仪的表现形式，既可以表现在仪式方面，也可以表现在礼貌、礼节方面。但是，无论哪一个方面，都离不开仪表仪容、语言（包括书面语言和口头语言）、仪态三要素。仪表仪容、语言和仪态既是现代礼仪构成的三要素，也是现代礼仪的基本表现形式。

（6）遵守现代礼仪是现代人实现自身价值的重要手段和途径。在现代社会，人们只有通过讲究礼仪，才能取得良好的合作关系，才能得到帮助和被群体接纳；个人的能力、才华、业绩、成就和形象，才能得到社会的认可和评价。例如，"有教养""有风度""有魅力"等。

二、现代礼仪的特征

(一)现代礼仪的基本特征

现代礼仪的特征是时代特征和社会特征的反映。它以科学精神、民主思想和现代现实生活为基础,以新颖、实用、简单、灵活的形式,体现出高效率、快节奏的时代特点,表现出全新的社会关系和社会风貌,从而为我国社会主义现代化建设事业服务。这是现代礼仪的基本特征。

(二)现代礼仪的具体特征

具体而言,现代礼仪的特征,主要表现在通用性、差异性、历史继承性和时代性等几个方面。

1. 通用性

通用性,是指不同地区、不同民族的礼仪,具有许多相近因素和融合、同化的趋势。这是现代礼仪的重要特征之一。人类在交往中都需要礼仪,礼仪的发展受到共同的社会交往规律和社会生活属性的制约,因而礼仪通用性部分就成了主要方面。每一个国家或地区、民族的礼仪,都有自身的特点。但是,在文化系统传播和融合的过程中,地区性、民族化的礼仪,将会逐渐转化为全国性、国际化的礼仪。随着信息传播媒体的发展和社会交往的增加,礼仪的地方性将会相对减弱,通用性将会越来越强。

2. 差异性

有通用性就有差异性,差异性是现代礼仪的又一重要特征。礼仪往往因时间、空间或对象的差别而产生差异,在不同的民族、不同的时代以及不同的行为处境中,有着不同的内容和要求。其中,民族差异性较为明显。礼仪的民族差异性,源于促成各民族礼仪形成、发展的文化背景和心理等因素。礼仪的民族性集中体现了一个民族的心理、文化和习惯,反映了一个民族的文明、智慧和社会风尚。因此,凝结着整个民族情感的礼仪是不易改变的。

不仅如此,礼仪的差异性还表现在个体差异上,尤其是现代社会强调个体特征。个体特征是一个人的地位、文化素养、经历、资质等方面的综合表现。所以,不同的人在礼仪行为方面,往往会表现出一定的差异性。

3. 历史继承性

礼仪是历史的产物,一个时代有一个时代的礼仪,它反映着那个时代历史发展的面貌。礼仪的发展从未中断,一直代代相传。现代礼仪正是从传统礼仪珍贵的精神遗产中,去其糟粕,取其精华,在实践中逐步形成和发展起来的,因而具有明显的历史继承性特征。

4. 时代性

礼仪具有时代性,它随着时代的发展而发展。目前,现代礼仪已渗透到社会生活中的各个方面,反映了市场经济时代的政治、经济、文化、道德等各个方面的面貌。

现代礼仪的时代性,主要体现在等级性、对等性、价值性3个方面。

(1)等级性。等级性表现在对不同身份、不同地位的人,在礼宾待遇方面做出不同的规定。但是,这种规定并不意味着尊卑贵贱,而是服从现代社会控制体系和正常交往秩序的体现,是工作需要和礼仪需要相互融合统一的结果,人与人之间关系的本质并没有改变。

(2)对等性。对等性是礼仪的基本原则,也是现代社会规范建立在民主和平等原则基础上的具体体现。对等性既是规格形式上的对等,又是形式与实质、精神与物质的平衡和统一。

(3)价值性。价值性,是指现代礼仪能为个人或单位带来经济效益。这种效益不是直接的物质利益,也不是立竿见影就能实现的,而是需要通过长期的努力才能实现的。现代社会又称"信息社会",信息社会的显著标志是开放度高、社会交往频繁多变。特别是在市场经济条件下,经常变换公众对象,常常会因为一个小小的疏忽而导致不良后果。因此,在所有显在或潜在的公众对象面前,都要严格按照现代礼仪的基本要求,去规范自己的言谈举止,守礼节、讲礼貌,树立良好的形象,获得公众的信任和赞许。这样,社会效益和经济效益就会逐步显现出来。

三、现代礼仪的作用

(一)有利于社会主义市场经济建设

社会主义市场经济体制的确立,以及现代企业制度的建立,使市场体系发生了根本的转变,形成了市场主体多元化、经济利益多极化、市场竞争激烈化的格局。各市场主体为了不同的经济目的,使用的经济手段已经越来越多,现代礼仪就是其中一个重要手段。

现代礼仪作为一种市场行为,投入到市场经济的大环境中去参与竞争,服务于市场经济,具体发挥了下列三大作用:

1. 有助于塑造良好的公众形象

所谓形象,就是双方在对方心目中形成的综合化、系统化的印象。形象是十分重要的,它的形成大多数是通过礼仪来传递的,并且直接影响着交往双方关系的融洽与否和交际的成败。在社会活动中,约见、应约、介绍、握手、问候、告别等,都有诸多礼仪;着装的方式、打电话的态度、写信的言辞、招呼人的用语、交际场合的举止等,都会传递出各种相关信息,同时也无不影响着自身形象。形象不好也就无从谈起建立友谊和信任,经济工作中就得不到公众和社会的认可。因此,礼仪对于表达感情、增进了解和树立形象来说,都是必不可少的。

为了树立良好形象,个人、单位还要与公众发生双向的信息交流。在信息交流过程中。礼仪作为市场行为,必须遵循、运用市场法则和市场手段。礼仪作为竞争手段,自然就会传递出对彼此关系、合作和利益的暗示或承诺的信息。例如,在正式的社交场合,通过对交往对方隆重热烈的欢迎和热情周到的招待、宴请礼仪,表示对交际双方关系的肯定和确认;在两个商贸集团谈判达成某种协议之后,通过谈判双方举行的签字仪式或庆贺仪式,表示对交易双方关系的认定和承诺。

2. 有助于协调各方的经济利益与矛盾

在市场经济竞争中,市场主体都要追求和维护自己的经济利益,因此他们之间就难免发生经济矛盾和纠纷,有时甚至达到不可调和的地步。如果诉诸法律,对簿公堂,无论胜败,都不会高兴,因为至少双方在声誉上都要受到影响;如果采用现代礼仪手段去协调,本着互谅互让、协商解决的原则,就有可能不伤和气地解决问题。

调解是依照法律的有关规定,特别是根据社会公认的礼仪规范,通过摆事实,讲道理,分清当事人之间的是非曲直,以及相互的责任,从而找到一个双方都能接受的解决问题的办法。调解方式正是吸取了传统礼治中有益的部分而发展起来的。调解是化解市场主体之间矛盾的一种有效手段。

3. 有助于协调经济实体内部的各种关系,提高内部凝聚力

建立现代企业制度,要求企业内部建立责权分明、团结合作、相互制约的运行机制。企业内部职工的关系,将以经济利益的高低来体现。工种的苦累、干活的繁杂、时间的长短等,都将以报酬的多少来补偿。在这种情况下,按劳分配、多劳多得、少

劳少得、不劳不得,自然是协调内部经济关系的主要依据和手段,但这并不是惟一的,因为并非靠金钱就能协调好一切关系。为此,还要充分发挥现代礼仪的润滑、粘合和催化作用,协调人际关系,提高企业内部的凝聚力。在一般情况下,群体内部成员之间的交往活动,主要出于两个方面的需要:一是出于满足双方的交往需要和感情需要;二是以提供信息、指示为目的。从第一需要出发,要创造一个良好的、和谐的企业气氛,企业领导要经常与群众进行双向信息交流。领导既要将本企业的发展目标、政策安排与职工的切身利益等,向内部公众解释、探讨,又要经常征求职工对工作、生活诸方面的意见,加强相互间的了解,尽量缩小企业内部各层次员工的心理距离,增强友好气氛,以便达到增进彼此感情的目的。有了一个"人和"的企业环境,企业内部的凝聚力就会增强,人们为了实现企业的目标就会协调一致地去完成各自的任务。这正是交际礼仪的力量之所在。

(二)有利于社会主义精神文明建设

社会主义市场经济体制的建立,要求各种经济活动都要严格按照公平竞争、等价交换、信守合同等规则来运行,并需要安定的社会环境和良好的社会风尚。这除了要加强法制建设外,还要大力加强社会主义精神文明建设,为加快现代化建设提供强有力的思想保证、精神动力和道德支持。

物质文明建设与精神文明建设是互相渗透、互相影响的。物质文明建设是精神文明建设的基础,为精神文明建设提供必要的物质前提;精神文明建设则强烈地反作用于物质文明建设,成为物质文明建设得以巩固和发展的必要条件,并且在一定条件下规定和影响着物质文明建设的方向。因此,越是改革开放,越是发展市场经济,就越要重视精神文明建设,坚持"两手抓,两手都要硬"的方针。那种把"两个文明"对立起来,甚至以为经济发展要以道德沦丧为代价的思想,都是错误的。

加强精神文明建设,其中一个重要的内容就是思想道德建设。而礼仪在提高人们的道德修养,规范人们的行为,防止和减少各种丑恶现象的发生,净化社会环境等方面,则起着十分重要的作用。

1. 礼仪能培养人们良好的道德品质

讲究礼仪既是人际交往中增进友谊、联络感情的行为,也是一个人公共道德修养的外在表现。一个严于律己、宽以待人的人,往往也从待人接物、仪表仪态、气质风度、谈吐教养等行为举止各个方面表现出高尚的礼仪,这是其内心所具备的高尚道德和文化素养的反映。物质文明建设需要一个文明知礼的生活环境,要求人们成为有道德、有修养、有文化、有学识、懂得遵守并维护社会公德的人。因此,我们每个人都要加强自身的道德修养,遵守社会公德,用礼仪、礼节、礼貌来造就良好的社会秩序和社会风气,用礼仪文化促进社会文明的发展。

2. 礼仪对社会能起净化和美化作用

礼仪能陶冶人们的情操,规范社会成员的行为。礼仪不仅反映出社会的精神面貌和文明程度,还可以形成一种具有约束力的道德力量。每个人都应将自己的言行纳入符合社会之期望和时代之要求的礼的轨道,并按着社会需要和社会效益来调整自己的言行。抛弃有碍于社会文明和民族文明的陋习,选择适合于社会风尚的言行,如果一个人不把自己的本性加以规范约束,不讲究礼仪,无视社会文明,便是一种野蛮的表现。

3. 礼仪能提高人们的修养,规范人们的行为

礼仪是构成社会主义精神文明的基本要素。加强社会主义精神文明建设,不可不重视礼仪教育。通过礼仪教育,可以提高人们的修养,规范人们的行为,使人们温文有礼、谈吐不俗,养成

守纪律、有礼貌、讲卫生的习惯,自觉遵守公共秩序和劳动纪律,培养待人以礼、助人为乐的社会公德和优良品质,追求高尚的精神境界,加强自身修养,在社会交往中体现出文明典范,给人以美好的印象。

(三)有利于对外开放,加强国际交往

尊重国际礼仪和交际礼节,尊重各国人民的风俗习惯,是我国对外活动的一贯做法。它反映了我国维护世界和平、加强国际友好合作的真诚愿望。在国际交往中,除了正规的官方来往之外,民间的交往也日益增多。这既是我国进一步加强对外开放的成果,也是国际市场走向一体化的必然。20世纪80年代末以来,世界经济形势最大的变化就是出现了多元化的国际经济新格局,以及由此形成的一体化的国际大市场。

国际经济多元化新格局的形成,使得各国经济的发展面临着日益激烈的国际竞争。这对我国来说,既是机遇,又是挑战。在这种情况下,涉外礼仪越来越需要研究和使用,以便让礼仪更好地为我国的对外开放方针政策服务,为我国的对外社会、经济和外事工作服务,在我国经济与国际市场接轨、增强国际竞争力中发挥作用。

在国际交往中,既有各国到我国来旅游、访问、学习、工作和经商的,也有我国前往世界各地留学、探亲、访问、考察和经商的。这就要求我们,既要继承和发扬我国优良的礼仪传统,保持礼节与礼仪的民族特色,又要吸收外国礼仪中一些好的东西和一系列国际通行惯例,为我所用;既要不断有所创新,又要尊重各国因不同的文化传统和道德规范形成的风俗习惯,要求自己的言谈举止、待人接物合乎礼仪,注重礼仪的实效,以便在实践中取得良好的效果。

第三节 现代礼仪的理论基础

一、传统礼仪的理论体系

在漫长的中国历史中,许多哲学家、思想家都曾对礼仪做过较深的探讨和研究,写出了许多专门论述礼仪的著作和篇章,阐述了极有价值的思想。随着经济基础和历史的变迁,以及社交实践的发展,这些思想在内容上不断丰富,逐步形成了较为完整的理论体系。这就是以"德"释礼、以"仁"释礼、以"义"释礼的传统礼仪理论体系。

(一)以"德"释礼

以"德"释礼,就是将礼仪伦理道德化,从人性上立论,用伦理道德阐释礼仪。儒家把礼与人性联系起来,特别重视人的心性修养,并在礼仪行为中提出"中诚为本"的理论。即"中"是人道,"诚"是天道。

所谓"中",就是处理人际关系的"中庸"或"中和"原则,以"中"为用,在人和人的差别与矛盾面前,要取其"中"而调和之。但是,"中和"并不是不讲原则,而是按照当时的实际情况,找出双方的交叉点、结合处,提出适当的解决办法,使矛盾得以圆满解决。在人际关系中,"中和"具体表现为"礼"。"礼"是人际关系中最公平、公正的表现形式,所以人人都必须约之以礼、守之以礼、行之以礼。

所谓"诚",就是以诚实的心态处事待人,诚实无妄才是礼的最高境界。"精诚所至,金石为开"。因此,有了"诚",人际间的和谐有序的关系,便充满了融融温情,从而形成一种极强的凝聚力。这就明确指出了"礼"与"情"的一致性,强调了礼的表情作用。从这里,也打开了个人心性修养的道路。即"先修身而后齐家,而后治国平天下"。以这种伦理道德化的礼仪修身,则谦恭礼让,文质彬彬;以之齐家,则尊老爱幼,融洽和美;以之治国,则和谐有序,国泰民安;以之交结天下,则睦邻友好,和平相处。"不学礼,无以立"。所以,崇德尚礼就成了中华民族的优良传统。

(二)以"仁"释礼

以"仁"释礼,也是把礼归于人性,归于仁爱之心、辞让之心,把"仁"当作"礼"的心理依据。

儒家极力推崇孔子提出的"克己复礼"。克己以爱人就是"仁",用仁爱之心正确而恰当地处理好人际关系就是"礼"。孟子则提出"性善论"。即人天生具有恻隐之心、羞恶之心、辞让之心、是非之心。而恻隐之心,为"仁之端";羞恶之心,乃"义之端";辞让之心,就是"礼之端也"。这就从人的本性上找到了礼的心理依据。因此,主张"老吾老以及人之老,幼吾幼以及人之幼"。《礼记》中强调:"往而不来,非礼也;来而不往,亦非礼也"。《礼记》还规定:"不失足于人,不失色于人,不失口于人。"这样,人和人交往只要循礼而行,就会使人与人之间温馨和美、情深谊厚。

(三)以"义"释礼

以"义"释礼,就是以"义"的价值标准来判断人的行为是否符合"礼"的规范,主张必须以"义"为价值准绳,以"义"为立身之本,"君子喻于义""君子义以为上"。

孟子说:"义,人之正路也"。荀子也把义置于首要地位,"先义而后利者荣,先利而后义者辱"。"义者,宜也"。这也就是说,言行举止 定要与礼相吻合,只有如此,才能达到价值判断意义上的"善"的要求;否则,"动之不以礼,未善也。"

以上主要是儒家关于礼仪的理论体系。另外,还有道家崇尚自然无为、主张废除礼仪道德;法家主张以法代礼、实行强权政治,要求以法为教、以史为师,取消礼仪道德的理论。这些理论由于不切合实际,也不能解决社会问题,所以在此不作过多介绍。

总之,儒家礼仪理论具有极强的生命力。正因为如此,仁爱、孝敬、友善、诚信、平和等伦理道德,以及由此而派生出来的礼仪准则,至今一直还在我国沿袭着。

二、现代礼仪的理论依据

在现代礼仪的理论体系中,既包含了传统礼仪理论的精华,又吸收了伦理学、心理学、美学、社会学、传播学等相关学科的研究成果,从而形成了自己的理论体系,为现代礼仪提供了理论依据。

(一)现代礼仪与伦理学

现代礼仪从属于伦理道德。即现代礼仪必须符合伦理道德的准则和规范。因此,礼仪与道德是不可分的。

道德是伦理学研究的对象。借鉴和吸取伦理学的研究成果,对于丰富和完善现代礼仪理论体系具有重大的意义。

道德是人们共同生活和行为的准则和规范,是社会意识形态的一种表现形式;礼仪则是社会道德的一种载体,是人生道德的具体化。一个人的礼仪修养水平,是受其道德修养水平的制约的。加强道德修养,有利于提高礼仪修养水平。

加强道德修养的过程,一般包括下列4个阶段:

(1)学习和把握社会道德原则及其规范。
(2)选择和树立理想人格作为自己修养的楷模。

(3)运用自我批评的方法,剖析和纠正自己的错误和缺点,使正确的思想在头脑中取得支配地位,培养起新的道德情感和道德信念。

(4)结合自己的生活实践、工作实践和社会实践,对照检查自己的言行,正确认识和评价自己的优缺点,并把正确的认识付诸实践,用来指导自己的言行,逐步形成新的道德品质和道德习惯。

加强道德修养的方法是多种多样的,实事求是,谦虚谨慎,以诚待人,以信取人,勤奋好学,助人为乐等等,都是行之有效的方法。只有顺应社会发展的要求,明辨是非,弃恶扬善,以理处事,以理待人,才能形成高尚的道德品质。

由此可见,现代礼仪与伦理道德在目标上是一致的,即培养有高尚道德品质的社会主义新人;在方法上是相互渗透、相互吸收的,现代礼仪要有符合人们思想和行为活动规律的科学方法,而伦理道德体系与道德意识形态又有着密切的联系。

(二)现代礼仪与心理学

心理学是研究和探索人的心理的发生、发展及其规律的学科。它的基本内容可以划分为心理过程和个性心理特征两个方面。现代礼仪是同人打交道的,同人打交道首先要了解人,了解人的心理活动规律,这是人与人相互交往的一个重要方面。因此,了解心理学的一般知识,对现代礼仪正确运用心理学丰富自己的内容,完善自己的学科体系具有极其重要的意义。

从心理学角度上来看,现代礼仪的施行过程,实际上就是交往双方彼此认识、心理交流和互为影响的过程。在礼仪施行过程中,常见的心理状态主要有以下几种:

(1)稳定心理。即交际者情绪稳定,心态平静,神情自若,言行规范,很有分寸感。

(2) 自信心理。即交际者情绪饱满,信心十足,应对自如,适度得体,很有自豪感。

(3) 自卑心理。即交际者缺乏自信,害怕失败,言行畏缩,举止拘谨,缺少进取感。

(4) 恐惧心理。即交际者期期艾艾,惶惶恐恐,笨拙呆板,慌乱失态,常有窘迫感。

(5) 自傲心理。即交际者狂妄自大,自命不凡,哗众取宠,粗俗无礼,常有过分的自我显示欲。

(6) 羞怯心理。即交际者内向文静,胆怯害羞,词不达意,手足无措,缺乏主动性。

(7) 嫉妒心理。即交际者心胸狭窄,妒忌心强,猜疑讥讽,极具伤害性。

(8) 对立心理。即交际者面带敌意,情绪激愤,言词激烈,动作粗暴,行为常具爆发性和攻击性。

以上心理状态,既有积极的,也有消极的。为了有效地施行礼仪,必须重视培养良好的心理素质,排除消极的礼仪心理,形成积极的礼仪心理。

(三)现代礼仪与美学

美学,是研究现实中美的对象、人对世界审美认识的特点和审美心理规律,以及按照美的规律进行艺术创作、艺术欣赏、艺术批评的一般原则的学科。

现代礼仪要求人们以一系列的行为道德规范,去支配自己的言行,做到心灵美与外在美的统一。因此,借鉴和运用美学原理,可以美化生活、美化环境、美化人与人之间的关系,使人们的心灵更加纯洁、情操更加高尚,从而进一步净化社会风气,提高现代礼仪的实效性。

美是世界中客观存在的社会现象,美、真、善更是现代礼仪的精髓和核心。美学的内容是十分广泛的,包括人体美学、文学美学、音乐美学、商品美学、自然美学、社会美学、艺术美学和形式美学等。因此,我们应对美的本质、美的追求、美如何才能在生活中驻留等形成完整的认识,确立对人的形体美、容貌美、心灵美、行为美、语言美等正确的看法,对生活的美、环境的美、艺术的美、情感的美等准确地鉴赏和把握,按照美的规律,运用现代礼仪逐步创造出一种美的生存和交往环境,从而陶冶人们的情操,提高人们的审美情趣。

复习思考题

1. 礼仪起源于人类的哪两大信仰?
2. 礼仪的沿革经历了哪几个阶段?
3. 现代礼仪是怎样形成和发展起来的?
4. "五讲""四美"的基本内容有哪些?
5. 简述礼节、礼貌和礼仪三者的概念及其异同。
6. 什么是现代礼仪?它有何特征?
7. 现代礼仪有何重要作用?
8. 传统礼仪的理论体系有哪些?
9. 现代礼仪的理论基础是什么?
10. 在礼仪施行过程中,常见的心理状态有哪些?

第二章

现代礼仪构成的三要素

礼仪是人们在长期的生活实践中因风俗习惯而形成的共同遵守的行为规范。尽管由于地区、民族、国度的不同而导致的礼仪形式各异,但是从本质上看,所有的礼仪都有敬重、友好、谦恭、关心、体贴别人之意,都是通过仪表仪容、仪态、语言表现出来的,从而反映出人们的文化心态、内在精神、道德观念、历史传统等。因此,仪表仪容礼仪、仪态礼仪、语言礼仪就成了现代礼仪构成的三要素。

第一节 仪表仪容礼仪

仪表,是一个人的外表,主要包括容貌、姿态、服饰3个方面。仪容,主要是指一个人的容貌。仪容是仪表的重要组成部分。仪表仪容是一个人的精神面貌、内在素质的外在体现,是社交礼仪中不可忽视的重要因素。

在中国这样一个古老而文明的国度里,历来注重社会交往中如何待人和交往形象问题。随着社会的发展,人们为了树立良好的个人形象,越来越注重追求仪表美。人们努力以仪表堂堂、容貌俊秀、风度翩翩、装扮得体、气质高雅的形象维护个人的自尊,同时也体现出对他人的尊重。

个人的先天条件对其仪表有着重要的影响。但是,一个人的仪表仪容美,起决定性作用的还是其内在的素质。物质条件如服饰、化妆等,表现的只是一种形式上的美,是没有灵魂的美;真正的美,应该是一个人高尚的道德情操、进取向上的生命力、深刻的审美情趣等内在美的自然展现,是外表美与内心美的统一,是形式美与灵魂美的统一。

一、仪表仪容美的重要性

(一)良好的仪表仪容,有利于维护自尊

每个人都有尊重自我的需要,也有获得他人关注与尊重的需要。但是,满足这些需要的前提是:自身是否值得尊重,即是否存在可被尊重之处? 在人际交往中,如果衣冠不整、不修边幅、憔悴潦倒,只能被他人认为是生活懒散、作风拖沓、责任感不强、不尊重别人的人。一个不懂得自尊自爱的人,又怎么可能热爱生活、热爱工作、热爱他人呢? 只有注重仪表仪容,从个人形象上反映出良好的修养与蓬勃向上的生命力,才有可能受到他人尊重,才会对自己良好的仪表仪容感到自豪和自信。

(二)良好的仪表仪容,体现着对他人的尊重

只要与人交往,就存在着一个以什么形象出现的问题。每个人的仪表仪容,无论有意无意,都会在对方心理上引起某种感觉,或使人轻松愉悦,或给人以美感,或使人感到别扭而不舒畅。如果尊重他人,就应该让他人通过仪表仪容来感到你对他的重视。仪表端庄大方,整齐美观,容貌俊秀,就是尊重他人的具体体现。只有这样,才有可能对他人作进一步的沟通与理解。

(三)良好的仪表仪容,有利于人与人之间的沟通与交往

"人不可貌相"这句话是有其道理的。但是,人的外表在待人处事中所起的作用,却是不容忽视的。一个人的仪表仪容在人际交往中会被对方直接感受,并由此而反映出来的个性、修养,以及工作作风、生活态度等最直接的个人信息,将决定对方心理的接受程度,继而影响进一步的沟通与交往。因此,从某种意义上讲,仪表仪容之美是成功的人际交往的"通行证"。换言之,整齐、得体的仪表仪容,无论在工作还是生活中,都会产生良好的社会效果。

二、仪表仪容美的基本原则

(一)讲究个人卫生,衣着整洁

整洁、卫生是树立良好的个人形象的首要条件。无论多么美丽的容颜、时髦的服装、精美的饰品,如果以窝囊、肮脏、零乱的形象出现在社交场合,都是大煞风景的。衣着整洁、干净利落,会给人以精干文明的印象。一般来说,整洁卫生原则上有两个方面的要求:一是注重清洁卫生;二是在保持卫生的基础上树立整齐的形象,即精神振作、服装挺括,避免给人以零乱、懒散之感。人际交往实际上就是彼此传递信息,所以整齐清洁会使他人感到愉悦,能缩短人与人之间的交往距离。

(二)穿着打扮合体、合适、合度

穿着打扮必须以自身条件为根据,各种服装、美容术、首饰对不同的人来说,效果是完全不同的。当前,社会上存在着一种不良倾向,即只要是流行的就盲目追随,穿戴上身,但往往弄巧成拙。因此,穿着打扮应考虑容貌、身材,只有合体的穿着打扮,才能展现美感,否则只会使他人对自己感到别扭。衣着打扮合适也是一项基本要求,需要根据特定场合、地点、情绪和气候来决定如何装扮。例如,丧事中不可浓妆艳抹,而盛大宴请也不可以随便的形象出现。此外,穿着打扮还要注意合度。在社交中,每个人都充当特定的社会角色,如果仪表仪容与身份、场合不符,就有损于个人形象。例如,细心的人在社交中,会根据上下级、主宾、尊卑、长幼之间的关系不同,或社交场合的不同,而选择不同的、合体而适度的穿着打扮。

(三)强调和谐美

仪表仪容美是一种整体的美,也是一种与周围环境相协调的美。有人说和谐就是美,当一个人的仪表仪容从整体上表现出和谐,并与周围的环境相称时,其审美观与涵养的分量就不言而喻了。许多人的仪表从某一个局部看很美:俊秀的五官、优美的身材、考究的时装……然而,一旦从头到脚打量一番,却是一个牵强的拼凑,全身只是一片片被割裂的美,这是失败的仪表仪容。真正懂得美的人,会综合考虑自身的相貌、身材、职业以及所处的环境等,用色彩、线条、款式将美协调地统一于一身,并与所处的环境相称,这样才有可能塑造出和谐美的形象。当然,这种设计美感的能力,是需要良好的修养并经过长期生活实践而培养出来的。

(四)注重培养个人修养

仪表仪容美是人的内在美与外在美的统一。同一种穿着打扮在不同的人身上,可能会产生"形似神不似"的感觉。真正的美,应该是个人良好的内在素质的自然流露。要想有好的仪表仪容,要想在人际交往中给人以良好的印象,就必须从文明礼貌、文化修养、道德情操、知识才能等各个方面来不断提高个人修养。如果只是外表的华美,而没有内涵作为基础,一切都会使人感到矫揉造作,使人感到"金玉其外,败絮其中"。

(五)自然大方

仪表仪容具有情感属性,可以从一个人的穿着打扮上大致判断出他的情感倾向。自然大方的装扮,能使人产生平易近人、亲切友好的感觉;装扮过于华美或修饰,不仅会使人觉得刺眼,产生反感,也会破坏人的自然美。"清水出芙蓉,天然去雕饰",人们最注重自然美。在追求仪表仪容美的时候,只有相貌不美或天生有缺陷,才会靠修饰来遮掩短处;而不少人天生丽质,却过分浓妆艳抹,毁去了本来的天然美,真是令人遗憾的。当然,自然大方绝不等同于过分随便、不修边幅。

(六)体现个性

俗话说:"穿衣戴帽,各有所好"。仪表仪容在一定程度上体现着人的兴趣爱好、审美观点和气质。因此,每个人不必强求一致、随波逐流,对服装、化妆等不能被动接受,而应主动选择,选择能表现自己独特魅力的装扮方式,从而展现自己的活力与个性,增强在社交场合的吸引力。当然,这里所说的体现个性,并非指故意标新立异、奇装异服,那是不可取的。

三、仪表仪容美的礼仪规范

讲究仪表仪容美不仅是设计美、创造美的过程,更重要的是人际交往中人们都必须遵守的礼仪规范。在长期的社会实践中,人们对仪表仪容美的要求有了一些共识,并约定俗成为一种规范。如果不注意维护这些规范,就会被认为不尊重自己和他人,就不能达到交往的目的。仪表仪容美的礼仪规范,主要有以下几个方面:

(一)个人仪表仪容

个人仪表仪容应做到整齐、干净。首先,应搞好个人卫生。即要注意保持身体清洁,做到勤洗头、勤洗澡、勤修指甲、勤修面,忌讳身体有异味、皮肤表层或指甲内有污垢;注意保持口腔清洁,养成勤刷牙、勤漱口的卫生习惯,防止口腔异味,在参加社交或工作之前,不要食用葱、蒜、韭菜、酒等有异味的食物,以免引起他人反感;注意勤换衣袜,尤其要注意保持领口、袖口、上衣前襟等易脏处的清洁,不洁净的袜子容易发出异味,尤其在炎热的夏天,更应当注意。其次,应树立整齐利落的形象。即要做到头发适时梳理,发型整齐大方,服装保持挺括,爱惜衣服,不乱扔乱揉,脱下应挂好,并经常熨烫。

(二)服装

服装是仪表仪容中的一项重要内容。现代服装除了御寒、遮盖以外,还开发出一系列功能,如体形展现、性别识别、职业区别、情感表达、经济状况的反映等。服装是人际交流中的一种无声语言。在社交活动中根据自身特点和特定场合,选择得体的服装,并穿出一定的品味,能使人增加几分魅力。

各民族、各地区对服饰礼仪有许多要求,在国际社交场合,人们穿着的服装大致分为便服与礼服两种。我国没有礼服与便服之分,但近年来不断向国际惯例靠拢,一般休闲在家、外出旅游、运动娱乐时着便服,而正式的场合如宴会、会见、婚丧等,则应穿礼服。近些年,由于人们对工作形象的注重,也使得员工在工作中穿工作服装。

便服着装较为随便,以宽松适宜,人们可以根据自己的特点和喜好选择衣物。而上班的工作服装既不能像礼服那样正规、华贵,也不能像便装那么随意,它一般要求整洁、大方、雅致。工作服装的选择与穿着,从色彩到款式不必过分引人注目、过多暴露,色彩艳丽、样式繁杂都是不可取的。工作服装应庄重整齐,以表明员工的责任感和可信度。因此,要尽量穿正规服装,如办公室人员,男士可着西装,女士可着套装、套裙等。许多单位的员工着装均有统一规定或配有专门工作服装。

礼服是最为讲究的服装。我国没有严格的礼服、便服之分,但出入正式场合,尤其是参加外事活动,男同志应穿西装、中山装或民族服装,女同志最好穿套装、套裙、长裙或旗袍,皮鞋一般为系带黑皮鞋。无论什么服装,必须整洁、干净。上衣要熨平整,裤子要熨出裤线,皮鞋要上油擦亮。穿中山装时应扣好领扣、领钩。穿着西装时,必须打领带;袖口、裤角不可卷起;衬衣下摆塞入裤内,衬衣袖口应比西服袖口长 1~1.5 厘米;一般站立时扣上西装钮扣,坐下时要解开。扣钮扣时,仅两粒扣的只扣上边一粒,另一粒不扣;穿着西装必须穿皮鞋,配以布鞋、旅游鞋有失体面,袜子应以深色为宜。无论男装还是女装,都应坚持"内衣不外露"的原则,衬衣下摆、衬衣内的套头衫领圈与袖口、内裤的松紧处及裤脚均属于内衣范畴,如果在交际场合外露,极不雅观。此外,在接人待客时,穿短裤、穿内衣、穿睡衣或赤脚等,都是失礼的行为。参加社交活动,进入室内时,均应摘帽,脱掉大衣、风雨衣等,并送挂存衣处挂好。

(三)妆饰

常言道:"三分长相,七分打扮。"化妆美容是现代人自我美化仪表仪容的重要途径。男性一般不化妆,打扮以整理发型与修面为主,如适当使用少量男性用香水,会显得儒雅不凡。女性化妆的浓淡,应根据场合与时间而定:外出旅游或是休闲运动时,化妆忌厚或浓,避免过于刺眼或出汗而毁妆,应化淡妆再使用一些保护皮肤的化妆品即可;晚上参加舞会、宴会等活动,因为光线较暗,为了引人注目和增强美感可化浓妆,并可使用发亮的化妆品,同时饰物、服装也可华丽典雅;在工作场合,应化淡妆,以自然大方的形象投入工作。

首饰能烘托仪表仪容美。男士一般以戒指、手表、领带夹为主;女士饰物繁多,在工作场合不宜配戴首饰(手表、戒指可例外),而在舞会、宴会等社交场合,则可以恰当配戴,略加点缀,以增姿色。

需要说明的是,仪表仪容美是一种整体美。真正懂得美的人,会将化妆、服装、首饰,甚至随身的围巾、皮包等,都巧妙搭配、协调组合,表现出高雅脱俗的气质。这就需要不断地借鉴、学习和实践。

第二节 仪态礼仪

仪态,又称"体态",是指人在行为中的身体姿态和风度。姿态是身体所表现的样子,风度则是内在气质的外在表现。人的一举手、一投足、一点头、一弯腰乃至一颦一笑,并非偶然的、随意的。这些行为举止自成体系,像有声语言那样具有一定的规律,并具有传情达意的功能。人们可以通过自己的仪态向他人传递个人的学识与修养,并能够交流思想、表达情感。达·芬奇说:"从仪态了解人的内心世界、把握人的本来面目,往往具有相当的准确性与可靠性。"用优良的仪态礼仪表情达意,往往比语言更让人感到真实、生动。容貌与穿着的美,在很大程度上具有先天性与物质性;而仪态美,则是一种深层次的美,表现出真实的自我。

一、仪态礼仪的作用

1. 仪态是社交形象的重要组成部分

社会交往的最终目的在于达成人与人之间相互了解、相互协调的关系。与仪表仪容相同,仪态传递的个人信息也是比较直观的。从一个人的面部表情、身体姿态、手势和动作,旁观者基本上可以判断出他的品格、学识、能力、性格和职业等。爱美之心,人皆有之。美能使人赏心悦目,美的仪态会使人产生与之接近、与之沟通的愿望,举止得体、风度优雅的社交形象必然会受人欢迎、受人尊重。

2. 仪态在社交中可以传达思想感情

语言是人类最重要的交际工具,那么人类在创造语言文字前,是用什么样的方式来传达思想感情的呢?人类学家认为,当时的人类只能用面部的表情、手的比划来传输信息。即使在高度文明的今天,人们依然用一些特定的举止,来传达喜怒哀乐或其他信息。其实,仪态本身就是一套极为丰富和复杂的语言。据统计,世界上至少有七十多万种表达思想感情的态势动作。相比之下,任何语言和文字都显得逊色。良好的仪态能够传达健康、友好、关心、谦虚的思想感情。

3. 仪态可以真实地昭示心理活动

在人际交往中,人们通常是用口语来表达彼此的感受的。但时常会碰到这样一种情况,即本来什么都没说而别人却可以知道他在想什么。语言一般经过理智的思维,是可以被说话人控制与加工的;而仪态反映的信息,则比语言反映得更真实,许多表情或动作的完成是行为主体情绪化或潜意识的产物。心理学家弗洛伊德认为,要了解说话人的深刻心理,语言是不可靠的,人的动作比语言更能表现人的情感与欲望。明白了这一点,对于搞好社交礼仪是有重要意义的。一方面要根据对方的仪态分析其心理,然后决定与之交往的方法;另一方面,自己也应把握与控制仪态,以免私情泄露而使对方不快。例如,有的主人一边客气地挽留客人,一边却不时地看手表,这表明主人内心早已不耐烦了。这种挽留是失礼的。

4. 仪态可以表示出关系的亲疏尊卑

在人际交往中,特定的姿势和举止,可以反映人与人之间的微妙关系。这种关系经常无法用言语来表达。因此,掌握和处理好这些细节,对于正确、恰当地实施礼仪规范是大有裨益的。例如,行握手礼时,两个人握手的时间稍长、用力稍大,表示感情深厚;鞠躬时的姿势是屈体角度越大,尊敬程度则越高;两人在行路时的距离远近,可以说明两人之间的亲密程度。

仪态在交际中的作用是多方面的,这里只归纳了较为突出的几个方面。总之,良好的仪态既能给他人以美好的视觉感受,也是对他人的尊重。此外,还可从他人的各种仪态中了解其真实心理,从而缩短彼此之间的心理距离,促进交往成功。

二、仪态礼仪的规范

仪态的表现方式是多种多样的。人的头部、脸、躯干、腕、手指及腿、脚等十几个主要部位,几乎都可以传情达意。在社会交往中,仪态充当着极为重要并且极为有效的交际工具,优雅而得体的举止将有助于树立良好的交际形象,能够获得他人的好感。在此主要介绍体姿、表情、手势、眼神、人际距离等仪态礼仪规范。

(一)体姿仪态

人的基本体姿可分为站姿、坐姿、走姿和卧姿四大类,通常呈现在公众面前的是站、坐、走三类。优美的站、坐、走的姿势,是发展人的不同质感动态美的起点与基础。古语所说的"站如松,坐如钟,行如风",就表明了对体姿的严格要求。

1. 站姿仪态

站姿应注意保持挺直、典雅、均衡。站立时,人应直立,挺胸收腹,略为收臀,目平视,肩端正,双臂自然下垂,双腿并拢立直,脚跟靠紧且脚尖分成"V"型。在站立时,身体不要抖动或摇晃,眼睛不要东张西望;手不要插入衣袋,也不要叉腰,更不应东歪西靠。

2. 坐姿仪态

坐姿应给人以端庄、文雅、稳重之感。良好的坐姿应当是：从椅子左边入座，背向椅子，右脚稍向后撤，使腿肚贴在椅子边，上身正直轻轻坐下。如果是女士入座，应整理裙边，将裙子后片向前拢一下，以显得高雅娴静。坐立时，上身要正直，挺腰并膝，女士应并脚，双手自然置于双膝上或椅子扶手上。坐立时不可随意晃动身体或双脚，双腿不要伸得过远或分得过开。此外，还应避免过于放松，瘫坐在椅内。

3. 走姿仪态

走姿属动态美，要求稳健、轻盈。行走中上身要正直，目光平视，挺胸收腹直腰，双臂自然摆动。要注意脚尖略开，脚跟先接触地面，两脚内侧在行走中保持在一条直线上；行走时，起脚要有节奏感，干净利落，鞋跟不要拖地，脚尖也不要迈内八字或外八字。行走中上身姿势同于立正，不可弯腰驼背，更不可摇晃。

(二)表情仪态

表情是人的思想感情和内在情绪的外露。脸部是人体中最能传情达意的部位，可以表现出喜、怒、哀、乐等各种复杂的思想感情。因此，人们常说在交际中要"察言观色""看脸色行事"，主要都是针对人的脸部表情而言的。通过观察不难发现，人的表情是通过眼睛、眉毛、嘴巴、面部肌肉以及它们的综合运动来表现的。

在现实交际中，人们几乎每时每刻都在调动面部表情，进行人际交流或表达感受；表情所传达的信息是非常重要的。为此，美国心理学家艾伯特·梅拉宾曾总结了这样一个公式：传递信息的总效果＝7%语言＋38%声音＋55%面部表情。其中可能有夸大的成分,但不难看出,表情对人们的交流与沟通的影响是巨大的。

表情的形式是众多的,但人们关心的是,在社交中什么样的表情最能体现优雅的风度,什么样的表情更有利于加强人与人之间的沟通、增进友谊。有人认为,电影上高仓健式的冷峻、不苟言笑是一种绝佳的风度,并加以崇拜与模仿。试想一下,如果每个人都以这样的风度出现在社交场合,拒人于千里之外,冷若冰霜,那么沟通、合作、关心和热情就会变得遥不可及了。

在社会交际中,那些用笑声传达愉悦的人,比那些较为严肃的人有着更大的优势。目前,人们公认微笑是最富有吸引力、最能促进和谐关系的表情。真诚的微笑如同一扇敞开的窗户,象征着快乐与平和;象征着与心灵相通、相近、相亲的希望;象征着愿意与他人分享快乐、分担忧伤与痛苦的愿望。善于微笑的人,通常是快乐而有安全感的,在交际场合能够营造融洽的氛围。

有人说:"严肃使人拘谨,愤怒使人气恼,佯笑给人虚伪的印象,冷笑给人以奸诈之疑,至于捧腹大笑又有失身份,惟有微笑恰到好处。"微笑,是指不露牙齿、嘴角两端略提起的笑。它应是发自内心的笑,轻松而友善,表示对他人的尊重、理解与友好。微笑不仅可以使人风度翩翩,富有魅力,给他人留下一个微笑的形象,而且容易得到他人的尊重与友谊。

(三)手势仪态

手主要是人的劳动器官。在交际时,可以用手来传达一定的意思。得当的手势,有助于清楚地表达自己的意思。例如,招手、挥手、摆手、握手都表示不同的意义。手势不仅能够传达一个人想要表达的信息,在许多情况下,它还会自然流露出他的心情和想法。例如,紧张的人会不由自主地握紧手、兴奋的人会振臂欢呼、焦急的人会搓手看表……即使人们可以控制面部表情，却也无法控制手指，手指会叛变你的意志而微微颤动等相应的表现。

无论有意或无意，都应注意手势的运用，尽量养成良好的手势习惯。很多不自觉的手势，会让人感到粗鲁无礼、令人生厌。作为仪态的重要组成部分，手势应正确地使用。

与人谈话时，手势不宜过多，动作不宜过大，更不能手舞足蹈。长辈与上司可能会通过抚摸他人的头部、轻拍他人肩部以示关心、喜爱和鼓励，但不分场合与对象的拍打、抚摸极容易引起对方不快。同时，勾肩或搭背也是不自重的手势仪态。

在人际交往中，用手指指点点也是失礼的行为。谈到自己时，不要指自己，而应将手掌按在胸口上，以显得斯文；谈到别人、引路或指示时，切忌用手指指点，一般应用掌心向上、四指并拢、拇指自然伸展的手形来表示。在社交活动中，如果不是为了传达信息，手应保持静止，给人以稳重之感。一般不表情达意的手势，也会带来负面影响。例如，有的人一与人谈话，手就会做一些不相关的习惯动作，如掏鼻子、剔牙、摆弄衣服或物件、抬腕看表或手东挪西放等，都会使谈话对方感到话题不被重视；有的人一与人交谈，就手足无措，手指发抖，搔头摸脸、搓手，给人以不自信的印象。"静止的双手是权威的表示"，这句话是有一定道理的。

与人交流，恰当准确地运用富有表现力的手势，有助于形成充满魅力的个人形象。然而，不同的地区、不同的民族，其手势的运用与含义是不同的。最好事先了解交际对象的风俗习惯与忌讳以防引起误会，因为不少相同的手势对不同的民族或地区的人而言，含义完全不同。例如，在我国伸出手掌心向下挥动以示招呼他人，而美国人则认为是唤狗的动作。因此，在与外宾的交往中,尤其不可乱用手势。

(四)眼神仪态

传达个人信息的形式很多,但真正的"传神之处"还是人们的眼睛。人们习惯把眼睛称做"心灵的窗口",从一个人的目光中,可以看到他的整个内心世界、生活经历、个人修养、性格特点和心理状态,甚至连思维的细节都从这里展现出来。

一个良好的交际形象,目光应是坦然、和善、热情、乐观的。与人交往的时候,冷漠、狡黠、傲慢、贪婪的目光,都是不健康的,也是不会被他人所接受的,只能使别人在内心深处产生抵触情绪;左顾右盼、挤眉弄眼、用白眼或斜眼看人,也都是不礼貌的。

在友好与善意的前提下,对不同的对象,眼神能够传递不同的信息。作为主人招待客人,眼神热情而愉快,表示欢迎;在长辈或上司面前,目光应略微向下,以示谦恭;对待孩子应体现宽厚与慈爱;对待朋友应体现热情、坦荡。在与人交往中,如果是同性,为了表示对对方的尊重和对话题的关注,应该不时互视对方。但是,长时间面无表情地盯着对方,会带有挑衅性,所以应避免;如果对方是异性,长时间的注视更是不礼貌的。另外,与人见面时,不要上下反复打量别人。

(五)人际距离仪态

从生物学的角度来看,每一个生命都有自己的领土领空,人们叫它"安全圈"。一旦异物侵入这个范围,就会使其感到不安并处于防备状态。美国心理学家罗伯特·索默经过观察与实验认为,人都具有一个把自己圈住的心理上的个体空间,它像生物的"安全圈"一样,是属于个人的空间,一般情况下,每个人都不想侵犯他人,也不愿让他人侵犯自己的空间。双方关系越亲密,人际距离就越短。心理学家们认为,45厘米以内为亲密的距离;45～121厘米之间是私人交往的距离;120～210厘米之间为社会交往、工作业务时的人际距离;210厘米以外为一般距离。这种划分只是大致范围,并非固定不变的。那么,在人际交往中,每个人都应根据双方的关系、环境、事因等因素,考虑自己保持什么样的人际距离是恰当的,而不是侵入对方心理空间,引起对方不快。例如,双方如不是很熟悉,就不要侵入对方的"亲密距离",更不可动手动脚;否则,就被视为"越礼"。

以上是仪态礼仪规范的主要内容,至于各种特定场合或者特定工作环境中的礼仪规范,将在以后各章节中详细介绍。

第三节 交谈的语言礼仪

交谈是交流思想和表达感情最直接、最快捷的途径。在人们各自的周围,因为不注意交谈的礼仪规范,或用错了一个词,或多说了一句话,或不注意词语的色彩风格等而导致交往失败或影响人际关系的事,时有发生。

美国前哈佛大学校长伊立特曾经说过:"在造就一个有修养的人的教育中,有一种训练必不可少,那就是优美、高雅的谈吐。"在交谈中,只有遵从一定的礼仪规范,才能达到双方交流信息、沟通思想的目的。

一、创造良好的交谈氛围

人的交际活动总是存在于一定的环境和氛围之中,谈话气氛和谐与否,会直接影响谈话的效果。为了创造一个愉快融洽的谈话气氛,每一个谈话的参与者,都可从以下几个方面入手:

(一)积极创造谈话环境

谈话环境的随机性较强,而环境对谈话气氛的影响是不容忽视的。在一般情况下,要求谈话的参与者要主动、积极地去适应环境。但是,如有可能,则应提前布置交谈环境。例如:办公室、家庭客厅等处,在交谈开始前应进行清洁整理,根据交谈的主题安排灯光、摆设等,以创造一个舒适、安静、整洁的环境,这对交谈氛围的形成是有益的。

(二)态度诚恳

交谈的主体是人,因而参与者的态度、心情和仪态,对交谈氛围的影响,是至关重要的。进行交谈时,态度应认真诚恳。对交谈的主题,应认真对待,这不仅是尊重他人的体现,更重要的是只有双方在认真的交谈中寻找到共同点以后,了解才有可能深入;否则,一方娓娓而谈,另一方目光呆滞、神情漠然、东张西望、翻阅书报、心不在焉、看表、打呵欠,正常的交流很快就会中止。另外,在交谈中,以认真诚恳的态度来关注交谈的内容与交谈者,必然会唤起对方的信任,交谈的氛围也会随之进入良好的阶段。

(三)寒暄热情、大方

"万事开头难",交谈一般从问候与寒暄开始。寒暄不仅是一种必不可少的客套,还可以为交谈作情绪和情感上的铺垫。成功的寒暄,可以迅速缩短双方之间的感情距离,调节气氛,增进交流。因此,寒暄应尽量表现出谦恭、大方、热情、平等。

(四)距离适中

无论两人交谈还是多人交谈,交谈距离以能够较容易地听清谈话的内容为宜。亲密距离内的谈话,多在情侣或者至亲好友之间进行;盲目接近者,会让谈话者心理上感到压抑,局促不安,进而破坏谈话的气氛。

此外,在仪态上还应注意,不要有边吃边谈、唾液四溅或指点对方的举动,以免引起对方不快。

二、选择恰当的交谈内容

交谈需要不断地开发新的、令双方和谐愉快的话题作为内容。交谈是信息双向流动的过程,只有当交谈双方根据彼此的情况找到一个共同的好的话题时,才预示着谈话正趋向成功。那么,交谈的话题与内容最基本的标准,就是双方都感兴趣,有展开探讨的必要。"一个巴掌拍不响",一个人唠唠叨叨、自言自语,对增进双方的了解与友谊是毫无意义的。因此,对交谈内容的选择,应注意以下几点:

(一)避免以自我为话题中心或沉默寡言

古人认为:"多言而不当,不如其寡也"。交谈时最忌讳一方自以为是,滔滔不绝,借题发挥,以炫耀自己,完全忽视他人。每个人都有被尊重的需要,都有一定的表现欲望,如果听者始终找不到机会参与谈话,心理上的抵触便油然而生,谈话是进行不下去的。交谈就是为了促进双方的沟通,谈话中应尽量使对方多开口,从而了解对方,挖掘双方的共同点与共同的话题。与自吹自擂相反,有些人因为性格内向或缺乏自信,交谈中往往沉默寡言,很少开口说话,使对方听不到有关的意见与看法,结果会使谈话陷入僵局,引起所有参与者的不快。因此,在交谈时不要一个人垄断话题,但也不要放弃开口的机会。

(二)谈论对方感兴趣的内容

在谈话中,应随时注意对方的反应,观察对方的表情、体姿,以判断其关注的程度,并经常征询对方的意见,给予对方谈话的机会。如果一旦发现对方对该话题不感兴趣,应立即打住并转移话题,调整谈话的内容和方式。在交谈中有些内容是应当避讳的,涉及个人隐私的,更不要谈论或探询;否则,谈话会陷入难堪的局面,并引起对方反感。经济收入、婚姻状况、家庭纠纷等,也都是谈话的大忌。另外,对方不希望谈论的事情,如对方的伤心事、缺陷等,都不要谈,以免伤害对方。

(三)谈吐文雅

话题应尽量避开粗俗的内容,如黄色故事、讹语谣言等,也不要使用粗俗或不雅的口头语,这些都会使人感到品格低下。交谈中适当伴以幽默、开开玩笑,可以缩短彼此间的心理距离,其益处不言而喻。如果是粗俗、失礼、尊卑不分或污辱性的玩笑,将会冒犯谈话对方。因此,交谈中应使用文明的语言,谈论健康的话题。

(四)谈话内容应以友好为原则

在交谈中,交谈双方可能会因对问题的不同看法而发生争论。争论容易导致友谊破裂,关系中断。因此,应防止或避免争论,尤其是不冷静的争论。一旦争论起来,如果对方无礼,自己必须宽容克制,不要以牙还牙、出言不逊、恶语伤人,也不要旁敲侧击、冷嘲热讽;应尽可能地好言相劝,等彼此冷静以后,再寻找新的话题。

三、交谈的语言艺术

在日常的交谈和实际社交场合中,如果能当众陈述自己的观点,流畅地表达出自己的意图,清楚、准确地表达内心的想法,听者会乐于接受他的思想观点。相反,如果结结巴巴,表达不清自己的想法,让人听都听不明白,谈何接受。因此,语言作为人类的主要交际工具,是沟通不同个体心理的桥梁。

人们在使用语言传情达意时发现,有时交际的成功与否,并不在于语言内容的恰当与否,而在于用什么样的方式来表达这些内容。同样一句话,用不同的方式说出来,其效果可能会迥然相异,这就是为什么要在人际交往中强调语言艺术的原因。交谈的语言艺术,主要包括以下几个方面。

(一)平等互敬

运用语言,应坚持平等互敬的原则。现代礼仪体现着人们内部的合作关系,即平等、亲密的同志关系。所以,谈话时在心理上、语调上,都要体现出对对方人格的尊重,把对方作为平等的交流对象。语言装腔作势、哼哼哈哈或者以势压人,不仅是不礼貌的,而且会使对方由尊重自己转为反感。可见,尊重他人是被他人尊重的前提。在交谈中,应尽量使用礼貌用语,谈到自己时要谦虚,谈到对方时应尊敬,运用敬语与自谦语能显示出个人的修养、风度和礼貌。

(二)准确流畅

在交谈时,如果词不达意、前言不搭后语、语无伦次,很容易被人误解,达不到交际的目的。因此,在表达思想感情时,应做到口音标准、咬字清晰,说出的词句应符合语言规范,避免使用似是而非的语言。另外,应去掉过多的口头语,以免语句割断;语句停顿要准确,思路要清晰,谈话要缓急有度,从而使交流活动畅通无阻。

(三)机智幽默

交谈本身就是一个寻求一致的过程,在这个过程中常常会出现不和谐的音符,产生争论或分歧。这就需要交谈者随机应变,凭借机智抛开或消除障碍。同样,幽默也常被用于化解尴尬场面或增强语言的感染力。恩格斯说过:"幽默是具有智慧、教养和道德的优越感的表现。"有趣而意味深长的语言,能给人以欢笑和愉快。当然,机智幽默不是小聪明或"卖嘴皮子",它应使语言表达既诙谐又入情入理,是一定修养和素质的体现。

(四)态势得体

谈话之中可以用手势来加强和配合语气,但一般认为,不应当有无意义的体态或举动,以免给人以轻浮失礼之感。手舞足蹈、举止轻狂或者唾液四溅等,都是极不礼貌的行为。

此外,交谈语言还应讲究语调亲切生动;措辞易于理解;表达简练,不可饶舌不休;根据谈话对象调整表达等方式。只有掌握了这些语言艺术,才能做到谈吐文雅、礼貌。

四、聆听的艺术

国外有句谚语:"用十秒钟的时间讲,用十分钟的时间听。"听,可以从谈话对方获得必要的信息,领会谈话者的真实意图。如果不能认真地聆听,就无法了解和满足对方的需要,和谐的人际关系也只能是空谈。况且,聆听本身还是尊重他人的表现。因此,应当充分重视听的功能,讲究听的方式,追求听的艺术。那么,怎样才能掌握聆听的艺术呢?

(一)认真耐心

在对方阐述自己的观点时,应该认真耐心地听完,并真正领会其意图。许多人在听的过程中,一听到与自己意见不一致的观点或自己不感兴趣的话题,或者因为产生了强烈的共鸣就禁不住打断对方而插话或做出其他举动,致使他人思路中断、意犹未尽,这是不礼貌的表现。当别人正讲在兴头上时,不宜插话,如必须打断,应适时示意并致歉后再插话;插话结束时,要立即告诉对方"请您继续讲下去"。

(二)专注有礼

在听对方说话时,应该目视对方,以示专心。要真正了解对方,语言只传达了部分信息,所以还应注意说话者的神态、表情、姿势以及声调、语气等非语言符号的变化、传递的非语言信息,以便全面、准确地了解对方的思想感情。同时,以有礼而专注的目光表示认真聆听,对说话者来说也是一种尊重和鼓励,可以使他感觉到自己的重要性。

(三)呼应、理解

强调在对方谈话时目视对方、认真专心地去听,并不是说聆听者完全被动地、默默地听。经验告诉人们,在说话时,如果对方面无表情、目不转睛地盯着自己看,会怀疑自己的仪表或讲有什么不妥之处而深感不安。因此,聆听者在听取信息后,为使对方觉得你的确在听而非发呆,可以根据情景,或微笑,或点头,适时插入一两点提问,比如"哦,原来这样,那后来呢?""真的吗?"等等。这样,就能够实现谈话者与聆听者不断的交流,形成心理上的某种默契,使谈话更为投机。

此外,聆听之中还应注意自己的仪态,不应该从自己的举动或姿态中流露出不耐烦、疲劳或心不在焉的情绪,因为没有比这更伤人的自尊了。

复习思考题

1. 现代礼仪构成的三要素分别包括哪些内容?
2. 简述形成良好仪表仪容的基本原则。
3. 日常生活中违反服装礼仪规范的常见现象有哪些?
4. 人们为什么公认微笑是最具有吸引力的表情?
5. 在交谈语言中应注意哪些禁忌?
6. 聆听的艺术主要包括哪些内容?

第三章

现代公众基本礼仪

人们在相互交往中,都需要有一个友好、祥和的气氛。如果每个人都能够注重礼仪、讲究规矩,那么人们的日常生活和社会交往,无疑都会有着巨大的凝聚力。礼仪在正式场合,可以起到协调人们之间的关系,形成融洽和谐气氛的作用。而标准的礼仪规范,适度的礼仪分寸,则是在日常社会生活中长期形成的。在日常人际交往中,公众礼仪是每一个人立身于社会所不可缺少的重要礼仪规范,它可以陶冶人们的情操,沟通人们的思想感情,缩短人们之间的距离。

礼仪与人们的生活息息相关,注重礼仪,讲究礼节、礼俗,是精神文明发展的客观要求,也是社会生活交往中不可缺少的要素。人们长期彼此交往,逐渐形成的一定的习惯做法与不成文的行为规范,就是公众基本礼仪,即现代公众基本礼仪。这是每一个人进入社会生活必备的知识素养之一。

现代公众基本礼仪,主要包括日常礼貌用语、见面的礼节、拜访的礼节、待客的礼节、探病的礼节和馈赠的礼节等几个方面。

第一节　现代公众基本礼仪的实施原则

现代公众基本礼仪,是指在现代日常的人际交往中,频繁出现的、人们相互依从的规范礼仪。由于国度、地域、场合和交际对象的不同,它的内容与形式也随之改变。许多人在陌生的环境中感到手足无措,以致在紧张与无知的情况下举止失礼。其实,人们各种交往活动自始至终都有一些共同的规律可循,即礼仪的实施原则。探讨这些实施原则,有助于社交基本礼仪的规范化,增强人们对礼仪的认识,进而加强礼仪在社会交往活动中的指导作用。

实践证明,在现代日常社会交往活动中,公众实施基本礼仪,应遵循下列原则。

一、自信与微笑的原则

自信是人的意志和力量的体现,是交际者应具备的最重要的素质之一,也是保持标准化礼仪规范的前提。许多人在社交场合并不是不懂得礼仪规范,他们最大的心理障碍就是胆怯,主要表现为紧张、害怕、手心出汗、表情呆滞、语无伦次、手脚不自觉地做"小动作"等,结果笨拙的言行带来无意的失礼。因此,在与人交往中,不要过多地考虑"别人会怎么看我",而应当努力来表现有礼有节、充满自信的自我。有了从容的心境,才可能表达对社交对象的友好,才可能彼此交流与沟通。

美学家认为,在大千世界万事万物中,人是最美的;在人的千姿百态的言行举止中,微笑是最美的。在大多数场合,人们喜欢在生活中见到笑,特别是轻松适度的微笑,能给人以谦逊、真诚、友好的印象。此外,微笑还可以给人以力量,帮助交往的双方掩饰和战胜自卑与胆怯。

既然自信与微笑是社交所需要的,并且又能直接表现出一个人的文明修养程度,那么公众在礼仪交往中,就应当保持自信与微笑,造成良好的人际关系。

二、谦虚与相互尊重的原则

人人都渴望被他人所重视,人人都有自尊心。因此,尊重他人,是人际交往礼仪中不可忽视的原则。有的人在与人交往时,靠趾高气扬、夸夸其谈,甚至以蔑视或者污辱他人人格以求自尊。事实上,不尊重他人的人是不会受到他人尊重的。

在实际生活中,往往是越有修养的人越谦虚。他们待人随和,不是总强调自己的主观意志,也不强求他人按自己的爱好与习惯来生活。谦虚的人总会使与他交往的人感到自己存在优点、自己受到重视,感受到交往的快乐,从而使大家都乐于与他接近。一个真正知礼的人,会在内心深处意识到,无论在何时何地,都必须承认除了自己以外,还有他人的存在;在社会交往中,宁可把"自尊"放在第二位,也不能对他人随便无理,从而充分表现出虚怀若谷的胸怀。

三、理解与宽容的原则

要想以庄重的仪容、得体的举止、文明的行为出现于大庭广众之中,友好待人,加强相互间的团结与合作,不仅需要有美好的心灵、高尚的道德情操,还需要坚持正确的为人处世原则,在社会交往中做到谦恭有礼、善解人意、体谅他人。

人与人之间如果缺乏理解,就难以沟通感情。一般来说,交往双方的心理总存在一定的距离,存在不相容的心理状态,这种差异会在交往者之间产生妨碍交往的思想隔膜,甚至会使关系僵化。要想缩小这种心理上的差异,求得人与人之间能多一份和谐、多一份信赖,就必须懂得别人的思想与态度,尤其能理解与自己观点、立场、态度不同的人。在理解别人的时候,要尽量设身处地地站在他人的角度去考虑问题,不要主观臆断或误解。只有让别人体会到你是真正理解他的,才可能使他与你推心置腹,从而结成相互信赖的关系。

"人非圣贤,孰能无过?"况且,过错的原因也不一定是别人的主观意图不正。在与人交往中,如果出现意见相反,或对方伤害了自己的尊严,侵犯了自己的利益,即便是有听不入耳、看不顺眼的言行,也应以宽容之心予以谅解。惟有宽容,才能排除人际交往中的种种障碍;不能宽容他人的人,往往会得理不饶人,对无理者或失礼者纠缠不放,挫伤其感情,以致使对方产生更加强烈的对抗心理。

理解宽容是通往彼此内心的桥梁。应当记住,共性总寓于个性之中,人们应该维护和发展共性,以理解和宽容来增强人们之间的凝聚力。

四、热情与关心的原则

热情的人使人觉得容易接触,愿意与之交往。在公众交往中,如果对事物或人保持热情,即给予关注、欣赏和赞扬,可以获得良好的人缘。有的人与人交往时,总给人以冷若冰霜的感觉,会被认为高傲或故意摆架子。这种情况有的是因为个人性格孤僻,不善交际;有的是因为"玩深沉"或"自命清高不凡"。不论什么原因,在交往中拒人于千里之外,对人对事冷漠置之都是失礼的。热情是相互的,不关注任何事物的人,同样也不会被别人关注。人生在世,任何人都会遇到困难。遇到困难时又都希望得到帮助。被帮助者在感到慰藉的同时,会感激与尊敬帮助他的人。助人为乐是一种高尚的道德情操,主动真诚地关心他人是建立良好人际关系的前提。在公众礼仪中,应该坚持关心原则。

五、真诚守信的原则

在人际交往中,人们展示良好的行为、姿态、服装等,目的就是为了树立良好的个人形象,获得他人的赞许与承认,使他人能友好地与自己相处与合作。在人际交往中,表里不一、口是心非、缺乏真诚的人,尽管在礼貌礼节方面无可指责,但最终还是不会给人留下好印象,使正常的交往难以维持。与人交往应从友善平等的愿望出发,诚心待人,不能虚情假意,心存恶念或非分之想或无端怀疑他人,更不能因为地位的高低而阿谀奉承或盛气凌人。只有真诚的人,才能表现出对他人尊重和有礼,才能得到他人真正而长久的信任和尊重。

每一个人都无法了解别人的内心世界,因此人们判断他人是否真诚,一般是根据他的言行是否一致,即守信情况。人际交往必须遵时守信,赴约的时间应准时或稍稍提前,承诺的事情务必完成。在人际交往中,不守时、失约、言而无信等,都是失礼的行为,是使人反感的。在与人约定了时间后,不可轻易更改;若必须更改,应尽早通知对方并致歉,以免造成更坏的影响。向他人承诺的事,必须力所能及,因为一旦答应,如果最终办不到比不答应更失礼。

六、遵守社会公德的原则

社会公德(简称"公德"),是指一个社会的公民为了维护整个社会生活的正常秩序而共同遵循的最简单、最起码的公共生活准则。人们都生活在一定的社会关系之中,如果没有一种共同的行为规则,社会就难以井然有序。因此,社会要求每个人都要敬老、尊贤、爱幼、乐于助人、爱护公物、遵守公共秩序、维护正义等。遵守公德是文明公民应当具备的品质,也是一种礼貌的行为;不遵守公德,就是不尊重他人,也是不尊重自己。

在日常工作和生活中,人人都应养成遵守社会公德的习惯,要互相谦让、互相帮助,对人讲礼貌,提倡文明行为。遵守社会公德,培养良好的公众礼仪,应从每一件小事做起。在交际场合或公共场所,应十分注意公共卫生,不能随地吐痰和乱扔废物;在影剧院禁食有瓜皮果壳类食物,因为这样既破坏环境卫生,又会影响他人观赏节目;在公众场合最好禁烟,允许吸烟的场所也不宜面对他人喷烟,有年长者、女士在场,应先征得他们同意方可抽烟。买票、上车、购物都自觉排队,那些不顾一切拥挤、插队的行为,都是违背礼貌、缺乏教养的表现;在公共场所或社交场合,应举止大方,仪态优雅;在图书馆、公园等雅静场所大声喧哗,男女交往过分亲密、旁若无人,观看比赛吵闹或投掷杂物等行为,都是自毁形象、不尊重他人的行为。

社会公德涉及的往往是些微细、容易被忽视的事。但是,勿以善小而不为。一个人的举止是否文明,最好的判断标准就是看他遵守社会公德的情况如何。

总之,要想在人际交往中,处于主动并获得成功,就应自觉遵守和维护公众常用礼仪的实施原则。

第二节 日常礼貌用语

一、日常礼貌用语应遵循的原则

语言是人们沟通感情、表达愿望、传递信息的工具,是人际交往的重要手段。孔子在《论语》中说:"言之无文,行而不远。"这说明语言交流一定要符合一定的礼仪规范。事实证明,语言礼貌与否将直接关系到交际的成败。要想灵活驾驭交际语言,为自己树立完美的形象,就必须遵循下列原则。

1. 正确认识谈话的对象、场合、事由与时间

在现实生活中,同一句话在不同情景中的礼貌效果常常截然不同。所以,说话人应恰如其分地把握使用语言的环境与条件。

2. 避免涉及他人隐私

说话不能伤害他人的自尊,对他人的隐私及缺陷不可当面或背后打听、议论、攻击。

3. 言辞尽量委婉含蓄

应考虑到他人的心理习惯,用巧妙的表达方式使自己的语意被理解和接受,避免不近人情或生硬的语言

4. 态度应谦虚自然、诚恳大方

二、称呼

只要有人际交往,对人的称呼就不可回避。在礼貌用语中,要求对他人使用尊称,对自己使用谦称。尊称常见的有:先生(称呼男性)、小姐(称呼未婚女性)、大人(称呼已婚女性)、女士

(称呼婚姻状况不明的女性)。在我国,"同志"这一称呼被广泛使用,表达社会主义国家的人民志同道合之意,使用"同志"称呼,严肃而又不失礼貌。但如果不分场合称"同志",会丧失某些尊敬或亲切感。因此,常有以下称呼:德高望重的学者称"(姓)老";年轻人可称为"小(姓)"等;对方相对年长,可在姓前加"老"字,如"老赵""老李";职务显赫者,应以职务尊称,如"孙书记""王局长"等;职业也可作为称呼,如"王老师""李大夫""张律师"等。应当注意的是,对非社会主义国家的来访者不能称"同志",而应称"先生""小姐""女士"等。对自己使用谦称,即对他人尊敬,常见的如:在下、学生、小弟、鄙人等,用这些词称呼自己,表达谦恭之意。

恰当使用称呼,可以体现一个人懂礼节,失礼和令人不快的称呼应该避讳。给他人起绰号,公开或私下称呼,都是极度非礼的行为。友人、恋人、夫妻之间的昵称,在正式场合不宜称呼。此外,还应坚决杜绝对他人的蔑称、贬称,如"土老帽""洋鬼子"等。

在人际交往中,应当记住别人的名字。有人说:"在人们的心目中,惟有自己的名字最美好最动听。"如果连别人的名字都记不住,那么对别人的尊称就太缺乏诚恳之意了。因此,在认识不久的交往中,能叫出对方的名字,对方必将会对你产生好感。

三、问候语

问候语多用于相识者相遇时,以热情简洁的语言互相致意,或者用于交谈的导入阶段。它可以打破双方的界限,缩短距离。语句虽然简短,却是人际关系发生、发展的起点,应给予足够的重视。中国传统的问候语,往往以对方现今状态为话题。例如,

"还未休息啊""吃过了吗""你出去呀",往往是明知故问,所以显得狭隘与俗气。现在,"您好""早上好""晚上好""早安""晚安"等问候语,已越来越广泛地被使用,这是礼貌问候的发展趋势。

寒暄语类似于问候语,语意内容相对来说更为具体。它经常是针对对方或环境作为交谈的开始。例如:"很高兴认识你""您是哪里人""雨下得真大啊"等,意在引发对方的谈吐。在寒暄中,应当避免谈及对方敏感的问题;否则,将是失礼的。"敏感问题"一般指婚姻、经济收入和个人经历等力图回避的话题。

四、答谢语

在人与人的交往中,相互帮助和支持是高尚品德的反映,也是文明礼貌的具体表现。当受到他人的帮助或接受他人的恩惠而表示口头上的谢意时,会使对方感到自己的行为价值的被认识和承认,继而能产生一种自豪感,也即为自己的行为与道德情操而感到骄傲。当然,这也是一个人有礼貌的体现。事实上,一句"谢谢"很简单,但却体现了对他人的劳动与高尚人品的尊重。会说"谢谢"的人,常常会给人以受过良好教育的感觉。经常"谢谢"不离口,会使人在交往中获得益处。

当然,表达谢意必须心诚、清晰。致谢时,为了取得更好的礼貌效果,说"谢谢"时,应当有明确的称呼,通过称呼被谢人的姓名,会使道谢的针对性增强。如果要谢的是几个人,最好是向他们一一道谢。根据具体情况,伴随"谢谢"一词,还应有赞美和解释性的言辞,避免语言单调和谢意表达不深刻。在道谢中,应目视对方,面带微笑,目光诚恳。如果对方对你的道谢感到茫然,你应向他解释致谢的原因。

五、致歉语

在日常生活中,如果自己的行为给他人带来了麻烦和不便,或者在人际交往中言行举止有所失礼,你应立即将自己的愧疚之情表达出来,让对方知道,并请求原谅与宽恕。这就是道歉语。

道歉可以体现一个人胸襟开阔,勇于承认自身的缺点与错误,同时也反映了对他人感受的关心。千万不可以由于只考虑维护自尊而若无其事、泰然处之。真诚恰当的道歉,可以挽回自己的过失,消除他人的恶感,避免伤害他人的感情。掌握致歉语并非难事,关键在于要有敢于承担责任的勇气。

最基本的致歉语,就是"对不起"。这简单的3个字,可以消除许多因小事而引起的不必要的纠纷。除了"对不起"之外,常用的致歉用语还有"请原谅""很抱歉""给您添麻烦了""请别介意""实在过意不去""不好意思"等。

在运用致歉语时,首先应当注意致歉应发自内心,抱有诚意。一旦出现过失,无论事情大小,都应从内心真正承认自己确实错了并产生自责与愧疚之心,然后再在致歉时语调缓和、目光真诚、迅速及时地表达歉意,切忌致歉时敷衍了事或者口服心不服;虚伪的道歉,只会加深双方之间的不和谐与裂痕。其次,应当注意道歉要适当。道歉的目的是让人明白歉疚之意,从心理上谅解和宽恕自己。因此,道歉时应注意对方的反应,不可以用过分或夸张的致歉方式增加对方的不快。

有人在道歉时,通过有意夸大自己的过失或失实地包揽责任,以示道歉的"深刻",却往往有失诚恳而不被人接受。例如:"好啦,全是我的错,对不起""我真是罪该万死,实在抱歉"等;也有人在道歉中,废话连篇或者反复提出,引起别人更大的不快。

俄国作家契诃夫的《小公务员之死》就描写了一个小公务员因小事向权贵反复道歉,结果引起反感而遭叱责,最后惊吓病死。因此,致歉应适度适时。

接受他人致歉,应最大限度地坚持宽容理解的原则,以谦逊友好的态度应答。例如,"没关系""别客气""您太在意了""哪里的话""这算不了什么"等。

六、请求语

在生活中,人们往往要借助他人的力量和行为才能存在,才能克服种种困难。"万事不求人",只是表达了人们在心理上希望维护自尊而不愿把自己置于卑下地位的愿望而已。事实上,人人都会有求助于人的事情,在向他人请求、拜托时,礼貌用语的作用尤显重要。

首先,应当明白求助者与受求之间的尊卑关系。求人帮忙,恰当使用敬语,以对方为尊贵,自己则应态度谦卑、言辞恭敬。常用词语如"劳驾""拜托""请多关照""请您多费心"等。

其次,应意识到因为你的请求,往往会给对方增加麻烦,使对方有所付出。因此,在请求以前应先致歉。例如,"对不起,请问……""很抱歉,拜托您……"等。请求语语气应谦恭,不可以用命令或支配语气,也不可强辞请求,更不可因为遭到拒绝而态度突变、语气冷淡生硬。

最后,还应考虑受求人的情况。有时有的事是受求者确无法办到,答应则自身陷于困境;不答应又可能伤害请求者的情面,往往处于两难境地。因此,请求人应尽量采用迂回和委婉的表达方式,避免直来直去地提出请求,以便给双方都留有余地。

除了以上礼貌用语外,常用的还有祝贺语、慰问语、辞别语、赞美语。为了加强人际关系,增进友谊,每逢他人在生活、事业、爱情等方面取得成就或者喜庆的节日、集会时,应当对当事人说一些祝贺的吉祥话语;而在他人遭受痛苦或情绪低落的情况下,应致以关心慰问;交际或谈话结束时,应礼貌地致以辞别语;人人都有希望被人注意、被人尊重的心理,都有希望得到他人赞赏的心理,因此发现他人的长处和优点时,就应致以得体的赞美。

任何一种礼貌用语,都应体现出对他人的尊重与关心。在交际谈话中,适时准确地使用礼貌用语,有效地表情达意,对人与人交往、沟通是非常重要的。

第三节 见面的礼节

人们在交往中,刚开始与他人见面时,常以一定的礼貌动作、姿势来表示对他人的欢迎、尊敬、感谢和友好。正确、合乎规范地施行见面礼节,有助于交际双方以后交往的正常开展。不同民族、不同信仰的人,其见面礼节也不相同。

在此,主要介绍下列几种常见的见面礼节。

一、握手

握手礼是当今全世界最通行的迎送和相见的礼节。人们在交往中,见面时习惯以握手相互致意;送别时习惯以握手送别;表示感谢或祝贺时,也可以伴随着握手。握手是最简单的礼节,它贯穿于人们交往应酬的各个环节。因此,掌握标准的握手礼节是不可忽视的。

据说,握手礼起源于原始社会。当时人们用来防身和狩猎的主要武器就是棍棒和石块,由于环境的险恶,即使在与人交往中手上也经常带有石块、木棒等武器,以防不测。如果交往双方都无恶意,为表示友好,说明自己未带武器,则放下手中的东西,伸开双手让对方抚摸掌心。后来,这种表达亲善友好的习惯,就逐渐演变成今天的握手礼。

握手作为一种礼仪,有一整套的具体要求。行握手礼时,通常自然大方地在距离受礼者一步(75厘米左右)时,双脚立正,上身稍向前倾,正视对方,面带微笑,右臂自然向前伸出,四指并齐,拇指张开,手掌掌心微向左上,与对方相握。一般场合、一般关系,双方见面握手时稍用力握一下即可松开;如果场合隆重,关系密切,双方手掌相握后,微微抖动三四次,以示热情,然后再与对方的手松开恢复原状。除了年老体弱或残疾人以外,坐着握手是失礼的。握手礼中是以右手进行,这是约定俗成的习惯,体现了对受礼者的尊重,左手去握手是失礼的行为。

握手是人们日常交际的基本礼仪,人们可以通过双手相握传递自己的内心情感。在社交场合,无论谁向他人伸出了手,都表示一种友好、问候,他都应立即出手相握,拒绝或忽视他人的握手是很不礼貌的。握手是身体的接触,因此与人握手应注意保持双手的卫生,以不干净或潮湿的手相握是失礼的行为。如果手不干净,应亮出手掌向对方示意说明,并表示歉意。根据西方传统礼仪,地位高的人和妇女有戴着手套握手的特权。但是,戴手套与人握手,仍被普遍视为不愿意和对方进行平等交流的行为,有污辱或轻视的意思。因此,无论男女在社交中与人握手,均不应戴手套。握手中如果东张西望或者漫不经心,也是对他人的不尊重。

握手的力度大小,可以传达情感强弱的信息。握手应握紧而不应有气无力,无力度的手,给人以冷漠无情、虚伪之感。当然,也不应握得过紧而给对方造成疼痛感。男士之间、熟人之间握手力度可以大一些;男性与女性握手时,往往是男性只轻握女方手指部分即可,不可将手直插女性虎口处,不可握得过紧或时间过长,也不可用双手同时握住女性的右手,否则都是失礼的表现。

握手有先后顺序,一般由主人、长者、身份高者及妇女先伸手;客人、身份低者应先问候,待对方伸手后再握手。平级平辈见面时的握手礼,伸手无先后顺序。遇到身份高者或男士遇到女士时,先伸出手是失礼的。还须注意的是,在多人场合,不宜左右手同时与他人握手,也不能越过他人交叉握手。据称,西方人认为交叉相握的手成"十字架"形,有不祥之意;同样,也不要跨门槛或隔着门槛与人握手。

二、鞠躬

鞠躬礼源于中国先秦时代,即弯身行礼。在我国,鞠躬礼的应用范围很广,常用于个人对集体的行礼,如演员谢幕、讲演、领奖、婚礼等。此外,还常用于下级对上级、服务人员对客人、初次见面的朋友之间。在日本、朝鲜及世界上其他国家或地区,见面的主要礼节就是鞠躬,以此来表达对对方的尊重。

在行鞠躬礼时,行礼者在距受礼者 2 米左右进行,身体采取立正姿势,双腿不要叉开或向前弯曲,目视受礼者,面带微笑,身体上部向前倾斜,视线也随之相应下降,随即恢复原态;受礼者鞠躬行礼相还,长者、贤者、宾客、女士,还礼时可不鞠躬,欠身点头还礼即可。男性行鞠躬礼时,双手放在裤线的稍前处;女性则将双手在身前下端,端庄地搭在一起。戴帽者,应用右手握住帽沿中央脱帽,左手下垂,行礼。

行鞠躬礼上身的倾斜角度可以在 15°~90°之间。一般来说,角度越大,表示越谦恭,对被问候人的尊敬程度越高。日本人见面一般不行握手礼而行鞠躬礼,并且使用次数频繁,以致在电话中向人问安、道别或请求时,也会不自觉地鞠躬。

三、致意礼

现代生活节奏加快,人们的效率观念日益增强,繁琐的礼仪有时已不合时宜;但人们见面仍需相互传递一下情感,以示相互尊重。于是,人们又开始使用既有传统特色又简便快捷的见面礼——致意礼。这种礼节常采用行礼者向受礼者点头微笑或挥手微笑等方式,向受礼者表达友好与尊重。

在比较随便的场合,如在路上行走或在公共场所与熟人相遇,或双方距离稍有些远而双方无须停足谈话,或是在工作场合与同事一天中多次见面等情况,可以行点头礼,即面带微笑,向受礼人轻轻点头,还可以随之致以问候语。

除点头致意外,挥手致意也是社交中常用的见面礼节。挥手致意时,双方距离一般为2～5米,一般举起右手并点头致意。男性如果戴帽子,应脱帽或将帽沿向上轻掀一下,以示致意。距离较近,应互相打招呼;距离较远,应仅作微笑和挥手动作即可,不可大声叫嚷地打招呼。

一般来说,男性应先向女性致意,年轻女性应先向年长男性致意,下级应首先向上级致意。当然,长者或上级等,也可能主动向晚辈、下级致意以示谦虚随和,这样反而会使受礼者对行礼者更加尊重与接近。

在行致意礼时,不可将手插在衣裤袋中,更不能口叼香烟。

四、拥抱礼与亲吻礼

这两种礼节是西方国家社交中流行的主要见面礼,我国都市内偶尔能够见到。随着改革开放的不断深入，我国对外交往会日趋频繁，因此有必要了解和掌握拥抱礼与亲吻礼。

在西方社会，拥抱同握手一样，是一种重要的见面礼节。在欢迎宾客的隆重场合或新知故友见面时，要互相拥抱，以示欢迎、庆贺、感激之意。熟人之间、生人之间、同性之间、异性之间，都可以热烈友好地抱一抱，也可以轻轻地礼节性地搂一下。无论日常生活中的交际还是政府的正式外交场合，都可以见到这种见面礼。

正确的拥抱姿势应为：两人在相距20厘米处相对站立，然后双方都右臂偏上、左臂偏下，右手扶在对方的右后肩，左手扶在对方的右后腰；按各自方位，两人头部及上身都向左相互拥抱，则礼节性的拥抱到此完毕；如果为了表达亲密的关系，还可以保持原手位不变，双方头部与上身都向右拥抱，再次拥抱礼毕。需要注意的是，礼节性的拥抱双方身体并不贴得很紧，拥抱时间也很短，更不要用嘴亲吻对方面颊。在涉外交往中，应努力尊重交往者的民族习惯。事实上，有些民族，如中国人、印度人、日本人、东南亚人、英国人等，是不喜欢在社交场合拥抱的。

亲吻礼是用唇或面颊接触他人致意的礼节。依照双方关系的亲疏程度，亲吻的部位与方式也不尽相同。长辈只吻晚辈的额头，同辈如朋友、同事、兄弟姐妹之间只是脸颊相贴，情侣与夫妻之间才亲吻对方嘴唇。

此外，还有一种吻手礼流行于欧美上层社会异性之间的交往中。行吻手礼时，男女双方相距一步左右，双方须注目，然后女性将手轻轻向左前方抬起60°作下垂状，男子轻轻将其提起，略俯身低头，在手背面轻吻一下，缓缓将手放开，礼毕。需要注意的是，亲吻礼必须稳重、自然。涉外交往中，年轻女性一般不宜与男外宾行亲吻礼,应主动行握手礼;当然,当外国年长宾客出于尊重行亲吻礼时,也应大方地以礼待之。

五、介绍

在社交活动中,介绍和被介绍是非常重要的一环。通过介绍,可以帮助人们扩大社交范围,结识新的公众、新的朋友。介绍是沟通双方、互相了解而建立关系的一种语言交际过程。在这个过程中,必须遵守一定的礼仪规范,以收到人们之间缩短距离、消除误会的效果。

在社会交往中,如果甲与乙、丙都相识,而乙、丙两人却不相识,这时甲有义务为乙、丙两人互作介绍。如果招待很多客人,其中有互不相识的,介绍的责任应由招待的主人来承担。在为他人介绍时,需要注意介绍的顺序、称呼和内容等。

在为他人介绍时,先提到的名字是被尊敬的人。例如,"李小姐,我来为你介绍一下,这位是我的朋友赵先生。"这表示介绍人对两个人中的"李小姐"更为尊敬。目前,国际上公认的介绍顺序是:把男士介绍给女士;把年幼者介绍给年老者;把声望低者介绍给声望高者;把地位低者介绍给地位高者;把客人介绍给主人;把晚到者介绍给早到者;把未婚者介绍给已婚者。为他人介绍时,最好先说"请让我来介绍一下,……""请允许我介绍一下,……"之类的介绍导入词。例如,"王太太,请允许我向你介绍一下,这位是我的同事李先生""请允许我把李先生介绍给诸位。"向大家介绍一个人时,还应有一个征求大家意见的表示。例如,为双方介绍完后,介绍人不能马上离开,以免双方因初次相识而感到尴尬和不便。

集体介绍时,可按座次顺序,也可首先从贵宾开始介绍。

介绍的内容要简明扼要,包括被介绍者的工作单位、职业和身份等。介绍人如能找到双方的某些共同点并加以阐明,可以促使双方更容易接近。在介绍他人时,内容应实事求是、发音清楚,同时还应当伸手示意,手掌微向上翻,以示尊重。对被介绍人的称呼,都应体现尊重而采用"先生""小姐(太太)"、职务、职业等尊称。惟一特别的是,在介绍自己的家人与客人认识时,不在家人的姓名后加上"先生""小姐(太太)"等称呼,以表示自谦。

除女士与年长者外,介绍完毕以后,一般应起立、微笑、握手致意,并说"您好""幸会""久仰"之类的客套话。如果介绍是在宴会桌或会谈桌上进行,被介绍的双方,可以不必起立,只需微笑点头即可,介绍完毕,可说些客套话。

有时希望结识某人却没有介绍人,或者在活动或宴会上客人众多而主人无法抽身或忘了介绍,则可以进行自我介绍。自我介绍比较简单,只要报清自己的姓名、身份及一些相关事项即可。然而,自我介绍也应注意一些细小的礼仪环节。例如,在他人谈话时,不要随便插入自我介绍,应选择谈话停顿的机会,并致歉后再自我介绍。例如,"对不起,打扰一下,我是……"。自我介绍后的交谈,应多谈别人,少谈些自己,等彼此有了一定的沟通后,再详细介绍自己等。

六、名片

名片已成为公众交往的一种重要工具。它具有介绍信的功能,起着沟通与联络的作用。名片上一般印有单位名称、本人姓名、头衔、联络电话、地址等。在交往中,互赠名片比手持介绍信或在通讯录上留姓名地址便捷得多;同时,考究的名片,也可以体现个人的特色与魅力,传达某种感情。

正因为名片在现代社交中具有重要的价值,所以人们在交往中对名片的制作、递送、接收、保管、索要等,都应注重礼仪,不可随随便便。

名片的制作,国外习惯于将姓名印在中间,职务用较小的字体印在姓名下面,而我国则习惯于在名片正面的左上方印出单位及职务,右下方印有办公地址、电话、传真、住宅地址、邮编、电话等,正中间用稍大的字体印姓名。正面用中文书写,反面用英文书写,英文书写应注意拼写正确。名片反面还可空着作留言用。

在递送名片时,应面带微笑,注视对方;将名片上的字正对对方,用双手的拇指与食指分别捏住名片上端的两角送呈对方。站立递送时,上身呈15°的鞠躬状;如果是坐着的,应当起立或欠身递送。递送时,可致礼貌语,如"我叫王刚,这是我的名片,请您收下""我叫王刚,请多关照,这是我的名片"等。如果互递名片,姿势同上,只是用右手送自己的名片,左手接对方的名片。

接收他人名片时,同样用双手接回,并道声"谢谢"。接过名片后,应认真地、轻轻地念一遍,以示尊重。切忌接过名片后看也不看信手一丢,这是对他人极不尊重的。保管名片应用精致的名片夹,名片夹只能放在左胸内侧西装口袋内,因为将名片放置在其他口袋都是失礼的行为。

在接到对方名片后,如果自己没有名片或没带名片,应当向对方表示歉意并说明理由,如"很抱歉,我没有名片。"或"对不起,今天忘带名片了"等。

第四节 拜访与待客的礼节

一、拜访的礼节

社会交往中的相互拜访,可以交流信息、沟通思想、增进友谊,因而是社交活动的一项重要内容。走亲访友、接人待客看似简单,其实只有懂得并遵循其中礼节的人,才可能使交流在一种和谐、欢愉的氛围中进行;否则,会使宾主双方难以沟通,处于尴尬或厌烦之中。拜访时需要注意下列一些问题。

(一)拜访要经常化,并事先约定

无论公务拜访还是私人拜访,都切忌"无事不登三宝殿",所以应使拜访经常化。只有这样,感情联系才可能紧密牢固。拜访的时间应选择恰当,最好事先约定,不至于吃"闭门羹",也利于主人安排时间和准备待客。拜访一般应避开吃饭和午休,晚上不宜过晚拜访,而且谈话时间也不宜过长,以免影响主人休息。如果因急事或无法预约而直接拜访,则应向主人致歉并说明原因。

(二)拜访应仪表清爽

整洁的仪表服饰反映来访者对主人的尊重程度,因此男性应刮胡子,头发整齐干净;女性应适当化妆。鞋应干净,现代居家常脱鞋入屋,因此鞋袜应干净无异味。不可赤膊、赤脚或穿背心、拖鞋拜访。入屋时,要脱下帽子、墨镜、大衣、围巾等,因为在室内穿戴以上衣物都是失礼的。

(三)拜访言行要礼貌规范

上门拜访,可携带小礼品,以增进感情。至门前,应先轻声敲门或按门铃,回答主人询问"谁呀?"不能回答"是我",而应当自报姓名。开门后,不可径自闯入,应问好并简短说明来意,待主人邀请进入后,方可入内。若敲错了门,应向人致歉并顺便打听受访者的住所。进屋后,应向所有相识的人打招呼,并向陌生人点头致意。主人请入座,应道谢,并按主人指引的座位入座,不可见座就坐。主人敬茶,拜访者应欠身双手相接,并致谢。茶水过烫,可揭盖凉置,放杯盖时盖口要朝上,喝茶时忌讳边吹边喝。喝茶应细品,不可一饮而尽。在征得主人同意后方可吸烟,且不可乱弹烟灰,烟头应掐灭后放入烟灰缸,不可让它自行熄灭。接敬烟时,要致谢,即使不吸也应说"谢谢,我不会抽"。在拜访中,不要东张西望,也不要随便翻动。对于主人的隐私,不要随便打听。

(四)拜访时间不宜过长,告辞应礼貌

主人挽留可稍留片刻,多数挽留是出于礼貌,客人应主动自觉告辞。告别前,可向主人说告别语及感谢语,如"打扰了""谢谢了"等。对其他家庭成员和客人,也应致告别语。

二、待客的礼节

待客应热情、服务周到、注重礼节,具体应注意下列问题:

(一)做好准备工作

为给客人留下良好的第一印象,应收拾整理待客场所,并备好水果、饮料、食品、烟具、茶具等,以免临时手忙脚乱。需要迎接的,应提前进入迎接场所,如果素不相识,应了解其外貌或备好迎接用的寻人告示牌;需要全日程接待的,应提前安排好食宿、陪同、交通等事宜。

(二)迎接应及时、热情

在家中接待客人,不得赤脚或只穿内衣、裤衩、睡衣,如事先来不及更换,应先向客人致歉请客人稍候,并迅速及时更衣再开门接客;迎接客人应致热情诚恳的欢迎语;客人有随身携带物品的,应帮助接下,并放在适当的地方;若客人奉送礼物,主人应双手相接并致谢。

(三)待客周到得体

客人进入室内,主人应热情服务。客人脱下的帽子、大衣、鞋等,主人应帮助放置;应关心客人,根据温度高低,为客人递凉毛巾、开空调或风扇等,夏天上冷饮,冬天上热茶;敬烟时,应将烟盒上部朝向客人,用手指轻弹出几支让客人自取,不要用手指取烟递给客人。为客人点火,最好打一次火只为一个客人点烟,最多不可超过2人;火柴应吹灭再放入烟灰缸。

与客人谈话,应亲切热诚,举止大方得体。对客人的来访与谈话,不应表现出烦躁或厌倦。如当着客人的面看表、收拾房间、吵嘴、教训孩子等,给客人冷板凳坐、不搭理客人,这些行为都很容易引起客人的误会。

客人告辞,应热情挽留。客人离开,应将客人送至门口并且目送客人走远,切忌客人刚出门就很响地关上门。

第五节 探病与馈赠的礼节

一、探病的礼节

当朋友、领导、同事、同学或尊长生病时,应及时去医院或家中探望。这是人之常情,也是社交活动的重要内容。通过探病,可以加深了解,增进友谊,加深感情。

在探病前,既要了解病人生的是什么病,以及病情现状和治疗情况，又要了解病人的心理状态和情绪状况。这样，可以使自己在与病人谈话时注意谈话内容，做到有的放矢，同时也可以使自己所购买的礼物具有针对性，满足病人的需要。

在去医院探望病人时，应遵守医院的规章制度，并在规定的时间去探望；否则，既会影响医院的正常工作秩序，又会影响病人的治疗和休息。此外，在医院中，还应注意不要吸烟，不要大声喧哗，不要乱丢纸屑和废物。

在去家中探望病人时，一般应安排在上午，下午或晚上通常不宜。

在探病时，言谈举止要得体。进屋时，必须敲门，一方面是为了使病人及其家属感到仍受尊重；另一方面，有些病人还需要穿衣、盖被而稍作准备。当看到病床周围的医疗器械和病人的面容时，要沉着、冷静、自然，不要大惊小怪，也不要神态过于沉重，以免给病人增加精神压力。在与病人握手（不能握手的病除外）时，应像平时一样，以表达心情、传递感情。如果方便，握手后应尽快挨床坐下，进行亲切问候；否则，站在床边畏手畏脚、愁眉苦脸，病人不仅会产生紧迫感，还会误认为你在嫌弃他所得的病。在与病人谈话时，应面带微笑、态度和蔼可亲，要多说一些关心、安慰、吉利、鼓励的话语，不说病人忌讳的话语，以使病人心情愉快。此外，还应当注意走路、说话要轻，谈话时间不宜过长。当病人的亲朋特别是爱人在身边时，应早些告辞。

在探病时，所带的礼物要谨慎。礼物不在轻重，可以是鲜花，也可以是水果、食品或书刊，但应以满足病人的需要，使病人尽快康复为原则。送鲜花时，应注意"花语"；送水果或食品时，一定要想到病人的病情，要考虑哪些是病人能吃又愿吃的东西，病人忌讳或不能吃的东西不要送。

二、馈赠的礼节

馈赠，即送礼。虽然人际关系不能靠物质手段来维系，但是一件适宜的礼品作为情感的象征和媒介，可以在联络感情、密切关系、增进友谊上发挥巨大的作用。送礼的方式和方法比较灵活，常常根据具体的送礼对象、目的和环境而确定。在现实生活中，应该掌握一定的送礼规范与礼仪技巧；否则，事与愿违，被人拒绝甚至引起对方反感，达不到送礼的目的。

礼品是表情达意的形式，赠送礼品应因人、因事、因时、因地选择适当的礼品与馈赠方式。为此应注意下列问题。

（一）要搞清送礼对象

送礼不能盲目，不能根据自己的好恶来选送礼品。各人情况不同，爱好也不同，只有在送礼前搞清对方的身份、性格、爱好和习惯，才能做到"有的放矢"。在摸清对方特点后，就可以根据对方的情况选择礼品。礼品的选择要"因事"而异。选择礼品应考虑送礼的目的，使所送礼品恰如其分，千万不可强求礼品价值昂贵。应记住，礼品贵在精神价值而不在于物质价值，礼轻情义重，只要能表达深切情意，"礼轻"也可以起到同样的作用。我国人们送礼倾向于考虑受礼者的实际，以实用性为基础，兼顾艺术性、趣味性、针对性和纪念性等方面，礼品多为食品、文具、服饰、鲜花、书籍和工艺品等。

（二）选送礼品切忌犯了对方的禁忌

中国人选礼时讲究成双成对，避免奇数，以求吉祥如意；日本人则忌讳"4"与"9"，因为其读音同于"死"与"苦"，所以向日本人送礼应避开这两个数；欧美人则忌讳"13"。礼品品种也不可犯忌，如国人送礼不送钟、不送梨（因谐音为"送终""送离"）；不可给作为一般同事、朋友的异性送内衣内裤、文胸腰带、戒指项链等物品,因为这只限于恋人、夫妻之间互赠,否则容易引起误会;送鲜花时,花的品种与颜色表达的含义不同,选送前也应注意。

(三)礼品选好后要检查一下

如有价格标签应取下,送出贴有价格标签的礼物是失礼的举动。礼品应注重它的包装,精美的包装既能体现送礼人的诚意,又可使礼品更具艺术性,以免给人以俗气的感觉。礼品上可写上或贴上自己的祝词与签名。

(四)送礼时不可当着外人的面或在公共场所送礼

一般将礼品送至受礼人家中,且在与受礼人相见或分手道别时,起身双手捧送、目视对方说明送礼原因、表达自己的心愿,如"祝你生日快乐!""区区薄礼,不成敬意,请笑纳。""这是我们的一点心意,请您收下"等。忌讳将礼品放在桌脚或角落处,而不直接交送受礼人;也不能在受礼人面前过多说明礼品的贵重或用途,令人感到俗气。

中国人一般收下礼品后,应向送礼人致谢,但不可在送礼人面前打开礼品;否则,将是失礼的。

第六节 电话礼仪

随着通讯业的日益发展,电话在我国城乡地区已越来越普及。现在人们不必直接见面,就可以处理纷繁复杂的事务或联络感情。电话交流与面谈有共同点也有不同点。因此打电话时,除了一些面谈的礼仪规范应当遵守以外,还有许多电话的使用礼仪规范值得注意。

当电话成为信息交流的媒介时,应当正确使用并爱护电话机。电话机一般安置在办公或起居方便的日常活动场所,以避免迟接或漏接电话等失礼行为。平时应爱护电话机,轻取轻放,以免影响通话效果。现代电话的使用还包括移动电话与 BP 机的使用,这两种通讯工具随身携带时,应放在随身的公文包或小型提包内,不要插在口袋或腰带上。在公众场合,切忌打扰他人,会见、会谈、上课等场合应关机。在使用移动电话时,应找个不影响他人的地方,如必须当众使用,应向周围人群道歉。移动电话、BP 机不合礼仪规范地使用,易给人一种轻浮、摆阔、缺乏公德的印象。

一、打电话的礼仪

在打电话时,如果尊重对方,礼貌热情,会给对方以良好的印象。通话应选择恰当的时间,无紧急情况,一般地,白天应在八点以后(假日在九点以后),夜间则在 22:00 点以前,以免打扰他人休息。有午睡的季节,不应在中午打电话。一般通话时间以 3~5 分钟为宜,尽量提高通话效率,减少占用他人时间。

使用电话应做好充分的准备。通话以前,应对谈话内容与目的做到胸中有数、有的放矢,避免词不达意、结结巴巴的通话;电话机旁应备有笔与记事簿,以免需要记录时忙乱而耽搁对方的时间。

向外打电话时,应记准号码,以免打错。如果拨错号码,应礼貌地向对方道歉,不可随手挂机。拨通后,首先应说"您好!"然后迅速通报自己的单位,必要时还应报上自己的姓名;再告诉接电话的人你要找的是谁:"请麻烦您找一下××先生听电话,谢谢。"如对方答应找人后,应手持听筒静候,不要在此时离开或做其他事。对方告诉所要找的人不在时,切不可当即挂断,而应当说:"谢谢,打扰了!"或请对方帮助传达,"如果可以的话,能不能麻烦您转告他……"等。若对方答应你的请求,应表示感谢;如果是要找的人接电话,应先致以简短礼貌的问候,而后进入正式谈话。

二、接电话的礼仪

接电话时,电话铃一响,无其他特别要紧的事情,都应主动接话,一般电话铃响三下必须接话,拿起后,应立即说"您好!"然后通报自己的单位名称,根据情况还可报上姓名,如"这里是××公司公关部"。电话铃响三下以后才接话,应首先向对方致歉:"您好,对不起,让您久等了。"然后自我通报。当对方说明要找的人后,应说:"请稍等",然后尽快找到受话人。如果受话人虽在,但距离较远或有事无法分身,可礼貌地向对方解释并提出建议,以免浪费对方时间,如"王先生刚走,估计5分钟内能回来,您过一会儿再来个电话好吗?"如果对方要找的人不在,可以礼貌地解释并提出建议,如"王先生不在(不在的原因),我能帮您什么忙吗?"

在接电话中,应避免打断对方的讲话。为了表示自己在专心聆听,应视情况用"嗯""是的""对""知道了"等作答。没有听清听懂的话,应致歉后再请求对方重复。对重要的内容应记录,并请求对方重复以确保无误。在电话交谈结束时,应谦恭地问一下对方:"请问您还有什么事情吗?"当确认对方已经讲完之后,应尽快结束通话。一般来说,打出电话的人会主动结束通话,打出电话的人可以说些客气话如"李小姐,谢谢您的电话""请转达我对你们办公室全体同志的问候"等,最后再道一声"再见"。挂电话时,打出电话的人应等对方挂断后再挂,切忌没有致结束语就挂机或是挂机动作突然、用力,使对方产生误解。

闻其声如见其人。因此,不论打电话还是接电话,话筒都不要拿得过远或过近,一般将话筒一端放在离嘴唇大约1厘米处对方即可听清,不可以大嚷大叫;应吐字清晰,语调柔和,音量适中;通话中应尽量使用敬语。

通话从拿起听筒到放下听筒,整个过程都有礼仪规范,不可疏漏任何一个环节。在通话中还应注意两个问题:一是通话的第一句话应当是"您好",而不是用失礼的"喂"来称呼对方;二是对方要找的人不在时,接话人不要主动打听对方姓名、与受话人的关系、通话目的等,否则是刺探他人隐私、极不文明的行为。

复习思考题

1. 现代公众基本礼仪的实施原则有哪些?
2. 日常礼貌用语应遵循的原则有哪些?
3. 握手应当注意哪些细节问题?
4. 简述名片制作、递送、接收、保管有关的礼仪内容。
5. 拜访时应注意哪些问题?
6. 请结合日常生活实际,说明人们在使用电话过程中经常出现的失礼行为以及纠正途径。

第四章

现代公众专题社交活动礼仪

现代公众的日常生活内容非常丰富,除了平常的工作、休息以外,还要经常出入各种场合,参加各种目的明确的专题社交活动,如会议、宴会、舞会、庆典仪式、婚丧祝寿等。

人们在参加各种目的明确的专题社交活动时,除了要遵循各种公众基本礼仪规范以外,还必须认识到各种专题社交活动都有其自身特有的有序性。因此,现代公众应当掌握每一种专题社交活动特有的礼仪要求。

第一节 会 议 礼 仪

会议是为实现一定的目的,由主办或主持单位召集组织的由不同层次和不同数量的人们参加的一种事务性活动。会议的目的多种多样:表扬批评、布置任务、解决问题、交流经验、调查情况、纠正错误等。但是,无论什么目的,要想取得良好的效果,会议的组织、参加、进行就必须讲究礼仪,以便与会者的思想感情能很好地进行沟通。因此,会议礼仪是会议取得成功的重要保证。

一、会议组织礼仪

会议组织工作内容繁杂,组织者必须考虑会议的准备、进行、结束以及会后的每个工作细节,不能因为工作的疏漏而耽搁或影响会议的进行。因此,组织者做好准备工作尤其重要。

(1)组织者首先应明确开会的目的,根据会议的目的确定会议参加者的范围,传达会议通知,印发会议证件,选定并布置会场;布置会场时,应落实灯光、音响、墙面装饰、花草摆放等问题。

(2)进行会议前的准备。查看茶水、与会者资料、座位卡是否备好并放置妥当,落实开会期间的会场签到、引座、倒水、安全保卫等问题。

(3)开会期间,组织者配合主持人做好会场各项工作,并做好会议记录,需要录音或摄像的应提前准备。

(4)会议结束后,将会议内容要点整理成文,送交有关人士审阅后,付印分发。

二、会议主持礼仪

会议主持人或会议主席是负责主持召集会议的领导人,负责按会议议程当场全权组织和推进会议,所以要符合礼仪、符合身份地主持会议。

主持人的服装、修饰、走姿、落座、发言等,都应符合身份,自然大方。主持人应着工作服装,男士一般为西装、中山装、衬衫、长裤与皮鞋,女士以连衣裙、套裙、套装为主;要求颜色、式样搭配得体,让人感觉稳重、沉着,不奢侈;男士梳发剃须,女士化工作淡汝,工作场合不宜戴首饰(戒指除外)。会议主持人走向主持位置时,应表现出沉稳、自信的风度,步伐均匀有力、稳健庄严,视会议性质决定步伐的缓急、步幅的大小,如紧急会议、重要会议可加快步伐;而纪念、悼念类会议,则应步幅略小、节奏放慢。应明白,这样的目的并不是因为时间的缘故,而是主持人营造会场气氛的一种方式。

重要会议开始前,主持人步入主持位置过程中不要与熟人打招呼,一般工作会议,可向熟人打招呼或点头致意。会议主持人一般应在会议开始前5分钟左右抵达会场,如果因故来迟,不要匆忙小跑、大喘粗气,而应推门快步入位,放下公文包,落座后首先向等候者致歉并说明原因,然后立即开始会议。

会议主持人由于其特定的身份,他的仪态将直接影响与会者对会议的看法。因此,主持人在整个会议中的坐姿、站姿和谈吐,必须表现得令人信服。从坐姿来看,应保持上身端正,腰要挺直;面部表情要从容冷静,目视前方,余光兼顾全场;双腿自然下垂,不要翘腿或抖动;双手在会议桌上对称平摆呈"八"字型;坐立时不可倾斜上身或趴在桌上,也不要频繁乱动,如喝水、抽烟、搓手、搔头等。站立时,应双腿并拢,挺胸直背,身体不可晃动;若是持稿主持,以右手或双手持稿,与胸等高,在读讲稿的同时,目光应间隔性地扫视与会者。主持人与讲话者不同,一般不要手势,即使有,动作也不可过大。主持人讲话应口齿清晰,内容明确,能够把握会议进程的缓急,思维敏捷,善于引导并能够及时穿插,使会议不空场、冷场。

三、主席台成员礼仪

会议主席台成员一般为来宾或发言人,其言谈举止必须体现对与会者的尊重,遵照组织者与主持人的安排。一般应提前到达,由组织者安排在休息室;即将开会时,应井然有序地进入主席台按座位卡就座;主持人介绍后,与会者鼓掌欢迎时,应站立鼓掌还礼;在主席台上面对众多与会者,如果交头接耳、心不在焉、旁若无人,都会引起他人极大的反感,因此主席台成员应认真听取他人发言,举止端庄。发言时,应礼貌地环视与会者,言语中应尊重组织者、主持人、与会者;如发言中响起掌声,应稍作停顿。如果发言人是从与会者中走上主席台,上台应迅速并遵守规定的发言时间,以免影响会议进程。

四、一般与会者礼仪

一般与会者参加会议应准时或提前进入会场,不应拖拖拉拉。在会议开始以后,进入会场是失礼的,应轻轻寻找座位坐下,不可喧哗。进入会场以后,与会者遇到熟识者可点头微笑致意,不必四处握手打招呼。会议进行中,尽量不要随意讲话或走动或做其他动作,提前退场应向有关人员说明情况。听取他人报告,应鼓掌表示欢迎,专心听讲并作好会议记录。与会者常见的两种失礼行为,即对发言人的反应冷漠,如打毛衣、吃东西、聊天、打瞌睡等,或是对发言人的反应强烈,如起哄、喝倒彩、吹口哨等。这两种不文明行为是应坚决摒弃的。

第二节 宴会礼仪

许多重大的喜庆、婚丧、应酬等,通常都安排成宴会形式,在饮食之中进行交际沟通。这也是中国传统文化的重要特点。难怪西方人认为,中国文化最主要的部分,就是"饮食文化"。

在各种饮食活动中,以宴会的礼仪规范最讲究、最周全。无论是主人在组织宴会,还是宾客参加宴会,都必须服从一定的规矩、规范。只有这样,才能避免失礼情况的出现。

在此,主要介绍常用的一些宴会礼仪规范。

一、组织礼仪

(一)确定宴请的目的与对象

宴会的目的一般都很明显,如节庆日聚会、工作交流、贵宾来访等。根据目的决定邀请什么人、邀请多少人,并列出客人名单。宴请人数,通常应为偶数,避免邀请平时有积怨者同时赴宴。

(二)确定宴会的时间和地点

宴会的时间和地点,应当根据宴请的目的和主宾的情况而定。一般来说,宴会时间不应与宾客工作、生活安排发生冲突,通常安排在晚上 6:00~8:00。同时,还应注意在宴请时间上要尽量避开对方的禁忌日。例如,欧美人忌讳"13",日本人忌讳"4"与"9"。在宴请时,应避开带以上数字的时日。宴请的地点,应依据交通、宴会规格、主宾喜好等情况而定。当宴请对象、时间和地点确定后,应提前 1~2 周制作、分发请柬,以便被邀请的宾客有充分的时间对自己的日程进行调整和安排。即使是便宴,也应提前用电话或口头准确地通知。

(三)确定宴会规格

宴会规格对礼仪效果的影响是十分明显的。宴会规格一般应考虑宴会出席者的最高身份、人数、目的、主人情况等因素。规格过低,会显得失礼;规格过高,则无必要。确定规格后,应与饭店(酒店、宾馆)共同拟定菜单。在拟定菜单时,应考虑宾客的口味、禁忌、健康等因素。对于个别宾客需要特别照顾的,应尽早做好安排。

(四)确定宴会的桌次与席位

在便宴上,可由宾客自由入座,或只安排部分宾客席位,或只安排宾客桌次。较为正式的宴会,一般均安排桌次与席位。桌次与席位排列的主要依据是礼宾次序、客人间的关系、语言与兴趣等。桌次安排以主桌为基准,主桌安排主宾,其他各桌也要主客穿插安排。根据国际惯例,主桌一般位于厅堂正中或正对入口处,其他桌次以离主桌远近而定,一般遵循"近高远低,右高左低"的原则。例如,离主桌近的客人比远桌上客人的地位和受重视程度等都应高一些,与主人的关系也都亲密一些。席位安排,也应遵循"右高左低"的原则。一般来说,主人与副主人应相对而坐,男女穿插安排,主宾与副主宾分别坐在主人与副主人的右侧。

常见的桌次、席位安排,参见图4—1、图4—2。

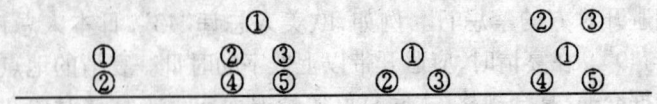

图4—1 宴会桌次安排

(其中1号桌为主桌)

(五)主人应迎接宾客

宴会开始前,主人应在门口迎接宾客。客人抵达后,宾主相互致意,并将客人引领到休息厅,以茶水、饮料待客。当主人陪同主宾进入宴会厅时,所有宾客入座,宴会即准备开始。

二、席间礼仪

客人收到请柬赴宴,应早于约定时间5分钟左右抵达。抵达过早,主人尚未做好接待准备;过迟,则会使宴会受到影响。

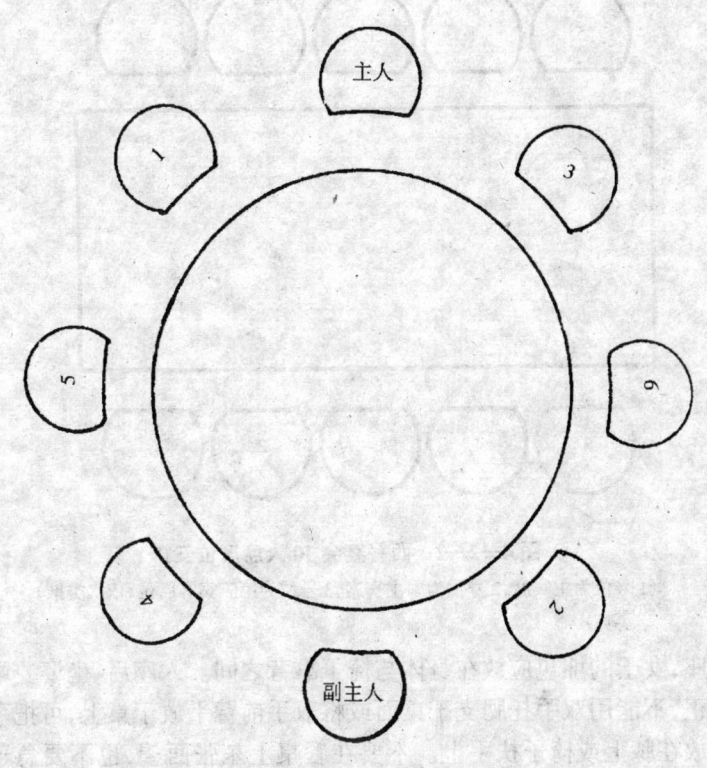

图 4—2—1 中餐宴会 8 人席席位安排

(1号位为主宾席,2号位为副主宾席,3号位为第三宾客席位,依次类推)

抵达过早或过迟,都是失礼的行为。客人与主人致意问候后,应在休息厅休息。只有主人陪同主宾入座后,其他客人才可入座。大型宴会请柬或宴会厅门口,应注明客人的桌次、席位,客人入座应按安排入座,不可随便乱坐。入座时,应从自己座位左侧入

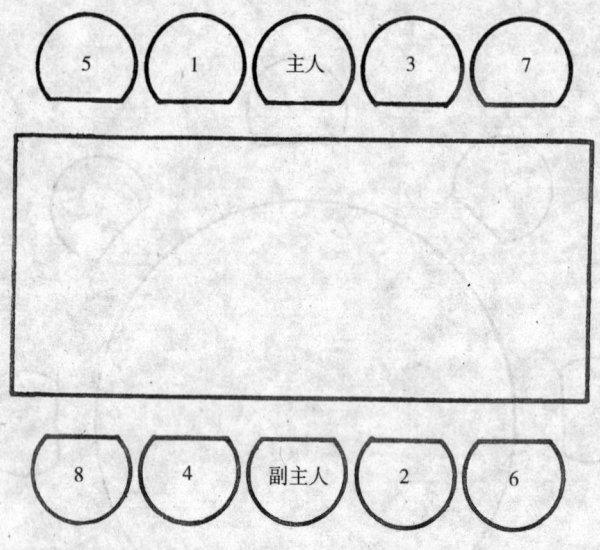

图4—2—2 西餐宴会10人席席位安排
(1号位为主宾席,2号位为副主宾席,3号位为第三宾客席位,依次类推)

座,女士的坤包应放在身体与椅子靠背之间。入座后,坐姿要端正,不能用双手托腮支于桌面或将双手前臂平放于桌上,可把手放在膝上或椅子扶手上。不要在餐桌上东张西望,也不要急于翻动菜单或摆弄餐巾或餐具,否则都会有失风度。

主人打开餐巾时,即表示宴会开始,客人应随着打开餐巾并平摊于腿上。宴会开始前,如果主人祝酒,客人应起立与之干杯。在宴会上干杯,只要举起酒杯,就应目视对方并致意。敬酒者杯沿应略低于对方杯沿,然后饮去一半,最后双方再对视一下。主人或主宾致祝酒辞时,客人应暂停进餐或交谈,注视祝酒者并认真倾听。主桌未敬酒,其他桌的客人不可先起立或串桌敬酒。每人饮酒应控制在自己酒量的三分之一左右,以免失言失态。

在宴会上,每个人都应注意照顾他人,并与他人有所谈笑。无声的静坐或只顾吃喝,都是不礼貌的。嘴里有食物时,不要与人说笑,也不要敬酒干杯,应待咽下食物后,再谈笑或饮酒。在宴会上,最好不要吸烟。中式宴会的水果、甜汤或西式宴会的咖啡之后,应征求在座的女宾同意后,方可吸烟。

在宴会中,应尽量避免中途退场。如果需要早退,应向主人致歉并说明情况,然后再悄悄离去。结束用餐离开宴席时,应将餐巾折好放在桌面上;若暂时离去,餐巾则应放在座椅上。如果主人将餐巾放在桌上,则意味着宴会结束,客人可以起立离席。离席时,除了主人赠与的纪念品外,宴席上的任何物品都不要顺手拿走。告辞时,主人送至门口,主宾致意道别。

三、用餐礼仪

用餐前,服务员送上的热湿毛巾,是作擦嘴角与双手用的,用它擦脸、擦脖子、擦胸背都是失礼的。用餐时,另用口布或餐巾纸擦拭餐具,是对主人的不尊重,也是认为餐具不洁净的表现。餐巾应铺在腿上,以保护服饰洁净,手上油污也可用之擦去。在喝饮料时,应先用餐巾擦一下嘴唇,然后再喝。如不小心将汤水、饮料溅到他人身上,应立即致歉,同性应帮助擦净,异性则应递上自己干净的手帕或餐巾,请对方自己擦掉。

在用餐中,中餐用筷子,需要用汤匙时,应先放下筷子。使用筷子应文雅,不能乱舞,不能用筷子指点人,不能胡乱翻动菜肴。离席时,筷子不可插在碗里,而应当轻放在餐碟边或筷架上。西餐用刀叉,一般是左手持叉,右手持刀,而且每用完一份菜,就换一副餐具。餐桌上刀叉往往很多,它们的摆放顺序一般是根据上菜的先后顺序,从外到内摆放,个要打乱秩序使用刀叉。在使用刀叉时,假如将刀叉呈"八"字型摆放在垫盘上,表示客人将继续食用这道菜;如果将刀叉平行放置在垫盘上,则表示客人已吃完或不再想吃这道菜,而在等待服务员撤下。可见,对刀叉的摆放应当注意,不然会闹出误会。

用餐时,嘴不要发出声音,餐具也不要相互碰撞,以免影响他人进餐。当吃到骨、刺时,不要直接外吐,应以餐巾或手掩口,用手取出放在骨碟里。剔牙应以手遮口,用牙签剔齿缝。餐桌上放着飘着玫瑰花瓣或柠檬片的小杯水,是在食用手取食物前蘸洗手指头用的,切忌视作饮料喝掉。

不仅如此,还应注意饮酒礼仪。宴会中往往饮用酒水,不会喝酒的客人,在主人或服务员为其斟酒时,应用手指轻敲酒杯边缘以示谢绝,千万不可将酒杯倒置,否则是失礼的举动。当然,强行劝酒也是失态无礼的。

第三节 舞会礼仪

舞会是一种高雅的社交娱乐活动,而高雅的活动要靠一套严格的礼仪来维持。舞场具有浓厚的交际氛围,可以使人们在轻松优雅或热情奔放的乐曲中,结识朋友,交流情感,传递和接受信息。要使舞会顺利圆满,与之相关的舞会礼仪就显得至关重要。

一、舞会的组织、准备礼仪

举办舞会时,邀请的客人在男女人数上应大体相等;对已婚者,一般邀请夫妇俩人。较正式的舞会要发请柬,请柬上应注明舞会开始和结束的时间,客人可以在舞会进行中的任何时刻到场或离场。舞会场地要宽敞,舞池若是地板,则应上蜡保持光洁。舞厅内可用彩灯装饰,但光线应柔和,不宜过强;条件允许时,可以安排乐队伴奏,还可以准备茶水、咖啡、点心、水果等,以便客人随时食用。舞会通常包含饮食与跳舞两种活动,安排舞会时应让二者各得其所。理想的舞会安排,应当是在宾主寒暄后,先喝茶叙谈,稍休息后再开始跳舞。

参加舞会,要注意仪表整洁卫生。条件允许的,可以先洗个澡,清除身上的污垢和异味,并使用少许香水。男士参加舞会前,要修面、吹发、修指甲,服装要求干净整齐,款式要与舞会氛围相适应;参加高级舞会时,必须着西装、打领带,切忌穿短裤出席舞会。女士参加舞会应注意妆扮,受舞会灯光的影响,女士化妆可浓些,服装上也可随便一些,但不宜穿短裙或超短裙,上身也不可暴露太多。在舞会中,男士、女士都不能戴手套、口罩、帽子;皮鞋应擦亮,鞋底以牛皮为佳。为了防止在舞池中发出刺耳的声音或踩伤舞伴,男女皮鞋的鞋底都不能带钉,更不可穿拖鞋进入舞场。

参加舞会者应有良好的精神状态,面带倦意或愁容都是对他人的失礼。因此,如果感到疲劳或不适,就应谢绝参加。参加舞会前,不可大量饮酒,以免脚步不稳,举止轻浮,大伤雅趣。参加舞会前,忌食蒜、葱等强刺激味食物;如食用,则应刷牙并嚼点口香糖,以清洁口腔。

二、邀请跳舞礼仪

正式舞会的第一场舞,应由主人夫妇、主宾夫妇共舞,第二场舞应由男主人与主宾夫人、女主人与男主宾共舞。如夫人不跳,也可由已成年的女儿代之,主办方的人员应主动邀请无伴的宾客跳舞或为其介绍舞伴。邀舞一般都是男士邀请女士跳舞,女士若想与某位男士跳舞,可以目光暗示等待邀请。在舞会中,切忌男士与男士、女士与女士共舞,或是男士整个舞会只邀一位女性跳舞;否则,都可能给人留下不良的印象。

男士邀请女士跳舞要有礼貌,应自然大方、彬彬有礼地走到女士面前立正,面带微笑并点头,以右手或左手掌心向上,向舞池中央自然前伸,同时说"请!"或"请您跳舞可以吗?"。邀请女士时,如果其男友、丈夫、父母在场,应先向他们致意,然后再向女士邀舞。当发觉女士及其亲友不乐意时,应礼貌地致歉告退。

另外,还应注意所邀女士是否有舞伴,有则不宜前去邀请,以免误会。若有男士邀请与自己同来的女友,不要表现出不快或制止女友接受邀请,应表现出大方而有涵养。值得注意的是,男士切忌吸着香烟邀舞,这会招致女士的拒绝。

女士等待邀请时,要注意保持良好的坐姿。一般可以双腿并拢端坐,手放在双膝上或交叉置于小腹前方,也可以翘腿而坐,翘起的小腿应向内收拢些,脚背适当绷紧,脚尖向地,上身保持端正,面部表情应端庄柔和。切忌坐姿不端,表情亢奋或怪异。

在舞会上,邀请者与被邀请者都应彬彬有礼。如果不愿接受邀请,应致歉并说明理由婉言谢绝,如"对不起,我想休息一下""很抱歉,我不太会跳"等,以免伤害对方。没有特殊理由,不应轻易拒绝邀请,更不可傲慢无礼。当拒绝了某位男士邀请后,在此曲终了前不应再与别人共舞,否则将会伤害邀请者。如果有两位男士同时邀请同一位女士,女士最好礼貌地同时谢绝;若已接受其中一位的邀请,应对另一位说明,并表示歉意。

三、跳舞的礼仪

跳舞时,要注意高雅优美。在舞池中,要潇洒、舒展、自然,尽量以自己优美的舞姿和良好的素养,给人以美好的形象。因此,跳舞时应当注意礼仪规范。

跳舞时,男女姿势、动作要相互配合,领会彼此意图。通常,男士挽在女士腰上的右手与女士搭在男士右肩上的左手,都具有提示作用。右手手心向下,以大拇指的背面接触对方身体。男士左手掌心向上轻轻托握女士右掌,两手不可贴得过近或过远;男士右手轻靠女士腰部左侧正中,不宜超过中部。双方头部不可以贴在一起,不应把头放在对方肩上,身体不应靠得太紧,跳舞中双方之间应保持1~2拳的间距。

共舞中双方身体应保持平、正、直、稳。即双肩要平;身体要正,尤其是上身不要摇晃,动作幅度不要过大;身体挺直,目光平视,神情应谦和愉悦;动作要协调舒展,给人以和谐感。

跳舞时,要兼顾前后左右,留心周围舞友的动作,以防碰撞他人,但不能左顾右盼或低头盯脚,目光应自然,一般双方目光沿对方肩上方注视,以余光注意周围,双方目光最好不要朝同一方向看。跳舞中看见了朋友应点头致意而不必口头招呼,尤其遇到异性朋友决不可边舞边扭头与之交谈或停下来与之交谈,否则会影响舞伴的情绪。

在双方共舞过程中,可以沉默不语或轻声交谈,以增进感情交流。如果一方踩了另一方的脚或舞步出错,应礼貌地向对方致歉。无论男士或女士,一般都不要在共舞中中断退场,如有特殊原因,应向舞伴致歉并说明原因。当舞曲终止时,男士应把女士送回原位,并向女士及其亲友表示谢意。

此外,跳舞中切忌有嚼食物、叼香烟、哼舞曲或搔痒等不雅之举。跳舞必须举止文明得体,自然大方,形成一种轻松愉快而高雅礼貌的社交氛围,进而加强人际关系的沟通。

第四节 庆典仪式礼仪

庆典仪式,是指围绕重大事件或重要节日而举行的庆祝活动仪式。它是比较隆重、热烈的庆祝性典礼。庆典仪式很多,在此主要介绍开业典礼和剪彩仪式。

一、开业典礼

开业典礼,是指企业在开始正式营业时而郑重举行的庆祝仪式。其目的主要是为了扩大宣传,树立企业形象,招徕顾客,争取生意兴隆。

(一)开业典礼的准备

准备工作是开业典礼成功的基础。对此,应从以下几个方面着手做好准备:

1. 做好舆论宣传工作

要运用各种传播媒介广泛宣传,以便引起公众的关注。广告的内容应包括:开业典礼举行的时间和地点;企业的经营特色;开业时对顾客的优惠和馈赠;购物折扣;顾客光临时应乘坐的车次、路线等。

2. 在适当的范围内发送请柬

开业典礼能否成功,在很大程度上取决于参加典礼的主要宾客的身份、职能部门的范围和参加典礼的人数。因此,邀请上级领导、知名人士、各职能部门的负责人或代表是准备工作的一项重要内容。此外,还应多方邀请兄弟企业和关系密切的团体、事业单位、个人及新闻媒介方面的人士参加。请柬要精美、大方,形状和大小可根据请柬的内容而定。写好的请柬应放入信封内,提前 1~2 周邮寄给有关单位和个人。重要人物的请柬,应派人直接送去。

3. 做好充分的物质准备

开业典礼的现场布置很重要,它能起到烘托气氛的作用。对于会标、彩带、气球、鞭炮等喜庆用品,要一应俱全。其次,是纪念礼品的准备。可以准备一些本企业广告宣传品、经营的小商品、带企业标志、地址、电话、经营范围的文具用品或其他日常用品赠送给来宾。物质准备既要隆重,又要得体。过分简单不会引起重视,达不到宣传效果,甚至还会给人以匆匆开业、草草了事的印象;庆典规模过大,赠送礼品昂贵,又会使人感到哗众取宠、铺张奢侈,同时也有损企业形象。总的原则应当是:热烈、隆重、节俭。

(二)开业典礼的举行

开业典礼通常都按照约定俗成的形式来进行。开业典礼仪式的现场,应写出醒目的会标,来宾赠送的花篮、镜匾等一定要摆放或者悬挂在适当的位置,以示尊重。企业的全体人员,都要修整仪容仪表,统一着装,精神抖擞、热情饱满地提前上岗。宾客到来之前,要安排好负责人和迎宾人员在规定的位置上恭候来宾光临。在宾客到来时,应按一定的规则有礼貌地引领来宾入场、安排座次,并给予一定的规范服务。

开业典礼开始时,主人应首先向来宾简短致词,向来宾及祝贺单位表示感谢,并简要介绍本企业的经营特色及经营目标等。接着,可安排上级领导和来宾代表致词。为了增强气氛,在宣布开业典礼正式开始时,可以请乐队奏乐或播放节奏明快的乐曲,在非限制燃放鞭炮的地区可燃放鞭炮庆贺。宣布开业典礼完毕后,主人可引导来宾到企业内参观,边陪同参观边介绍本企业的主要设施、特色商品和经营设施,并征询来客意见,以融洽与来宾的关系。此外,还可以请来宾到会议室进行简短座谈,请来宾在留言簿上签字、合影留念等。

开业仪式结束后,商品零售企业会有大批顾客随主人及来宾一同进入店内。为此,应有企业领导人、部或柜组负责人和营业员一起,恭敬地站在门口,欢迎顾客光临。对于首批顾客,营业员更应注重服务礼仪,要主动征求顾客意见,热情介绍商品,感谢顾客惠顾,欢迎顾客经常光顾。此外,还可以准备一些印有开业典礼、经营范围、地址、电话等字样的特别的购物袋赠送给顾客作为纪念。

二、剪彩仪式

剪彩仪式,是指在举办展览会、展销会或新设施、新设备竣工启用时而举行的剪断彩色绸带的庆典活动。其目的也是引起社会各界人士广泛注意,扩大宣传效果。

(一)剪彩仪式的准备

剪彩仪式的准备工作,与开业典礼准备工作的内容大致相同,所不同的是要注意对剪彩者的特别邀请和对礼仪小姐的训练。剪彩者一般是上级领导、主管部门负责人或者某一方面的知名人士,因此应当郑重邀请,可由主办单位领导亲自出面邀请,也可委派代表专程前往邀请。若是请几位剪彩者同时剪彩,要事先征得每位剪彩者的同意,否则就是对剪彩者的失礼。剪彩礼仪小姐,是剪彩时扯彩带、递剪刀、接彩球的服务小姐。她是剪彩仪式中的重要角色,可以从本企业挑选,也可以到有关单位聘请。剪彩礼仪小姐的仪容、仪表、仪态要文雅、大方、庄重、优美。剪彩礼仪小姐确定后,要经过必要的分工和演练。此外,还要准备好彩带、剪刀、托盘等用品和适当的纪念品。

(二)剪彩者的礼仪

剪彩者是剪彩仪式的主角,一般都具有较高的社会威望,深受大家的尊重和信任。剪彩者的礼仪直接关系到剪彩仪式的效果。因此,作为剪彩者既要有荣誉感,又要有责任感,而这些都要从剪彩者的礼仪中体现出来。

剪彩者衣着服饰应当大方、整洁、挺括,容貌要适当修饰,看上去要容光焕发、充满活力。在剪彩过程中,剪彩者要保持一种稳重的姿态、洒脱的风度和优雅举止。当主持人宣布开始剪彩时,剪彩者应面带微笑,步履稳健地走向由礼仪小姐扯起的彩带,接过礼仪小姐用托盘呈上的剪刀,并用微笑点头表示谢意,然后聚精会神地将彩带剪断。如果有几位剪彩者,处在外端的剪彩者应用眼睛余光注视中间的剪彩者的动作,力争同时剪断彩带,同时还应注意与礼仪小姐配合,使彩球落于托盘内。

(三)剪彩仪式中的礼仪

剪彩仪式中的礼仪,是指在剪彩仪式举行过程中应当遵守的礼仪。根据剪彩活动的形式和步骤,剪彩仪式中的礼仪大致有以下几个方面:

1. 剪彩仪式的会场布置

会场一般选在展览会、展销会门口;如果是新建设施、新安装设备竣工、启用,剪彩会场一般都安排在新设施、新设备前面空地处。会标上要写出"×××剪彩典礼",或者"×××剪彩大会",或者"×××剪彩仪式"等字样。会场四周可插彩旗,悬挂气球。坐席一般只安排剪彩者和来宾座位,本企业主要领导和部门负责人陪坐。坐席两旁可摆放花篮、花盆,坐席前方由剪彩礼仪小姐扯起彩带。剪彩仪式开始,应请剪彩者及来宾入座。如果不是对号入座,可由服务人员引领到座位上。剪彩人员最好安排在前排;有多位剪彩者时,应按剪彩时的位置就坐,以防宣布剪彩后位置还要交叉。全部剪彩者及来宾入座后,剪彩仪式即可开始举行。

2. 剪彩仪式的程序

一切准备就绪后,预定时间一到,主持人环顾四周,可与主剪者交流一下眼色,主剪者可点头示意,主持人即可郑重地宣布剪彩仪式正式开始,然后同与会者一起鼓掌,表示庆贺和致谢。接着,应向到会者介绍一下参加剪彩仪式的领导、负责人、各界知名人士等主要来宾,对他们光临剪彩表示谢意,并向所有祝贺单位表示感谢。剪彩仪式应安排简短的发言。发言人一般是举办展览会、展销会、新设施、新设备单位的主要负责人。发言内容主要是介绍此次展览会、展销会的目的、宗旨或者新设施、新设备建成安装投入使用后的意义,并对有关筹备、筹建过程进行简要汇报,对有关协助、支持的单位和个人表示谢意,请与会者参观指导、多提建议等。根据情况,主人发言后,也可安排来宾作祝贺发言。祝贺发言结束后,即宣布进行剪彩。剪彩时,剪彩者应起立稳步向彩带走去,多位剪彩者时,应让中间主剪者稍在前走,其他剪彩者紧随其后向自己应处的剪彩位置走去。主席台上的人员一般要尾随于剪彩者之后 1~2 米站立。大会服务人员应及时撤离所有座位。剪彩完毕,剪彩者转身向四周群众鼓掌致意,所有来宾和与会人员应鼓掌响应。

剪彩仪式结束后,一般应组织参观或聚会。展览会、展销会应由举办单位主要负责人陪同参观;新设施、新设备可正式启用,向来宾介绍性能、优点等。根据实际情况,剪彩仪式结束后可向来宾赠送纪念性礼品或组织小型座谈会,以尽主人之意。

第五节 婚丧祝寿礼仪

婚丧祝寿礼仪,是对结婚礼仪、丧事礼仪和祝寿礼仪的简称。这三种礼仪均是人生长河中的几次大礼。婚礼,是指男女双方结为夫妻时的一个重要仪式。它标志着人生步入了一个崭新的时期。祝寿礼仪,是指人生活到了一定高寿后,晚辈为祝贺老人延年益寿而举办的一种仪式。丧礼,是指人死后由家庭、朋友等为此操办的一种哀悼、纪念的仪式。丧礼是人生的最后总结。婚丧祝寿活动都有一定的礼节规范。

一、婚礼

结婚是每个人一生中的大事,是人生的一个转折点。我国古代的婚礼被分为六个阶段,称为"六礼"。即纳采、问名、纳吉、纳征、请期、亲迎。旧式婚礼十分繁缛。现代的婚礼越来越简便、新式化。新式婚礼有家庭婚礼、集体婚礼、旅游结婚等几种。婚礼的规模无论大小,喜庆的气氛和欢乐的场面最为重要。下面简单介绍一下婚礼的礼节规定。

(一)婚礼前的准备工作

新郎新娘要根据意愿选择一个最佳日期举行婚礼,并制定一个周密的结婚计划。在结婚计划中,应包括邀请人数、被邀请者名单、举办婚礼的地点、婚宴的规格、结婚请柬的制发、婚礼中所需的物品、结婚仪式的安排等。然后,要给亲朋好友发请柬,并选定一些亲朋好友担任婚礼的招待员,担当婚礼操办的前后工作。

(二)婚礼程序

一般来说,婚礼程序为:①奏乐;②司仪、主婚人、介绍人及男女来宾入席;③新娘新郎入席;④证婚人宣读证婚书;⑤新郎新娘行结婚礼;⑥致词;⑦新郎新娘向来宾行礼;⑧退席;⑨茶点;⑩喜宴。

(三)参加婚礼的礼节

参加婚礼的有关人员,应在婚礼前选送适当的礼物以示祝贺。一般来说,结婚礼品选择,可以是家中的一些陈设、床上用品、厨房用品、餐具、茶具或美化房间的物品等,也可以考虑选择一些有特别意义的礼品。结婚送礼除礼物外,还可以送现金,称为"礼金"。礼金应用红纸包成红包,红包内要写上送礼者的名字。一般礼物和礼金不宜在婚礼后送,除非特殊情况,应加以说明。

参加婚礼的那天,作为婚礼的宾客,应当修饰自己的仪容,打扮整洁,准备赴会;不可不修边幅,一幅邋遢相参加他人婚礼,也不可迟到。这是对主人的起码的尊重。在修饰方面,不可过度,如果女宾打扮得红艳异常,就可能产生喧宾夺主的效果,会引起主人不快。在婚礼上,可对新郎新娘说一些祝福、祝愿的贺词。用词用语一定要三思,切忌随意瞎说,产生不快。在闹洞房时,应杜绝低级、庸俗的行为,要分寸有度,不可恶作剧,让新郎新娘下不来台。闹洞房一定要以新郎新娘为重,应力求高雅,给新婚夫妇增添喜庆欢快的气氛为目的。

如自己身处异乡,不能及时赶回参加亲朋好友的婚礼,到时可以通过贺电、贺信的形式,来表示自己的真诚祝贺。

二、丧礼

丧礼,又称"葬礼",是人死后由亲属、同事、朋友、邻居等进行哀悼纪念的仪式。它是对死者生前业绩的追念和总评,也是人类特有的处理死者的一种信仰方式。按照我国古代"生有所养,死有所藏"的原则,我国历代都对死者的处理看成是一种十分庄严的大事。从古代的天葬、土葬,到现在的火葬的变迁,丧礼的一些礼节也发生了变化。

(一)吊丧的必要性

失去亲人的悲哀,是人世间最大的苦难。人们总希望此时能得到他人的帮助。所以,在听说亲朋好友家遇有丧事时,应主动去表示关心,前往吊丧,帮助安排丧葬事宜。这对死者家属来说,是最大的安慰和帮助。如果自己的亲友、师长、长辈去世,知道了也不去奔丧,是很无礼的行为。

(二)吊丧的三种礼仪方式

1. 参加死者的追悼会

这是吊丧的最好方式。参加追悼会前,应先以个人或集体名义送去花圈表示悲悼。追悼会这天,参加者应怀着极其沉痛的心情,认真地履行追悼会的每项仪式。一般来说,追悼会的仪式比较简单。首先奏哀乐,然后默哀、致悼词,向死者遗像鞠躬,最后向遗体告别。在履行这些仪式时,表情要严肃、悲哀,切忌漫不经心,甚至中途退场,不可三五成群、谈笑风生。参加追悼会时,服装打扮应以肃穆、淡雅为宜,切忌披红带绿、浓妆艳抹。

2. 到死者家中抚慰死者亲属

如果自己没有赶上追悼会,或者追悼会后,均应到死者家中劝慰其家属节哀顺变、保重身体。有时还应给予必要的资助。对死者家属的帮助,也是对死者的悼念。此时要谈吐得体,服饰朴素、感情真挚,让死者家属真正得到精神慰藉,化悲痛为力量,以便早日奔赴工作岗位。

3. 向死者家属拍发唁电

由于自己远在异乡,或有别的特殊原因未能赶回参加死者丧礼,不能给死者家属当面慰问时,可用唁电的方式吊丧。在唁电语言中,应表示出自己沉痛哀悼的心情,并以真情劝慰家属要尽快从悲痛中走出来,尽快恢复正常。

(三)参加丧礼一般不送钱物,以送花圈和鲜花为主

对于关系特殊的或死者家中比较困难的,可适当赠送钱物。送钱一般用白纸包好,封面写上"奠仪",俗称"白封包"。有些可送上一些白布挽联,上联写"×××千古",下联写"×××敬挽",有些干脆送上黑布纱等。

三、祝寿礼仪

祝寿礼仪属于祝贺范畴。祝寿是对老年人的生日而言的。年轻人只能称为"过生日",比如父母给小孩过生日,请亲朋好友吃生日宴,祝愿孩子快快长大、顺利成长。年轻人过生日,主要是召集朋友同学聚在一起,想方设法寻求点快乐,仪式倒是其次。为老人祝寿的礼节仪式比较讲究。目前,家庭祝寿比较盛行;在政府机关中,一般对德高望重的艺术家、老教授、科学家等老人,也开展祝寿活动。

(1)家庭祝寿重在礼仪,不重吃喝。所以,在为老人祝寿时,主要是使老人开心,家庭所有成员必须全部参加。平时,年轻人工作繁忙,很难服侍在老人身边,趁祝寿的机会,可以向老人表示自己的祝福。老人看到子孙满堂,势必心花怒放,其乐融融。

(2)参加老人的祝寿活动,要衣着整洁、举止大方、彬彬有礼、多说吉语,如"福同海阔,寿与天齐""福如东海长流水,寿比南山不老松""老当益壮,老骥伏枥""松鹤延年,高风亮节"等。为了表示祝寿的诚意,一般还应带上祝寿的礼品、礼金,以正规

的方式郑重地交给老人,向老人表示祝贺。礼品以实用、有一定价值的东西为宜。同时,还可以考虑老人的爱好等。例如,喜欢书法的老人,可以送上一套文房四宝;喜欢花草虫鱼的老人,可以送上一个盆景等。

(3)如身在异地他乡,不能前去祝寿,作为晚辈可以特意用贺电、贺信的方式,向老人祝寿,或托人顺便带上贺寿礼,以表自己的孝心。

复习思考题

1. 会议组织礼仪有哪些?
2. 宴会的组织礼仪有哪些?
3. 宴会的席间礼仪有哪些?
4. 应邀赴宴的客人应遵守哪些礼貌礼节?
5. 舞会上男女交往应注意哪些问题?
6. 开业典礼的准备工作有哪些?
7. 剪彩仪式的准备工作有哪些?

第五章

现代办公室礼仪

在任何机关、团体、企业和事业单位中,都有各种各样的办公室。人们在这些办公室中,分别从事着各自的工作。办公室作为一个单位对内对外的"窗口",既是工作场所,也是社交场所。因此,办公室礼仪,即办公室工作人员的工作礼仪,既是工作需要,也是社交需要。现代办公室礼仪,无论对本办公室、本单位的文明办公、文明服务、文明经商等工作,还是办公室工作人员个人本身的生存与发展,都具有重要的作用。

办公室礼仪的内容很多,在此主要以企业为例,重点介绍办公室工作人员的礼貌修养、仪表仪容礼仪、言谈举止礼仪、日常工作礼仪和电话礼仪等内容。

第一节 办公室工作人员的礼貌修养

一、办公室工作人员礼貌修养的重要性

(一)礼貌修养的概念

礼貌,是指人们在交往中,表示相互敬重和友好的行为规

范。修养,是指一个人在道德学问、技能、技艺等方面通过自己的刻苦学习、艰难磨炼以及情操陶冶,逐步使自己具备的某一方面的素质的能力。礼貌修养,是指一个人在待人接物方面所具有的礼仪素质和能力。

(二)办公室工作人员礼貌修养的重要性

礼貌是讲人与人之间在相互交往过程中表示相互敬重和友好的行为,它既能体现时代风尚和人们的道德观念,又能体现人们的精神面貌和文明程度。讲文明、懂礼貌是通过一个人的仪表仪容、仪态以及言谈举止来体现的。讲究礼节礼貌,要做到有分寸感。作为各行各业的办公室工作人员来讲,讲究礼节礼貌应当不卑不亢、落落大方、以诚待人、以爱待人、内外一致。

讲究礼节礼貌是我们当今社会文明的一种表现。它不仅有助于维护整个社会的安定团结,而且有利于整个社会政治、文化、经济建设的发展。

讲究礼节礼貌是现代社会对每一个公民的要求。各行各业的办公室是我国企业事业文化的窗口。企事业界的办公室工作人员应当在职业道德、讲究礼节礼貌等方面为全社会做出表率,对内对外充分展现出我国是"礼仪之邦"精髓所在。

二、办公室工作人员礼貌修养的基本原则及培养途径

(一)办公室工作人员礼貌修养的基本原则

办公室工作人员礼貌修养的基本原则,可以概括为:遵守公德,遵时守信,恪尽职守,互尊互帮,谦虚友善,理解宽容。

(二)办公室工作人员礼貌修养的培养途径

(1)树立一个良好的职业道德伦理观念,培养一个开明的人生观和世界观。

(2)要熟练掌握工作技能,胜任本职工作。

(3)要自觉学习礼节礼貌方面的知识,培养礼节礼貌方面的修养。

对任何一个人来说,提高自身礼貌修养的过程,实际上就是在一个高度自觉的前提下,提高自己整体素质的过程。当然,提高自己的礼貌修养,也不是一朝一夕的事情,但是只要肯下功夫,并且注意不断学习和锻炼,最终一定能够成功。

第二节 办公室工作人员的仪表仪容礼仪

一、办公室工作人员仪表仪容礼仪的重要性

对办公室工作人员仪表仪容的礼仪要求,是现代办公室礼仪中的最基本要求。良好的仪表仪容礼仪,是现代办公室工作的一个重要组成部分。对此,有些人会不以为然,认为反正我只要把本职工作做好了,也就万事大吉了。还有的人认为,我从来没有讲究过仪表仪容,不是照样完成工作吗?实际上,这是一个很错误的观点。

从表面上看,办公室工作人员的仪表仪容与本职工作没有什么直接的关系,但它的确又是现代办公室工作的一个重要的组成部分。现代办公室工作人员的良好的仪表仪容,不仅仅是其个人所好的问题,同时还体现着该职员的精神状态和文明程度,表现出对工作热爱和对他人的尊重。现代办公室工作人员的良好的仪表仪容,在一定程度上也反映着该企业的企业文化和企业管理水平。办公室工作人员仪态端庄、衣冠整洁,会给人

以朝气蓬勃、热情好客、恪尽职守、可以信赖的感觉;反之,则使人望而生厌。因此,注重员工仪表仪容美,已是现代化企业文化的一个重要组成部分。

现代企业都希望自己在社会上有一个良好的形象,而企业员工良好的仪表仪容则是企业在社会上保持良好形象非常重要的因素之一。

二、办公室工作人员仪表仪容礼仪的要求

(一)得体的修饰

尽管不同行业对其工作人员的仪表仪容礼仪有不同的具体要求,但是有一点却是共同的,这就是仪表仪容得体的修饰。

1. 发型

办公室工作人员的头发要经常清洗、修剪、梳理,注意卫生和美观。

男同志的头发要长短适中。现在有的男同志已烫了发,烫了发的男同志,头发要梳理整齐。在办公室工作,男同志的头发又长又脏,实在不雅观。

女同志的发型要适合脸型、年龄和职业,要以整齐为原则,不要为赶时髦而做奇异发型。事实上,职业妇女的时间是宝贵的,不会有很多的时间或花太多的心思在整理发型上,所以发型要以整齐为原则。否则,蓬头垢面地出现在你的同事和领导面前,必定会使你失去一些机遇。因为你的同事和领导会认为,你是一个连自己都照顾不好的女人,还能够胜任工作吗?

总之,在办公室工作的男女同志都要保持发型大方、整齐、清洁。这样,会使他们显得精神饱满、神采奕奕。

2. 面部

男同志的面部要保持清洁,并随时刮掉胡须。

女同志的面部可适当化妆,且以淡妆为宜,要做到化而不露、妆而不觉,给人以清雅、飘逸、愉快、含蓄的感觉,切忌浓妆艳抹、过分娇娆。化妆的程序为:①面部清洁;②擦粉底霜;③眉的化妆;④眼的化妆;⑤鼻子的化妆;⑥嘴唇的化妆;⑦腮红;⑧最后整理。

(二)个人卫生

(1)在办公室工作,要注意口腔和牙齿的清洁、卫生。为此,上班前要注意刷牙、漱口。

(2)上班前,最好不要吃大葱、大蒜、韭菜和酒等有异味的食物,以免引起他人的烦感。如果吃了,应当刷牙、漱口。

(3)有口臭的同志,应当及时到医院治疗。

(4)要经常修剪、清洁指甲。指甲应干净、卫生,指甲内不能有污垢。小姐可以在指甲上涂淡颜色的指甲油,这样可使其形象更加富有魅力。

(5)要勤洗头、勤洗澡、勤换衣服和鞋袜,保持干净、卫生,避免身体有异味。

(三)养成良好的卫生习惯和文雅的举止

整洁、卫生是仪表仪容礼仪最基本的要求,所以在办公室工作的每一个工作人员,在日常工作和生活中,都要一方面养成良好的卫生习惯,如不随地吐痰,不乱扔果皮、纸屑等;另一方面,不要做不文雅的小动作,如当众修指甲、剔牙、挖耳朵、挖鼻孔、在身上搓泥、挠痒痒、对人打喷嚏、打哈欠、伸懒腰等。这些行为都是极为不文雅的,也是十分不文明的。

(四)科学的着装与服饰

着装与服饰能在一定程度上,反映一个人的文化素质高低,审美情趣雅俗。因此,办公室工作人员的着装与服饰,也应当讲究礼仪。

一个人的外表给他人的印象是十分深刻的。就企业而言，企业员工的着装与服饰，也同样反映着员工的精神面貌及企业的活力与生机；就员工个人而言，企业员工的着装与服饰是否得体，则会直接反应其道德伦理标准、审美意识和对事业所持的人生观、世界观，以及对工作的热情和责任感等。

目前，很多企业都已经对本企业员工的着装和服饰作了具体的明文规定。这说明，员工的着装和服饰问题，已经成为现代企业文化窗口之一。

现在不同的行业，根据职业特点统一着装，不仅有助于公司职员形象的整体化，而且有助于增强员工的内心责任感、荣誉感；同时，还能激发员工的工作热情。

1. 男同志的着装与服饰

男同志在办公室工作，穿戴要得体，着装要规范。所谓得体，就是恰到好处，美在其中；所谓规范，就是着装要合乎准则，符合要求。

男同志在办公室工作，正确的着装会给人一种精神抖擞、意气风发的形象，充分显示出了你是充满信心的一个人；而不得体的着装，则会给人一种涣散萎靡，对工作和生活缺乏热忱、缺乏信心、缺乏责任感的不良形象。因此，男同志在着装方面必须引起高度重视。

现在，很多企业都规定，男同志上班必须着西装、打领带；在工作场所上班时，不得穿背心、短裤。男同志穿西服时要做到：

(1)西装的面料不一定考究，但一定要洗烫平整、干净利索。上衣要长过臀部，袖子要刚过腕部，领子要紧贴后颈部，裤子要烫出裤线。穿着皱皱巴巴、歪歪扭扭的西服，只能给人一种懒散和对工作缺乏热情、缺乏责任感的印象。

(2)衬衣领要硬扎挺括、清洁并略高于西装领,袖子要略长于西装袖,下摆要均匀地塞在西裤内。西装内不能穿花衬衫。

(3)穿西装可以不系扣,正规场合,可系风度扣或系一个扣。

(4)穿西装一定要穿皮鞋且要擦亮,不能穿旅游鞋、凉鞋,更不能穿拖鞋。

(5)除了西装上衣左口袋可以装一手帕起装饰作用外,所有外部口袋包括西裤的后口袋都不宜放任何东西。钢笔等均宜装在上衣内侧口袋中。

(6)西装、衬衣、领带、袜子的颜色要和谐一致。

此外,还有一些细节问题,也应引起注意。例如,皮带没系好,不能搭拉在裤子前面或后面;不能挽西装的袖口与裤脚;领带不能放在毛衣外或系在裤带里等。

2. 女同志的着装与服饰

女同志在办公室工作时,正确的着装与服饰,会给人带来精明强干、落落大方、可以信赖的形象。

目前,大多数女同志都很会打扮,但是上班不同于时装表演,不同于社交活动,穿着打扮可以随心所欲,爱怎样穿就怎样穿。因此,女同志在办公室工作的着装与服饰要求,从总体上讲,要清洁整齐、色彩协调、美观大方、工作方便,并且合乎身份、体型和气质,符合办公室气氛,得体、适度,和谐统一,洒脱有致。

女同志要以着西装和长裙为宜,衣裙拉链一定要拉好。女同志不要穿新潮时装、超短裙或过分暴露的服装,以及健美裤或各色花裤等,更不要一天三换装。另外,女同志佩戴的装饰品要适度。

职业妇女在办公室着装的最佳色彩为:深蓝色、灰色、海军蓝、中蓝色、黄褐色、浅灰色、米色、铁锈蓝、暗褐色。

职业妇女在办公室着装效果最差的色彩为:绿色、紫色、橙色、浅蓝色、大黄色、大红色、粉红色、淡紫色、浅铁锈红。

除此以外,在办公室工作期间,不论男女都不能穿大衣、风衣。夏天不能打着赤脚,不能穿着拖鞋,如果穿凉鞋时,一定要穿袜子。

第三节　办公室工作人员的言谈举止礼仪

一、办公室工作人员的举止礼仪

无论日常办公还是公司业务上的迎来送往,正确优雅的言谈举止和姿态,都十分重要。那么,在办公室礼仪中,对职员的最基本的要求,就是仪态、仪表的端庄和得体。

在任何礼宾活动中,一个人的举止行为都能表现出自己的礼仪修养。这种修养不是硬性模仿出来的,而是一种长久熏陶、训练的结果,因此必须从最基本的站、行、坐、蹲等姿态做起。

(一)站姿

站姿是静态的造型动作,是其他动态美的起点和基础。在办公室礼仪中,对职员的站姿要求是正步直立、收腹挺胸、抬头平视、两肩放松、嘴巴微闭、面带笑容、两手自然下垂或在体前交叉,交叉时右手搭在左手上,重心放在两足前掌。不要歪头、斜胯、挺腰、弯腿,不要将手插在裤袋里或双手交叉合抱于胸前,更不要做些习惯性的"小动作"。

(二)坐姿

坐姿也是一种静态美。在办公室礼仪中,对职员的坐姿要求是从容自如地落座后,颈、肩、背、腰要保持正直;人体重心垂直向下;面带笑容,两肩平直放松。女职员两腿要自然收拢,男职员两腿要适度放开。不要前俯后仰、摇腿跷脚、歪肩斜背、含胸驼背或半躺半坐,更不要将脚搭在椅子或沙发上,女士就坐应忌"二郎腿"。

(三)走姿

这是属于动态美,它历来为世人所重视。所谓"行如风",就是用风行于水上的那种轻快自然来形容轻松自如的优美步态。在办公室礼仪中,要求男女走姿应当有别。男职员行走时的姿态是头正、两眼向前平视、挺胸收腹、两肩放松、双臂自然摆动,前后摆动幅度约45°左右,步幅略大,以稳健有力为准。女职员行走时,上半身的姿态同于男性;目光宜温和、平静;两手前后摆动幅度宜小于男性;脚尖略外开,呈"柳叶步",步伐以碎步、飘逸、轻盈为佳。不论男女职员,在行走时,都不能将两手插入衣袋、裤袋,不能躬腰弯背、腆肚后仰、东摇西晃、左顾右盼、无精打采、抢先拖后或边走边大声说笑。同时,还要校正"八"字脚、罗圈腿。

(四)蹲姿

办公室礼仪要求男女职员在办公室捡掉在地上的东西时,要注意蹲姿。正确的蹲姿是:

1. 交叉式蹲姿

即下蹲时,右脚在前、右小腿垂直于地面,全脚着地;左脚在后、左腿与右腿交叉重叠,左膝由后面伸向右侧,左脚跟抬起脚掌着地,两腿前后靠紧,全力支撑身体;臀部向下,上身稍向前倾。

2. 高低式蹲姿

即下蹲时,左脚在前,右脚稍后,两腿靠紧不重叠向下蹲,左脚踏实,左小腿基本垂直于地面,右脚跟抬起,前脚掌着地,右膝低于左膝,右膝内侧靠在左小腿内侧上,臀部向下。

以上两种蹲姿,男士可选用第二种,两腿间可有适当距离;女士无论采用哪种蹲姿,都要将腿靠紧,臀部向下。切记不要弯腰撅臀。

(五)持文件姿

办公室礼仪要求在携带文件时,以左手支持,放在胸叶左侧,再以右手抓扶文件。不要双臂交叉将文件抱在胸前,更不要将文件挟在腋下。

(六)办公室的致意礼仪

礼貌地致意,是人们见面时必须遵守的礼节,它会给人一种友好愉快的感受,在办公室内常见的致意礼有点头礼、握手礼和鞠躬礼。

1. 点头礼

以点头礼向长者、领导、同事及客户表示致意和打招呼时,必须充满诚意。点头时,要面部略带微笑,两眼正视对方。如果是坐着行点头礼时,应微微欠身。

2. 握手礼

握手时,要让主人、长者、身份高者、女士先伸手,然后马上回握。但是,如果对方忽略了谁先伸手的礼节而先伸出了手,也应立即回握。

握手时,要注意方式,自然而平等的握手姿态应当是:双方的右手手掌都处于与地面垂直状态中相握,握手时要注视对方,微笑致意或简单地问候、寒暄几句。

握手的方式,要因人而易。与长辈或上级握手时,应伸过手去擎着对方的手,不能过于用力;与下级或晚辈握手时,要热情地把手伸过去,以示亲切,时间一般不要太短,用力不要太轻;与老同事、老朋友、老同学握手时,应远远地把手递过去,紧紧握住对方的手,以表达不期而遇的喜悦;与异性握手时,应视熟悉程度相握,一般不可用力,只是象征性地轻轻一握即可。人多时,握手不要交叉,一般是与长者、上级、女士先握。与顾客握手时,可随握手时说:"欢迎"一类的话。

握手时不能戴着手套,如果来不及脱掉,应向对方致歉。
另外,要注意握手的礼仪规范。握手时,要禁忌下列情形:
(1)不懂握手的先后顺序,随便伸手。
(2)握手时,东张西望,心不在焉,目光不与对方接触。
(3)戴手套握手(女性因服装的需要除外)。
(4)交叉握手。
(5)握手时,用力地上下摇晃或对女士过分用力。
(6)握手时间太长,冷淡了别人;与女士相握时间太久。
(7)动作缓慢,敷衍别人。
(8)握手时,不停地拍对方的肩膀。
(9)用左手握手。
(10)握手后用手帕擦手。

3. 鞠躬礼

鞠躬,即弯腰行礼,我国古已有之。它不仅是我国传统的礼仪之一,也是世界上有些国家常用的礼貌。在办公室内,只有在接待习惯于鞠躬的外宾,如日本客人时才能使用。鞠躬的深度视对受礼者的尊敬程度而定。

此外,致意礼的方式很多,如举手、起立、欠身、鼓掌、抱拳、合十、拥抱等,在这里不再一一介绍。总之,举止得当、文雅大方、不卑不亢,不仅能表现出一个人的良好修养和风度,也能反映出一个现代办公室的管理水平。

二、办公室工作人员的谈吐礼仪

办公室是工作和交际场所,而交谈当然是必不可少的。因此,讲究谈吐的礼节礼貌,是办公室工作人员必须具备的素质之一。中国有句俗话:"一句话,三九严寒也觉暖;一句话,三伏天气也觉寒"。这就是说,一样的话,但说话的效果却不尽相同。语言有好坏之分,美丑之别,文野之界。有的人吐珠纳玉,使人有如饮醇醪、如沐春风之感;有的人语言粗野,恶语伤人,则令人为之赧然。由此可见,礼节礼貌的谈吐,不仅能使交往对象获得精神上、心理上的快感,也有助于缩短彼此距离,调谐交往双方的关系。

(一)办公室工作人员的谈吐要求

(1)谈吐要规范典雅。规范典雅的谈吐,能引起对方满意的反应。

(2)谈吐要真诚。真诚的谈吐,能使人感到可以信赖。

(3)谈吐要委婉。委婉的谈吐,不仅能曲折、完整地表达自己的意思,还能使对方感到你是在为他着想,或感到合情合理,使对方乐于接受。

(4)谈吐要谦和适度。过分的谦和,会使人感到过分狂热而肉麻,有时还会丧失自己的身份甚至人格。

(5)谈吐要有风度。谈吐风度是指一个人内在气质的言语表现,是一个人涵养的外化。谈吐时风度翩翩,不仅具有强烈的人际吸引力,也使人仰慕不已。

(6)谈吐中适当地运用幽默语言。幽默能给人一种美感的享受,它是人际关系的润滑剂,它能调节气氛,缩短距离,可以制造愉快的气氛。

(二)办公室工作人员在交谈时要使用敬语

谈吐要运用"敬语"与"谦辞"。对对方要用敬语,如"贵公司""您""您老""先生""师傅""老师""大夫""小姐""夫人",在"经理""厂长""主任""工程师""教授"等前面冠之以姓。对自己要用谦辞,如"愚弟""家父""小女"等。

总之,礼节礼貌的谈吐不仅展示了自身的文化修养,同时也能引起对方满意的反应,形成一种友好的交际情感氛围,产生最佳的社会效应,从而起到为本企业单位树立良好社会形象的作用。

第四节 办公室工作人员的日常工作礼仪

在办公室的日常工作中,需要有一个友好祥和的环境。一个讲究礼仪的人,在办公室内一定会受到人们的喜爱、欢迎和尊重。如果办公室工作人员人人都讲究礼仪,就能使办公室内产生一种巨大的凝聚力。因此,讲究办公室日常工作礼仪,显得非常重要。办公室日常工作礼仪的内容繁杂,在这里,仅就上班前的物质与心理准备,如何处理室外发生的特殊情况及上下级关系等问题作一论述。

一、上班前的物质与心理准备

办公室礼仪要求我们在上班前要做好充分的物质与心理上的准备。上班出门前,首先要查看一下,有没有忘记因工作需要而应随身携带的东西,例如,名片夹、文件、钥匙、手表、月票、钱等,因为这些东西都直接影响着一天的工作,所以上班前必须做好充分的准备。另外,对一天的工作要做好周密细致地考虑与安排,做到心中有数,在心理上有所准备。

二、上班时对室外特殊情况的处理

办公室礼仪要求办公室工作人员在工作时不能擅自离开或乱串办公室。有事需要到其他办公室时,首先要敲门,听到允许后再进去。不敲门,直接推门闯入其他办公室并在室内大声喧哗或无休止地聊天,这些都是不礼貌的行为。不论推门或关门时,用力不可过大过猛,以免使别人产生误解。不能随意翻动别人办公桌上或抽屉里的东西,如需查找什么,应求主人帮助查找,如果主人不在场,查找后应向主人说明并致歉。另外,工作时不能在办公室接待私人的朋友,或与他人聊天;不能带外人或孩子到办公室,以免影响他人工作。

不论是在走廊里、阶梯上或通道里行走时,应该轻声、慢步、靠右走,不能边走边大声谈笑。如果遇到长者、领导或同事时,要主动打招呼,不能不言不语地低头走过去,这样,不仅不礼貌,还容易使对方产生误会。和领导、长者或同事中职务高者一起走时,应在领导左边或稍后边一点走。如果给他们引路时,应走在前面。乘电梯时,要让长者、领导、女士先进先出。出电梯时,男士用一只手把门打开并扶住,以防电梯自动关上,夹着别人。上楼梯时,让长者、领导、女士先上;下楼梯时,男士要走在前面,如果长者年龄较大,应回身搀扶。

三、被领导者礼仪

办公室礼仪要求下级公务员要处理好与上级领导的关系。这是下级工作能够顺利开展的重要条件,也是保持身心愉快、事业长进的重要因素。有的人由于和上级领导关系很僵,虽然工作很辛苦、很卖力,但总有一种苦恼与压抑的感觉。有的人与上级发生僵局时,总爱从上级方面找"原因",结果是越找越僵。因此,正确处理上下级关系,显得非常重要。

在此,着重从礼仪角度,介绍下级与上级领导相处时应该掌握的一些原则和方法。

(一)不能"越位"

虽然被领导者与领导者之间不存在不可逾越的鸿沟,但是,社会客观却赋予这两者以不同的社会地位。就被领导者来说,在工作上,不能超越自己的一定范围内的权限。如果下级替代了上级,就会带来工作上的混乱。从表面上看,被领导者好像多出了力,但效果不佳,而且副作用不少,譬如,影响别人的工作情绪,影响工作秩序,妨碍领导职能的发挥,严重的会使一个单位出现混乱局面。在权力上,更不能越位。如果被领导者越权严重,就会导致领导大权旁落,使上级的领导意图无法得以贯彻。这不仅影响了与领导的关系,也影响了与同事的关系。其结果是出力不讨好,有时还会被领导抛弃。总之,凡事不可越位。因为不管是决策越位、表态越位或工作越位,都会给与上级的关系带来损害。因此,下级只有收敛和约束自己,才能与领导和谐相处。

(二)摆正关系

摆正关系是搞好上下级关系的前提。也许有人会说,与上级相处就是服从、服务于领导,完成其交办的任务。其实,远非如此。作为被领导者来说,如果过傲,易把关系搞僵;过卑则不能建立正常的关系;过俗易把上下级关系搞成权钱关系;过媚易使正直的上级感到讨厌、恶心。因此,被领导者的正确做法是动机要纯,心术要正。对领导既热情又不过火,既大度相处又不缩手缩脚。在工作上摆正严格的领导与被领导关系,作为下级要积极表现、勤奋工作,可隔一段时间主动向领导征求意见,针对自己的不足努力改进,这样坚持不懈,必将成为领导的得力助手,在事业上携手共进。

(三)尊重领导

作为被领导者,在工作中要尊重领导,维护领导的尊严。遇见领导,要主动打招呼;碰到决断不了的事,要向领导请教;不论领导年龄大小,阅历深浅,水平高低,都应尊重其人格,维护其权威。对领导交办的工作,应愉快地、创造性地完成,完不成的要向领导说明情况。同时,对领导的决策不背后评判,更不能通过贬低领导来抬高自己。

(四)精明能干,当好参谋

被领导者若想让领导满意,最重要的前提就是具有完成本职工作的能力,出色地完成任务。如果被领导看成是无能、愚蠢、懒惰之辈,这对工作是很不利的。

除做好本职工作之外,还要当好领导的参谋。"参谋"重在"参与"。被领导者,应在完成本职工作的基础上,树立参与意识,为领导和集体利益,主动出谋划策,为本单位的发展,多出工作点子,提合理化建议。特别是当领导在工作或生活中碰到麻烦和难题时,下级要挺身而出,为上级分忧解难;当领导遇到难处时,你若能体会到领导的处境,理解其难处,会令其格外感激。这样,上级既不会忘记"患难之交",又认为你是他的"高参",是他的得力助手。否则,领导会认为你是一个无知无识、无能无情的平庸之辈。

(五)谦虚诚实

被领导者应懂得尊重他人,有向领导请教学习的意向和行为。这样会得到领导的喜欢和赏识;反之,高傲、固执、自以为是、大出风头等,就会使领导生厌。另外,下属应诚实无伪。说老实话,办老实事,当老实人,言行一致,表里如一,不搞两面派,不弄虚作假。当然,诚实也要讲究艺术,否则,会因诚实而犯错误,导致领导的不满或反感。

(六)忠诚可信

领导者一般都把被领导者当成自己的人,希望下级忠诚地跟随、拥戴、服从、支持自己。因此,被领导者应忠诚讲信用,重感情,用实际行动表示对领导的信赖、敬重,这样,必将会得到领导的喜欢。如果对领导存有二心,"身在曹营心在汉",或背叛领导,另攀高枝,这是领导最反感、最不能容忍的事。

(七)把握好与领导谈话的技巧

与领导交谈,除遵循一般礼节外,还要注意把握与领导谈话的场所、时机,以及领导的心情等因素;应从容、自然、亲切、谦虚,切不可锋芒毕露、咄咄逼人,或哗众取宠、低三下四。与领导交谈时,要遵循以下礼节:

(1)不要让领导感到疲劳。要讲究交谈艺术,把握交谈的时间,不要使领导失去与自己交谈的兴趣。

(2)不用领导不懂的技术性强的术语,或抽象的、使人难解的词语与之交谈,更不能咬文嚼字、卖弄学才。

(3)表达内心的真实想法,不绕圈子。说话要直爽,但要讲究直爽的礼貌,粗鲁不是直爽。俗话说:"凉菜冷饭尤可咽,粗言俗语难入耳。"

(4)寻找自然、活泼的话题,让领导充分地发表一些意见,被领导者可以适当地作些补充。这样,领导就会觉得你有知识、有见解,也自然而然地认识到你的能力与价值。

(5)保持自己的人格。被领导者与领导交谈时不要自我降低自己的人格,有害怕心慌的心理。同时,要注意聆听领导讲话,领导讲话时,不能心不在焉,更不能轻易插话与打断。

(6)适当运用体语。用手、眼、头的动作及面部表情表达言外之意,传谕内心之情,效果更佳。不过,动作不宜过大;否则,会适得其反。

(7)选择好的时间、地点。同领导交谈,选择好的时间和地点,能使交谈时思想专一,安心静气。

(8)与领导交谈时,不能沉默。对领导的讲话,被领导者应有所反应,否则,会使气氛沉闷、压抑,还会使领导误认为你有抵触情绪。

(八)掌握汇报工作的方式和方法

向领导汇报工作情况时,其礼仪特点有下列几个方面:

(1)遵守时间,不能失约。

(2)敲门并等允许后才可进门。

(3)要做到用语准确,句子简练。

(4)应做到语速适中,音量适度。

(5)汇报时间不宜过长。

(6)实事求是,有喜报喜,有忧报忧。

(7)如果领导未注意礼仪,作为下级,应以礼相待,或直言相陈。

(8)汇报结束后,不能匆匆离开,应注意退场礼仪。

(九)给领导提意见和建议时,要讲究方式、方法

"金无足赤,人无完人。"领导是人不是神,也有说错、办错的时候,作为被领导者来说,应讲究提意见或建议的方式、方法,既能达到目的,又不使领导反感或恼怒。作为下属,对领导的失误不能取消极态度,应出于公心,敢于陈谏。但是要注意:

(1)选择适当的场合。

(2)利用适当的时机。

(3)采取适当的方式。

(4)不要急于否定。

(5)要因人而异。

(十)保持适当距离

与领导相处时,被领导者应把握好距离,不可太近,不能太远。太近会使人产生"媚上"的感觉,破坏自己的形象;太远会让领导觉得你高傲、冷漠、目空一切。因此,必须把握好"度",而在异性上下级之间,则更应加以注意。

四、同事间礼仪

同事,是指同一工作单位的人们。在我国,同事关系,从根本上讲就是同志关系。因此,同事之间也应讲究礼节礼貌。同事之间相处,其礼仪主要包括下列几个方面:

(一)对同事要真诚,要有"一家人"的认同感

同事"同在一个屋檐下",终日"低头不见抬头见"。因此,同事之间,宜建立"亲如一家"的亲切感,从而使人际关系协调、和谐。要建立这种关系,必须做到:

1. 互相信任

信任,是搞好同事关系的前提,它能使彼此都有一种安全感,也是减少误会的"保险阀"。

2. 情同手足,乐于助人

关心同事,将心比心,是形成融洽关系的重要保证。当同事有困难时,应伸出援助之手,不应漠然置之。

3. 互相体谅

人各有志,各有脾气、性格、兴趣与爱好。因此,作为同事,应有为他人着想的精神,处处予以体谅。俗话说:"你敬我一尺,我敬你一丈"。由此看来,互相体谅是同事关系的"润滑剂"。

4. 不能存有害人之心

同事之间,不能采取低劣手段,加害于他人。这样,往往会自食其果,既害了别人,又害了自己。对同事中个别人由于不懂礼貌或因文化素质低、缺乏教养,专爱道人长短,窥人隐私,拨弄是非。最好的办法就是不听、不信、不传、不随声附和。因为同事相处,天长日久,事实真相总会大白。

(二)对同事要有尊重他人的"距离感"

同事之间,尤其是同一办公室的同事之间,要养成不干扰别人的品性与尊重他人的"距离感"。首先,对别人的"办公",最好离得远一些。尤其是在同事写东西、阅读书信时,更应如此。不要随意询问,更不能"刨根问到底",诸如"写什么东西?""是谁让你弄的?"等。应该让彼此有一个放心的空间,有一种"自由"的安宁感。其次,不要轻易翻动同事的东西。这不仅是一种文明,一种礼貌,也是一种规矩。再次,不要干预同事的私事。不谈别人不愿披露的事情;当陌生人与同事交谈时,最好避开,不能伸过耳朵去"偷听";不要过分留意同事的信件,对异性之间的话题,不要去"凑热闹",更不必盘问。

(三)对同事要有"一视同仁"的公正感

同事之间,虽然职务有别,年龄不一,经历不同,资历各异,但是,都应一视同仁。只有这样,才能使别人愿意与你为伴。要做到一视同仁,必须注意以下几个方面:

1. 对领导与一般同事要一视同仁

不能以职务高低取人、待人。对领导要尊重,对同事也如此,否则,容易被同事看轻,说成是"拍马屁"。

2. 对年长者与年轻者一视同仁

作为同事,年长者,不能倚老卖老,年轻者,也不能盛气凌人。在对待问题的看法上,不能以年长者的固执而否定年轻人的正确判断;也不能以年轻人的冲动而否定年长者的成熟。

3．对志同道合者与有分歧者一视同仁

同事间,情投意合,自然容易共事;但对与己有分歧者,也应与人为善,求同存异,"和平共处",携手并进。不能存有偏见,更不能感情用事。

(四)对同事,消除嫉妒心理

为了消除同事间的嫉妒心理,可从以下两个方面做起:

1．正确对待别人的嫉妒

当受到嫉妒时,应冷静对待,并坚定地走自己的路,不为冷嘲热讽所左右。要分析产生嫉妒的原因,可以引以为戒。对于别人的不服气,不必放在心上;要用自己的宽容大度和热情去感化别人。

2．克服自己的嫉妒心理

当你因同事有了成就而感到愤愤不平时,应该用理性和理智的力量,去克服那种愤懑之情,使自己得到解脱。古人说:"临渊羡鱼,不如退而结网。"就是说,与其让嫉妒之火煎熬自己,不如扬长避短,发挥潜力,在事业上超过被自己嫉妒的人,化消极的嫉妒心理为积极的竞争意识。

(五)工作之余的闲谈要适度、幽默

工作之余的闲谈,往往也能体现一个人的内在修养和道德情操。所以,也应注意一些基本礼节。工作之余的闲谈,须注意的是:

(1)谈话应适度,不能耽误正常工作。

(2)谈话内容要健康,不要谈论荒诞无稽的人和事。

(3)谈话格调要高雅,不可低级庸俗,污言秽语;不拿别人开玩笑,不讽刺、挖苦别人,不揭别人隐私,不以别人的难堪、痛苦为笑料;不用不恭的言调;避免人身攻击、避免谈令人敏感或伤人自尊的话题。

(4)谈话中一旦出现了分歧与矛盾时,要主动缓和争议并转移话题,以免伤了和气。

(5)不能没完没了地向别人诉说自己的烦恼和琐事。

(6)谈话时要带点幽默,可使谈话妙趣横生。

(7)谈话时,不要有不礼貌的表情、举止。

(六)同事之间要公平竞争、礼让谦恭

在同事之间的竞争中,应通过自己的努力工作而超越他人,不应靠弄虚作假,投机取巧;可以毛遂自荐,勇挑重担,而不能自我吹嘘,不负责任;可以实事求是地介绍自己的成绩,而不能贬低别人抬高自己;对他人的成就应表示赞赏与祝贺,而不能产生嫉妒;要热情帮助别人解决困难,不能给别人制造麻烦。另外,同事之间,还要礼让谦恭。在事业上,应有争先和超越精神,在物资享受上,应有谦让和牺牲精神,在非原则问题上,要做到得理也让人。这样,用微不足道的失去,可以换来良好的同事关系。

(七)同事之间最不受欢迎的职员类型

同事之间,最不受欢迎的职员类型有:惟我独尊型、迎逢献媚型、自私自利型、自吹自擂型、自持老大型、不负责任型、明哲保身型、倨傲不恭型、混水摸鱼型、吊儿郎当型、道人是非型、浓妆艳抹型。

总之,同事相处,应有礼有节,真诚相待,做到互敬、互信、互助、互让,真正达到团结和谐,携手共进。

五、上司喜欢的下属

(一)忠诚可靠

更多的时候,上司需要并提拔那些忠诚可靠但表现可能并不是那么出众的职员、下级,因为他认为这更有利于公司的利益和他的事业。同样,如果上司使用了不忠诚的下属,这位下属总是同上司对着干或者"身在曹营心在汉",那么这位下属的能力发挥得越充分,可能对上司和公司的利益损害就越大。所以,所有的上司都害怕下属欺骗自己,尤其是有关公司的资产、纪律、形象等,更不容许有人侵犯。

(1)上司认为下属对自己不够诚心的行为:①兼职;②上班时处理私人事务;③过多的事假病假。

(2)上司认为对自己有足够诚心的下属:①任劳任怨,不计得失的人;②服从大局的人;③同舟共济的人。

(二)独当一面

除了忠诚可靠以外,上司最需要的当然是能够独当一面的下属,以便为他分担责任。实事上,任何上司都希望自己的每一个下属均能胜任其职,这是上司的基本心态。

(三)自觉主动

上司希望自己的下属能够主动工作,并且带着思考去工作,他绝不愿让下属变成"电脑",也不愿接受电脑般的下属,这样会使上司不得不分出精力去指导具体业务的进行。所以,上司希望自觉主动的下属。所谓自觉主动,就是掌握上司的指令,加上本身的智慧与才干,把指令的内容做得比上司预期的要好。受上司欣赏的下属为:①认真地聆听和记录上司的讲话;②一丝不苟的工作态度;③主动开展工作。

(四)热忱工作

上司希望下属能以积极、热情、认真的态度去工作,上司认为这样的下属是公司发展、进步的动力。

(五)开拓精神

开拓精神意味着对现实有忧患意识,对未来有冒险精神。

这样的下属,上司将委以重任。

(六)勇担责任

上司喜欢那些敢做敢当,勇于承担责任的下属。

(七)乐观自信

如果下属自己都不能认同自己的能力,如果对未来没有乐观的看法,实在难以唤起上司的信任。只有乐观自信的人,才能充满朝气,工作才有劲头。

(八)善于沟通

除非你对公司有着至关重要的作用和贡献,否则上司是不喜欢怪异孤僻的下属。良好的沟通能力,令上司直觉认为你有工作才能。特别是从事服务性行业的人,少一点工作才能,也符合工作要求。

(九)锲而不舍

挫折与困难是不可避免的,对待它们的正确态度是锲而不舍的精神,上司当然不喜欢一遇挫折和困难便扭头就跑的下属。

(十)能识大体

以公司利益为重,不过分纠缠个人利益、私人恩怨,团结为本,大局为重的下属,会令上司喜欢。

第五节 电 话 礼 仪

一、电话第一声足以体现公司的形象

当用户第一次打电话到某公司时,接电话者明朗的声音、清晰的吐字、礼貌的语言和适度的措词,会给对方留下深刻而美好

的印象,同时也会使对方对该公司产生深刻而美好的印象。反之,对方就会对接电话者产生不好的印象,同时也会对该公司产生不好的印象。因此,对于每一位电话接听者来讲,一定要具有一种我代表某公司的意识,这样不但树立了自己的良好形象,同时也把自己企业的良好形象留给了对方。

二、"您好"之后请报公司名称

接听电话时,第一声应说"您好",然后再报上公司的名称以及自己所在的部门或姓名。

三、接听电话应随时保持笑容

打电话的礼仪是从语言和声调开始的。因为在接听电话的过程中,你的眼睛、手势以及各种形态的动作,对方都是看不到的,所以这时打电话的语气和声调,就显得格外重要。人在微笑时的说话声音,会使人感到柔和、舒服。因此,在接听电话应随时保持笑容。

四、姿态正确声音就明朗

有些人认为,在打电话的时候,我的姿态正确与否反正对方也看不到。实质上,这是一种错误的观点。

在接听电话的过程中,虽然双方相互看不见对方,但也应当保持正确的姿态。只有这样,才能使声音变得明朗、清晰。

在电话接听中,因为形体是看不到的,面部表情也是看不到的,只能通过声音来传达心理感情的心理状态。然而,这种声音又是意外的、非常真实的,不管怎么伪装都会把你的心理状态、当时的心情和心境,非常微妙而又非常真实地反映到语调、语气上来。所以,在接听电话时,不要认为反正对方看不到,自己就可以有一幅庸懒的姿态或者做出散懒的样子。这样,会使对方明显地感觉到你对他不尊重。

因此,在接听电话时,既要注意接听电话时的语气和语调,又要注意正确的姿态。

五、电话应对中的声调

有些人在接听电话时,有意或无意地往往忽略了音调,这是不对的,音调高一点,不但吐字清晰,而且声音也会显得悦耳一些;反之,音调低一点,声音就会显得低沉,吐字也不可能清晰。因此,为了找到一个甜美的声音而使对方听得舒服一些、悦耳一些,有必要进行声调练习。例如,早晨起来,在你去单位上班的这一路上可主动向自己的熟人、朋友、同事打招呼、问早,一方面显得你热情而又有礼貌,另一方面也起到了练习声调的作用。当来到单位拿起电话时,你就会有一个比较悦耳、动听、较为甜美的嗓子了,同时情绪也比较抖擞。

六、不要让铃声响得太久

电话铃声响两次之前,要迅速拿起电话来说:"喂,您好,我是××公司。"这是一种避免让对方久等的礼貌做法。如果在特殊情况下,铃声响几声后才接电话,那么你应当向对方致歉,这样会使对方对你产生良好印象,认为你很有礼貌、很有修养,同时也会对你单位有一个良好的印象。

七、用左手握话筒右手执笔

接听公务电话时,一定要用左手持话筒,右手执笔,一边交谈,一边记录电话内容。

八、正确记载所欲传达的事

企业电话最讲究效率第一,电话的记录传达也应该要求简洁明了,最忌讳托泥带水、不得要领。在作电话记录时,要记下何时、何人、何地、何事、如何处理。

九、通话完毕应让对方先挂断电话

在日常生活和工作中,如果在你打完电话之后,对方刚准备向你说声"谢谢"的时候,还没说完,你就已经把电话重重地挂上了,这时对方的心情会很不愉快。同时,放电话时的重重声音会通过听筒传给对方,使对方感到你这个人不仅不懂礼貌,而且文化素质太低。所以,在通话完毕后,应把电话轻轻地放在电话机上。

打电话的一方,应该先挂断电话。如果对方的社会地位、年龄、职务或影响比你高,你应该让对方先挂掉电话,然后自己再轻轻地挂掉电话。

十、确认对方姓名一定要注意礼貌

在询问对方的姓名时,一定要注意文明礼貌,尤其是在电话留言的便笺上,书写对方的姓名时,更加需要注意这个问题。不熟悉的名字,一定要请教对方如何书写,切不可由于因为自己打了不适当的比方,而使对方深感难堪,致使公司的形象受到影响。

十一、在办公室内避免打私人电话

公司的职员在上班时间内,利用公司的电话办私事,明显地违反了公司的办公室条例。公司的电话是用于工作联络的,应当避免用于工作以外的私事。在工作时间内,用公务电话办私事,不但会造成占线,而且很有可能导致贻误公务或者给周围的同事们带来很大的干扰。事实上,将工作上必不可少的通讯设备占为己有,或私自加以充分利用,这在任何单位都是很忌讳的。这是因为,外面的电话打不进来,里面的电话又打不出去,往往会影响公司的正常业务,所以作为公司的员工应尽可能地不要在上班时间内打私人电话。当有特殊情况而非打不可时,要力求通话语言简洁、明了。只要把需要说的话讲完,就应马上挂断电话,绝对不能够把公司的电话作为家私而尽情使用。这样不但会遭同事们的白眼,还会使自己丧失很多提升的机会。

十二、避免让对方久等

在公共场合中,有些人认为,反正我在为你查找咨询材料,所以让你在电话中等候一些时间也是件无所谓的事情。但是,不管你是否在为对方查找咨询材料,你所做每一件事的劳动时间,实际上代表着你这家公司的工时利用率。同时,也说明了你的办事能力。

大部分职员对这样的询问往往会告诉对方的时间,比自己预测的时间要短一些,这样做的目的是认为时间说的越短,对方越高兴。但是,如果你在约定的时间内查询不出结果来,反而会使对方对你的咨询产生很大的疑惑;相反,本来预定30分钟,你却在15分钟内完成了,对方绝不会因为缩短了时间而深感不高兴的,更何况有时难免会发生突发性的事件呢。所以,当对方询问等多久的时候,可把时间说得宽松一些,而尽早地把结果告诉对方,这样更能博得客户的好感。

十三、学会耐心接听电话,切忌在通话中表现出不耐烦的口吻

一些公司和一些企业有时会接到一些抱怨的电话,这些电话恐怕对于企业的职员来说是一种难以应付的电话。如果你接电话时感觉到这是对你公司的一种侵犯,或者是对你的公司过意不去,作为你本人也不要认为这件事与自己没关系。切忌不要欺骗对方,也不要敷衍对方。只要能做到这一点,那么给对方留下的印象,无论是个人还是整个企业单位都是良好的;同时,也会在整个社会上等于你自己为你的单位做了一个好榜样。

十四、在电话记录中应特别注意数字号码,要写得准确、无误

书写电话留言,最重要的是所记载的电话内容,要力求准确简洁,书写清楚,更是需要切记的重要原则。企业电话要经常相互传达数字,所以记录在便笺上的数字,第一要准确,第二字迹要清楚,字体要规范,决不允许因马虎大意而造成的失误。

十五、要熟知到达公司的各条交通线路

当遇到对方打电话来询问到你单位怎么走时,首先问清对方现在在什么位置,然后再清楚地告诉对方坐哪路车,是汽车、电车还是地铁,怎么找到你的单位。另外,如果对方询问你所在单位是否有明显的建筑物或标志时,你要把建筑物和标志告诉对方,即便对方忘记了给的路线,他脑子里记住了你单位周围的标志和明显的建筑物,他也会凭打听来找你的。

十六、拿起电话筒时请中断任何交谈

在中午休息、吃饭、聊天的时候,或在会议进行当中,电话铃突然响的时候,我们应当怎样应对电话才算得体呢?当同事们正在聊天,电话铃突然响起的时候,聊天的声音应该放低。作为企业电话,最忌讳一边说笑、一边吃东西、一边接电话,通话的对方往往首先对接电话的人反感,继而对这家公司产生不好的印象。所以,当你和同事们聊天的时候,电话铃声刚好响起来,首先你应该停止谈话,并且把口中的食物咽下去,然后间隔一段呼吸的时间,迅速转换新气候,再拿起电话筒。

十七、工作时间以外,因公务打往私人住宅的电话首先要考虑对方是否方便

在打电话时,首先要想一想,对方接电话是不是方便,另外,要选择适当的时间,特别是在工作之外的时间打电话应考虑到此时对方是否有空,打私人电话更应该注意。因为每个人都有自己的生活规律,你打电话时,对方是不是能接电话,接电话方便不方便,都应当加以考虑,否则的话会给人造成一种失礼的感觉。

(1)尽量避免在早晨上班前往私人住宅打电话。

(2)尽量避免晚上九点以后(除非对方同意)往私人住宅打电话。

(3)晚餐时间避免打电话。

(4)因公务需要打往私人住宅的电话,要长话短说,力求简洁。

(5)晚上打电话谈公务应先征求对方同意。

复习思考题

1. 什么是礼貌修养？办公室工作人员礼貌修养的基本原则是什么？
2. 办公室工作人员的仪容仪表的要求有哪些？
3. 办公室工作人员的言谈举止礼仪有哪些？
4. 办公室工作人员的日常工作礼仪有哪些？
5. 被领导者的礼仪有哪些？
6. 同事间的礼仪有哪些？
7. 公司的电话礼仪有哪些？

第六章

现代商场服务礼仪

现代各类商场、商店、商厦、百货大楼、购物中心、商业大世界等商业企业(以下简称"商场"),都是商品交易的场所。走进商场的顾客,不仅希望能购买到称心如意的商品,还希望能享受到优质的服务,即能享受到良好的购物环境,得到满意的服务。在商场服务工作中,顾客是主体。只有处理好营业员与顾客之间的关系,确认以顾客为主的社会交往原则,才能使商品交换成为可能。而在以顾客为主的商场服务工作中,营业员则起着主导作用。因此,掌握现代商场服务礼仪,重视顾客与营业员之间存在的各种矛盾和心理状态并且予以妥善解决和充分利用,是非常重要的。

第一节 现代商场环境礼仪

商场环境(又称"购物环境")本身就是一种礼仪。良好的购物环境,能使顾客一走进商场就能感受到和谐、优雅、亲切的气氛。即使是无人售货的超级市场,顾客仍可以从中感受到服务礼仪的存在。置身于和谐、优雅的购物环境之中,欣赏着琳琅满目的各类商品,尽情地选择自己所喜爱的商品,并且随时都能得到满意的接待服务,这对任何顾客来说不能不说是一种享受。因此,要创造良好的商场环境,除了要选择优越的地理位置、别致醒目且又高雅的建筑风格外,更要注意商场的整体设计风格、营业场所的布局、商品的陈列、灯光色调和音乐配置等以及由此所造成的空间效果。

一、商场设计,体现特色

(一)考虑建筑物的外观形象

对于现代商场设计,首先要考虑建筑物的外观形象。商场的外观给顾客以第一印象,这个印象的优劣会影响顾客的购买心理和购买行为。良好的外观形象,能够引导顾客由表及里地去了解商场,增强对商场的惠顾感,激发顾客的购买欲。现代化的商场,应有独特的建筑风格,使人在较远的距离内就能获得鲜明的印象。简洁大方、色调明快的外部建筑,会给人以庄重、典雅、豪华的感觉;巧妙的橱窗设计,不仅赏心悦目,还能够增强宣传效果;用夜晚的霓虹灯或各色彩灯,在夜色中映出商场的外观,表现出商业的文明、繁荣和现代气派,更能引人注目。

(二)让顾客感觉到热情、亲切和舒适

营业大厅的装饰,要让顾客感受到热情、亲切和舒适的气氛。有些大型商场,迎门布置电视屏墙,不时映出"欢迎光临"等礼貌用语并交替出现商品介绍、时装表演等图像;大厅中,有五彩缤纷的喷泉、倒垂的水帘,流入假山下的池塘;鲜花摆成美丽的花坛……俨然一座匠心独运的庭园,置身其中,仿佛在游园中购物。集游乐与购物于一体,是现代商场的一个重要特征。顾客购物不再是一种辛苦,而将成为一种惬意的享受。小型商场

虽不宜摆花坛、装喷泉,却可以通过铺大理石地板、墙壁镶嵌艺术品、大幅玻璃风景画、大面积墙式镜子等方式,创造出体现小商场特色的现代风格。

(三)注意采光和伴音

对于现代商场的设计,应特别注意采光和伴音。这不仅是技术问题,也是对顾客的礼仪礼貌问题。

商场营业厅多数是在室内,采光是环境美的重要内容。随着商场的扩大、中央空调的安装,商场的封闭程度越来越高。因此,在可能的条件下,应用大玻璃、开天窗,尽量靠自然采光;如果条件不允许,只有用灯光照明。

利用灯光照明,灯具要美观大方、富有特色,并且布局合理。光线的设计要柔和、舒适,能够起到调节顾客感觉和视觉的作用,使顾客在购物过程中精神饱满、心情愉悦。灯光的布置不应平均使用,可采用定向照明、集束照明、彩色照明等方法,把灯光有重点地集中射向各种商品,既能使商品更加鲜明夺目,又可以引导顾客观觉和选购,从而激发顾客的购买欲望。商场的灯光不宜过亮或过暗。过亮会使人感到紧张、刺眼;过暗,则会使人感到沉闷、压抑。总之,要运用现代科技手段,科学地设计好灯光这一影响顾客挑选购物的重要设备。

不仅如此,优美、动听的音乐,更能创造出舒适、愉快的购物气氛,现代商场要充分利用好音响设备。商场里人多声杂,节假日或购物高峰时,更是交织着问价、走路、交谈、打包等各种噪音,令人心烦意乱、注意力分散,不愿在此久留。因此,以适当的音量,播放一些轻松柔和、优美动听的乐曲,时而结合本店商品作一些宣传介绍,时而向顾客致意问候,时而提醒顾客小心钱包之类的内容,既可以抵消部分噪音,又可以让顾客感到自己在这里被重视、被关心,同时还能使顾客有意无意地降低谈论的声调,自然地与环境协调起来,投入到特定的意境之中,从而边选购、边欣赏。如果疏忽了这些,甚至与邻近商店比音响高低,来争夺顾客,其结果只能是适得其反。

(四)考虑色彩和空气流通

对于现代商场设计,还要考虑到色彩和空气流通等问题。色彩会给人以不同的感受,色彩的调配会对人产生不同的作用。商场内的各种设施,包括营业员工作服在内,总的要求是深浅相宜、大方典雅。色彩都应统一协调、搭配得当,体现出经营者较好的审美情趣和高雅的文化素养。商场内的空气,要保持一定的温度和湿度,一般温度在20℃左右,相对湿度在40%~60%之间为宜,并且保持空气清新。这些不但有益于顾客购物,而且对营业员以及商品都是有益的。

二、服务设施,周到齐全

现代商场越来越重视各项服务设施的配置,处处为顾客着想,关心顾客,尊重顾客,通过多种渠道沟通与顾客的感情。现代化的商场,面积越来越大,楼层越来越高,设置自动滚梯既能够顺利地把客流导向高层,也能减轻顾客的疲劳。自动滚梯的位置,可以有多种选择,如果设在营业大厅的一角,有利于节省营业面积;若设在大厅中显要位置,可以便于顾客找到,并把顾客尽快引导上楼。顾客在乘滚梯上楼的同时,还可观赏购物大厅的环境和商品。

为了向顾客提供更方便的服务,商场中应设有多处服务台和收款台。服务台是为顾客解答问题、指导购物提供必要服务的,因此应安排有经验、训练有素的人员值班,热情、主动、耐心地为顾客解决困难,提供优质服务。收款台应设在所售商品货位的两侧,其色彩和形式与周围柜台既要区别明显,又要和谐统一;位置可略高于货位,以便于顾客寻找。收款台数量要适当,并要采用先进的设施和收款方式,以免浪费顾客的时间。

商场应考虑到顾客长时间逛店易疲劳,而为其提供小憩的地方——休息厅,既能体现出商场对顾客的关心与礼貌,又能使顾客感到亲切与温馨。休息厅中需备有桌椅,出售饮料、食品,甚至还有报纸书刊、提供代存已购物品等多项服务。顾客在这里可以稍微休息,整理购买的物品,解除疲劳。有些商场还开办了"娱乐城",吸引儿童玩耍,并代为照顾儿童,使家长安心地购物。有的顾客会因此而延长在商场的逗留时间,这对商场经营是有利的。

三、商品陈列,赏心悦目

在现代商场内,柜台布局、商品陈列构成了商场环境的主体面貌。

(一)柜台布局

柜台布局既要便于商品的展示与销售,充分利用营业面积,又要处处为顾客着想,提供方便的服务。商场内五光十色的商品,统一风格的货架和柜台,可以使整个场地显得协调整齐,同时还可以映衬出商品的鲜明特色。柜台的形式,应根据商品的形状、特点而有所变化,不应局限于传统的直线式、岛屿式,可以是曲线、弧线、扇形、菱形、圆形等,也可以是便于顾客挑选的敞开式、独具特色的小单元、店中店等等。这样,可以打破千篇一律、单调呆板的传统模式而给顾客面目一新、千姿百态的感觉,仿佛处处有新的商品在等待着顾客去选购。

(二)商品陈列

商品陈列是为了留住顾客,引起顾客对商品的注意并产生购买的欲望。为此,在礼仪上,应当注意让顾客能看得见、看得清、看得全、即使不买也赏心悦目。在陈列商品时,无论采用特写法、系列法,还是专题法、节日法,都是向顾客鲜明地展示待售商品的品种、品牌、规格、式样和价格等情况的。根据礼仪要求,商场陈列的商品,除了有卫生要求的商品外,一般都应允许顾客自由取看、触摸和比较。现在商场大多采用开架开柜销售方式,这就体现了方便顾客、尊重顾客、信任顾客的礼节。另外,商品的陈列不是一成不变的,应随着消费者的多方需求、兴趣、习惯以及日期、季节的变化而经常调整变换,让热心顾客和回头顾客感受到商场的生机而并非总是一副老面孔。

商品陈列应与营销紧密结合,按不同商品在人们生活中的重要程度以及顾客的购买习惯进行分类和陈列。进入商场第一眼就能看到的地方,应摆置鲜艳美观、招人喜爱的商品,给顾客留下良好的第一印象;其他惹人注意的位置,也应摆放美观大方的商品。销售次数多、销售量大、选择性不强的商品,一般应陈列在顾客最容易接近的位置,如日用必需品应摆放在入口处或商场的一楼;销售次数少,花色品种复杂、贵重的商品,应陈列在商场的深处。为顾客着想,从顾客的需要出发,就是对顾客的礼貌,也是对顾客的尊重。

除此之外,柜台分布和商品陈列还要体现出审美原则。商品的陈列,应有利于美化环境、陶冶情操、活跃气氛,激发顾客的享有欲、购买欲。另外,符合审美原则还应考虑到商品的相关性。消费上相关联的商品,应邻近陈列,以便于顾客的购买和售货员的协作;性质不同的,尤其是相互有影响的商品,要隔开陈列,以避免干扰和污染。

四、店容店貌,清洁卫生

店容店貌清洁卫生,不仅关系到人民群众的身体健康,也是商场文明经商的标志和基本要求。混乱肮脏、低俗嘈杂的商场,只能使顾客生厌、急于退场,极大地破坏了顾客的购物情绪;相反,整洁卫生的环境,则能振奋营业员和顾客双方的精神,提高兴致。因此,幽雅和谐、整洁卫生是商场环境礼仪的重要内容。

为了保持店容店貌的整洁卫生,一定要严格遵守和执行国家和商场规定的卫生法规及制度。

要建立卫生责任制,划片包干,专人负责。每天开业前,商场营业员应把营业厅内外地面打扫干净,门窗、货架、柜台、玻璃都要擦洗一新,达到窗明几净;陈列的商品,应及时除尘掸灰,重新补足商品,并摆放整齐、美观,卫生工作除每天班前班后做好外,在营业时间还应随时自己检查、注意保持,并不断清扫顾客丢弃的纸屑、果壳等杂物,做到地面无杂物、无痰迹。

营业员的个人卫生,也是商场卫生的重要组成部分。因此,营业员应做到"四勤""五不准"。

(1)"四勤"。即:①勤洗手、剪指甲;②勤洗澡、理发;③勤刷牙、刮胡须;④勤洗换工作服、帽。

(2)"五不准"。即:①不准在柜台内吸烟、吃食物;②不准在工作时间喝酒和吃含有强刺激味的食物;③不准随地吐痰;④不准用手挖鼻孔、擦鼻涕、抓头发、擦汗;⑤不准用手接触各种不带包装直接入口的食品。

此外,营业班组应建立个人卫生检查制度,互相督促检查,使卫生工作规范化、制度化。

第二节　现代商场接待服务礼仪

如果说商场环境礼仪是商场服务礼仪的外在表现,那么商场接待服务礼仪则是商场服务礼仪的核心内容。商场接待服务礼仪是通过营业员彬彬有礼的服务体现出来的。营业员是主人,顾客是客人,把顾客放在首位,一切为顾客着想,热情为顾客服务,是每一位营业员应尽的职业责任和道德义务。营业员的接待服务,不仅是个人的形象问题,而且关系到整个商场的形象。现代商业企业要求营业员提供高水平的服务,讲究礼仪服务,礼貌热情,树立顾客至上的思想,把商业服务工作真正做好。

热情礼貌、顾客至上是通过营业员的言谈举止表现出来的,也是营业员优良道德品质的体现。营业员讲究热情礼貌、顾客至上,不仅是改善服务态度、提高服务质量的需要,而且对于建设社会主义精神文明也具有特殊的作用。商场是一个城市或一个地区的"窗口",也是社会主义精神文明的"窗口"。人们可以通过这个"窗口",从店堂设施、商品陈列、环境卫生、商品品种和数量、服务态度和服务方式等方面看到这个城市、这个地区的经济建设情况、人们的精神面貌和道德水平。如果广大营业员在经营活动中讲究热情礼貌、顾客至上,就能使商场这个"窗口"成为宣传精神文明的阵地。

讲究热情礼貌、顾客至上是提高商场服务质量和经济效益的需要。商场要在日趋激烈的市场竞争中立于不败之地,就必须建立起优质服务的管理体系,既要使顾客能买到价廉物美、称心如意的商品,又要为顾客提供优质的服务。只有这样,取得良好的社会效益,更好地争取顾客,才能使买卖越做越好,从而取得更大的经济效益。

讲究热情礼貌、顾客至上是营业员自身建设的需要。营业员经营的是商品,打交道的对象是人。在经营活动中,营业员不仅要通过一买一卖来满足顾客的需要,而且要通过一迎一送来反映商场的服务水平。这就要求营业员必须讲究热情礼貌,把顾客当作亲人,以美好的心灵、热情的语言、文明的举止为其服务,最大限度地满足顾客的物质需要和精神需要。

总之,热情礼貌、顾客至上是社会主义商业道德的基本要求,是衡量营业员职业道德的重要标志,也是商场服务礼仪的思想基础。那么,营业员如何才能做到这一点呢?具体要求有以下几个方面:

一、热情周到的服务态度

热情周到的服务态度,主要体现在营业员在接待顾客时的主动、热情、耐心、周到上。热情是关键,是发自内心的感情,是社会主义制度下人们共同的理想、共同的道德所激发的情感。有了这种真情实感,才能做到主动、热情、耐心、周到。

(一)主动

主动,就是营业员在服务过程中,不能以消极等待的态度对待顾客,要处处争取主动。具体应做到"六主动",即:①主动向顾客打招呼;②主动询问顾客需要;③主动拿递商品;④主动当顾客参谋;⑤主动帮助挑选商品;⑥主动帮助顾客排忧解难等。总之,营业员要主动体现出关心顾客,为顾客服务的精神。

(二)热情

热情,就是营业员在服务过程中,要态度和蔼、语言亲切、讲究礼貌。在营业过程中,营业员应做到"五声",即:①顾客到柜有招呼声;②挑选商品有介绍声;③询问商品有回答声;④收款找零钱有交待声;⑤顾客离柜有道别声。

(三)耐心

耐心,就是营业员在接待顾客时,要做到有问必答、百问不厌、多挑不烦,宁可自己麻烦千遍,不让顾客稍感不悦。要切实做到"六个一样",即:①顾客买与不买一个样;②买多买少一个样;③大人小孩一个样;④生人熟人一个样;⑤退货与买货一个样;⑥打烊前与营业中一个样。

另外,要虚心听取顾客的意见,沉稳地对待顾客的非难,努力做到"四个不计较",即:①顾客语言轻重不计较;②顾客要求高低不计较;③顾客态度好坏不计较;④顾客挑剔毛病不计较。营业员在接待顾客过程中,即使顾客无理,也要善于平息顾客的激动情绪,尽量避免矛盾的激化,使营业场所保持愉悦、祥和的气氛。

(四)周到

周到,就是营业员在服务过程中,尽量为顾客考虑全面,出售商品时,顾客没有想到的,要帮助想到;顾客不知道的方面,要介绍到;顾客购买的零星小件商品,要代为包扎好;有时效期或保修期的商品,应向顾客交待清楚。在服务过程中,营业员要做到"接一待二招呼三,忙时必须话当先"。

二、文明礼貌的语言艺术

语言是人们表达思想感情,进行思想交流和相互交往的工具。它能充分体现谈话者的礼貌、品德和涵养等。营业员在服务过程中讲究语言艺术是十分重要的,它直接影响到服务质量。常言道:"良言一句三冬暖,恶言半语六月寒"。用语不当,不但使顾客体会不到亲切、温暖,反而会引起柜台矛盾。因此,营业员要掌握、运用规范化的柜台用语,讲究语言艺术。

文明礼貌的服务用语,其标准是"八个字",即:亲切、文雅、准确、生动。亲切,就是说话和气、诚恳、谦虚;文雅,就是文明礼貌、谈吐雅致,不说粗话;准确,就是对不同顾客的称呼,对不同商品的介绍,用语要准确、贴切、得体;生动,就是在介绍商品时,能用形象化的语言,清楚地表达出商品的性能和特点。

在柜台服务工作中,营业员讲文明礼貌的语言时,应做到以下几点:

(一)说好第一句话,给顾客以良好的印象

第一句话一般是用来称呼开头的。恰如其分的称呼,既能给顾客一种亲切感,又能起到联系感情的作用。称呼应注意根据不同地区的习惯、年龄、性别和职业使用敬称或尊称。一般来说,对多数顾客可称"同志"或"师傅";对老人,可称"老大爷""老大娘""老师傅"等;对小孩,可称"小朋友""小弟弟""小妹妹"等;对男士和女士,现在也有称"先生""小姐""太太""夫人""老板"的。以"哥们""爷们""兄弟"称呼,甚至以人的缺陷为名称呼,都是不礼貌的。对任何顾客,都不能无称谓地用"哎""喂"等不礼貌的代用词,尤其不能用侮辱语称呼顾客。

(二)使用"十字"礼貌用语

"十字"礼貌用语为:"您好""请""谢谢""对不起""再见"。

(三)做到"六不"

"六不",即:①不讲阴阳怪气的话;②不讲低级庸俗的话;③不讲讽刺挖苦的话;④不讲有伤顾客自尊心的话;⑤不讲强词夺理的话;⑥不讲欺瞒哄骗的话。

(四)虚心接受顾客批评

当顾客对服务工作提出批评时,营业员应本着"有则改之,无则加勉"的原则虚心听取。如顾客的意见有道理,应虚心接受,并表示歉意地说:"对不起,我们工作没有做好,谢谢您提的宝贵意见,我们一定改正。"如顾客的意见不属营业员解释的范围,可说:"您提的意见,我一定向领导反映,谢谢您。"切不可说:"这不关我的事,您有意见向我们领导去提。"

(五)谦逊对待表扬

当顾客对服务态度满意并表示感谢或表扬时,营业员应说"这是我们应该做的"或者"谢谢您的鼓励,我们做得还很不够",而不应该说"我们做得很差,不批评算好了,还表扬什么"。

(六)学习外语

随着我国经济的发展和对外开放的扩大,对营业员的语言要求也有了更高的标准,这就是要讲普通话和要有一定的外语听说能力。商场顾客来自四面八方,有当地的常客,也有外地的过客,语言差别比较大。营业员不讲普通话、不会外语,难以接待来自各方的顾客和准确传递商品的信息。在讲好普通话的基础上,应再进一步了解或掌握几大语系(如广东、福建、宁波、上海、赣南、徽州等)的方言,以便能清楚地听懂顾客的要求,满足他们的购买愿望。在接待外国顾客时,若语言不通,会造成很多误解。近几年来,来我国旅游观光、投资经商、学习工作的外宾越来越多,营业员如不具备一定的外语水平,势必要影响接待服务工作。为此,营业员必须学习外语,要经过专门培训,达到一定的水平后方能上岗。这既是我国经济发展的需要,也是现代商场树立自身形象、进一步提高服务质量的需要。

三、观察研究顾客的心理需求

顾客心理是顾客在购买商品过程中,客观现实与主观需要在其头脑中的反映,也即顾客购买商品时的想法和要求。一个营业员每天要接待成百上千的顾客,而这些顾客的性格、习惯、爱好和需求又各不相同。营业员在一天内要服务于这么多人是很不容易的。但是,如果我们能从不同类型顾客的心理进行观察研究,掌握一般的规律性,无疑对做好服务工作会收到事半功倍的效果。

顾客类型的分类方法很多,比较直观并有实用价值的划分方法,就是把顾客按男、女、老、少分类。

大多数男顾客在选购商品时,尽量使自己不显得小气和吹毛求疵,能尽快做出购买的决定,非常重视营业员的礼仪,并对营业员给予的帮助表示感激。

女顾客大多主持家务并"掌管"家庭财政,所以她们买起东西来,计划性强(有时也即兴购买),心细,选货时间长,常提反面意见,对款式更有研究。总的来说,接待女顾客比接待男顾客,要麻烦和困难一些。

中年顾客在顾客的构成中比重较大,他们购物经验丰富,能对商品作出全面的评定,要求商品美观、牢固、耐用、方便等,但是却很注意服务质量问题,经常对售货员的态度提出意见。

青年顾客主要重视商品的美观,特别喜欢时髦式样,而对其耐用度要求不高,在一般情况下比中年人的自信心更强一些。

老年顾客一般都非常谨慎小心,重视货物的适用与实惠,总觉得早年间的商品质量和服务态度比现在强,对各种新式售货法不适应,对营业员的稍有不慎或出言不当,都能引起强烈的反感。

对单独购物的儿童顾客要温和耐心,并注意尊重他们;家长带孩子购物时,营业员注意力要集中到大人身上;对于孩子自己喜欢的用品,要想法吸引孩子的购买兴趣。

当然,上述仅是一般情况,现实中要因时因人而异。

顾客购买商品的过程,一般分为下列3个阶段。

(1)初始阶段。在一般情况下,顾客是带着需求动机才走进商场的。预先有了寻求对象的形象即寻求模式,把见到的商品与寻求模式进行对比,寻求模式越具体,挑选的范围就越窄,寻物也就更直线化;相反,则离开原来的计划,购买未曾计划的东西。只有那些在很大程度上适应顾客寻求模式要求的物品,才能引起顾客的兴趣。有兴趣,就会发展成为购买的愿望,继而形成对该物品的拥有模式,即顾客把自己看成是某件物品的拥有者。

(2)决定阶段。在进行了不断的、多次的拥有模式和寻求模式的对比之后,顾客作出购买或不购买的决定。

(3)终结阶段。作出了决定后,顾客会有不同反应。当顾客深信没有上当甚至比期望的还要好时,积极的反应就会巩固和发展;相反,如果购买的物品和拥有模式对不上号,不如想像的那样好,则会产生怀疑和失望感。这时,有些人总愿意将责任归罪于他人,营业员就成了"罪人"。

营业员应掌握上述顾客心理需求和购物过程的一般规律,经过锻炼在实践中要见客识人、听音知言。为此,要做到"五看",即:①看举止、知来意;②看打扮、知爱好;③看视线、拿商品;④看对象、定接待;⑤看职业、定需要。这"五看"就是顾客心理研究的结晶,也是接待顾客十分可贵的基本功。

由此可见,要想进一步提高服务质量,体现高超的服务艺术,就必须掌握营销心理学知识,用心观察研究顾客的心理需求。

四、端庄文雅的服务仪态

营业员的仪表、举止,不仅关系到自身的形象,而且关系到商场形象。注意修饰自己的仪表、重视规范自己的举止的营业员,单是其外表就能给顾客以亲近感和信任感。因此,营业员在接待顾客时,总的要求是仪表大方、姿态端庄、精神集中、表情自然、举止文雅。

营业员统一着装、穿戴整齐、洁净大方,不仅能表现身分,体现商场的精神面貌,而且能反映商场随时准备为顾客服务的态度;反之,衣衫不整,蓬头垢面,便会使顾客失去信任和购物欲望。营业员不可敞胸露背,攥拳捋袖,这是严重失礼于顾客的行为。营业员应精神饱满,笑迎顾客。营业员在工作时间,应站立服务,身姿放松,注视顾客,若有顾客前来,应热情迎上接待。切忌倚柜、托腮,一副懒散、冷漠、邋遢、萎靡不振的神情。

举止要大方,姿态要规范。营业员的岗位是相对固定的,其举止行为会全部展现在顾客的眼前。因此,注意行为举止,以期给顾客留下良好而鲜明的印象,是营业员塑造自我、接待顾客、搞好销售的必需条件。所谓举止大方,就是营业员的站姿、走姿和一切举动,都要适度得当。在柜台内,应做到:三人以上一线站;二人两边站;一人中间站。站立要直,不应一脚站立一脚抖动,也不应两腿劈叉或交叉站立。走动时,步履轻盈快捷,不可应声而不动,也不要踉踉跄跄。

第三节　防止和排除营业员与顾客之间发生冲突的礼仪

营业员与顾客之间发生冲突,是一种不礼貌的现象。虽然它属个别现象,但是所造成的影响不可低估,小到有失礼仪,大到影响商场名誉和利益,造成对顾客的不尊重。因此,营业员在服务过程中,要防止或避免与顾客发生冲突,并且对已发生的冲突,要礼貌地进行艺术处理。

一、营业员与顾客之间发生冲突的种类

营业员与顾客之间的冲突,概括起来主要有三大类:

(一)相互损伤利益

例如,顾客受到营业员的粗暴对待后,找部门负责人或商场负责人反映情况。

(二)由双方的过错造成的冲突

在结算货款时,这种现象更为常见。例如,一个顾客在交款后,对收银员找回的钱未当面点清,将钱装进钱包就走,但走到商场门口,突然感觉找的钱不对,便回去找收银员,收银员不认账,于是冲突就发生了。

(三)相互之间都不能容忍

例如,不文明的顾客同业务不熟练的营业员相遇,彼此看不起对方,结果也容易发生冲突。

二、营业员与顾客之间冲突的发展方式

(一)渐进的有逻辑的发展

这种冲突好像是在按次序地进行。因退换商品而发生的冲突,多属此类。顾客在尽量指出所购商品的毛病,而营业员(商品部主任或经理)却千方百计地寻找理由不予退换。这种冲突的发展往往很有礼貌,甚至很客气

(二)猛烈的暴风雨式的发展

这种冲突的双方或一方的行为急速地直线发展,火气越来越大,最后发展到难以控制的程度,结果和引起争吵的原因相脱离,冲突很快发展到顶峰,随后下降。在结算或称量时发生的冲突,多数属于这种情况。双方都容易忽略争执的主要原因,而转入对骂或相互进行人身攻击。本来问题很好解决,重新算一下账,点点钱或称称货就行了。可是,当认识到这一点时,往往为时已晚了。

(三)爆炸性的发展

这种冲突先要在一方经过一个潜伏期,火气越憋越足,最后达到高峰。这种冲突的发展同第二种的区别在于,它不需经过顶撞阶段,与对方的反应也无关。这种冲突的特点是来势猛且有破坏性的。例如,顾客站在旁边等候已久,而营业员总没完没了地闲聊而置之不理,就容易爆发这种冲突。

当然,以上列举的三种发展方式可能由冲突双方同时或由一方挑起,会呈现混合性和转移性。

三、营业员与顾客之间发生冲突的根源

营业员与顾客发生冲突的原因,是多种多样的。其中,有些是客观原因,如因商品供不应求,营业人员不足等;有些是主观

原因,如营业员与顾客双方或一方情绪坏,文明水平不高等。此外,还有些混合原因,如商场工作的组织和经营不善等。不管是哪一类原因造成的,在冲突公开地明显地发生之前,总要有一段隐蔽的"潜伏期"或叫做"冲突的准备阶段"。产生这一潜伏期的根源举不胜举,但可以归纳为三大类:

(一)主观上的(以个人的自身看法为依据)

某些个人利益受到损害或不满足或受到威胁。例如,受到粗暴的对待或买了件残次品等。

(二)错误地归咎于他人

例如,一个人把对方的话理解错了而产生误会,或顾客算错账反而认为是别人蒙骗了自己等。

(三)心理上的不可忍受性

以偏见对待别人的特性和行为。例如,出于各种年龄的、民族的、职业的偏见而笼统地、不加区别地把某些缺点归咎于某种年龄、某个民族或某一职业的各种人物身上。

四、防止营业员与顾客之间发生冲突的艺术

(一)客观性与让步性

当营业员与顾客双方的实际利益发生冲突时,要想避免公开争吵,只能借助于妥协。不肯照顾他人的利益,就不会有妥协。当争吵者死盯住自身的利益不放时,哪怕作一点小小的退让都不可能。如果把眼光略放宽一些,尽量客观地理解对方的情况和处境,那么对必要的退让就会另有一种估价。要退让,首先要肯放弃一些自己所追求的东西,作出一些牺牲,这样比在强迫下作出牺牲要好得多。如果一方先作出让步,他的主动精神在多数情况下,会得到另一方的支持,正在酝酿中的冲突也可能就随之消散。

有这样一个实例,一位顾客对一条陈列在橱窗中的领带很感兴趣,要买一条与此完全相同的领带,营业员说:"很抱歉,完全一样的领带已卖光,请另挑一条吧!"顾客不肯而坚持要橱窗里陈列的那一条。营业员又说:"唉!怎么说好呢?我们一般是不卖样品的。如果您一定坚持要,那我替您去说说看,不过您再看看那条怎样?也非常好看,色调、风格和橱窗里的差不多。"顾客把推荐的领带拿在手里反复看了几遍,说道:"行,就买这条!"为什么顾客不再固执己见呢?就是因为他感到对方在退让,而未感到对方在强迫他买另一条领带。如果当初营业员不作退让的准备,很可能就把事情闹僵,甚至引发冲突。

(二)清晰性与善意性

如果一个人不善于表达自己的思想和意图,再加上情况复杂,那么他的言行就很容易引起误会,尤其是那些多疑的人更可能不理解,甚至错怪别人的好意。因此,做到语言的清晰性和善意地理解别人的话,有助于防止因语言或行为方面的误会而引起的冲突或争吵。

一个被错怪者的言行反应,也同样会引起对方的不理解,或者使那个无意造成误会的对方感到很委屈。例如,一个女顾客草草地看了一下陈列袜子的柜台之后,就问营业员:"你们这儿没有好一点的袜子吗?"女营业员就不高兴了,用挑衅性的口气说:"这些袜子怎么不好?难道我们这里卖的是残次品吗?"女顾客无可奈何。女营业员本来不应该生气,她并没有弄清女顾客问话的实质。女顾客根本就没有想贬低所陈列的货物之意,对营业员更无丝毫恶意,她只是不想买双普通袜子,而想买双特殊一点的。营业员应该问清对方要什么样的、多大的等等,如果拿出几双合适些的袜子,就很可能被顾客买下。营业员的恶意顶撞,实质上就是拒绝帮助顾客选货,并为冲突提供了口实。没有发生大冲突,只是因为女顾客不打算"应战"而已。

误会,尤其是实际利益的抵触,发展下去就会把许多新的因素裹进来,转移争吵双方的注意力,甚至掩盖住初始的争吵原因。为此,每当争吵即将爆发时,要用辩证的眼光弄清自己和对方的初始立场。如果发现对方确实对自己怀有故意,不妨衡量一下能否把对方的言行作另一种解释,看看是否还有别的含意。这样,可以发现暗藏的误会,从而消除冲突。只要有可能,就该往好处解释,并且一定要让对方知道这一点。

总之,对付准备发火的人的最好办法,就是从正面去理解他的言行;同时,避免提供任何加深成见的口实。

需要特别强调的是,清晰性与善意性要紧密结合。不把事情弄清就谈不上善意,不把一个人的言行动机弄清,也就无法表示善意。但是,如果没有善意的打算而只是单纯地想把事态弄清,容易使冲突迅速升级,而不是从中解脱出来。因为对方会误认为你不是在澄清是非,而是在故意挑毛病。

(三)距离性与自制性

在复杂在情况下,加大冲突双方之间的距离是有益处的,而自制力对人一生的任何时候都有好处。特别是当双方心理处于互不相容的状态下,以上两点就更为重要。发生这类冲突时,根源多藏在心里,发火多是给内心感情的发泄寻找靶子。在这种情况下,不必去试图妥协或解释清楚双方的矛盾,因为解释或妥协都改变不了双方的心理特征。

在这种情况下,最实际的解决办法,就是扩大双方的距离,减少接触;同时,要求双方能够控制自身的反应,培养出一种能克制感情的本领。在必要时,可由第三者(如商场负责人)出面加以妥善安排,第三者如果能吸引要发火的人的注意力和情绪,为即将爆发的冲突找出一条安全的办法,那么就可以缓解酝酿中的冲突气氛,并可以使同事摆脱困境或不再生气。这里的第三者的作用,类似调停人但又不完全是调停人。调停是对双方起作用并要在双方的心目中有一定的威信,而这里的第三者仅是对单方起作用。

五、排除营业员与顾客之间发生冲突的艺术

(一)发生冲突时充当第三者,起调停作用

真正的冲突,由于直接涉及双方的利害关系,纠纷的理由通常是一清二楚的。双方只要作一点点让步,就会烟消云散,言归于好。可是在实际中却常常做不到,每一方都担心对方会利用自己的让步,视之为一种软弱、退却,于是谁都不愿意先退第一步,继而冲突发展下去甚至双方相互辱骂。如果争吵原因一开始就不明,谁是谁非不清,则讲和是不易的。只有第三者,才有可能缓解僵局,使双方妥协或消除误会。但有一个先决条件:充当调停人必须使冲突的双方都信任他。而想做到这一点,调停人必须秉公办事、不偏不倚。

当营业员与顾客发生冲突时,一般都是由部门负责人或商场领导出面当调停人。调停能否取得理想效果,关键看调停人是否善于仲裁,是否能控制所发生的冲突局面。一旦发现顾客不信任自己,就会站到营业员一方和顾客争吵而致冲突升级。所以,充当调停角色一开始就必须坚持调停人的地位。对顾客要表示尊敬,有礼貌,不要打岔。调停人本身应尽量自始至终地保持镇定和客观,即使真理在营业员方面,也不要袒护。要克制、忍耐和善意面对正在争吵的顾客。调停者千万别得理不让人,过于求真,更不必去追究争吵双方各自的过错,最好赶快设法用言语引到别的事情上去,或当即向对方提出意外的建议,把对方的思路岔开,让他去想别的事情。营业员一定要理解调停

人的地位,即使他站到顾客位置上来反对自己也别生气。这是因为,只有这样,调停人才能更好地找到和对方的共同语言,从而有利于息事宁人。

调停人介入冲突越早、越有信心、越主动,调停就越奏效。但是,有时调停是没有结果的。特别是在发展急速和剧烈的冲突中,由于引起争吵的原因可能被难听的对骂所淹没,而每句对骂都能单独构成吵架的理由。这样,调停恐怕很难使争吵的双方互相谅解或妥协。这就需要采取别的手段。

(二)冲突双方的分离

分离是排除营业员与顾客之间纠纷的较好方法。但一定得有两名营业员同时出面,每个人各把冲突的一方吸引到自己这边,使之平静下来,并好好地为他服务,以尽快让他离开商场。这时,别的人在一旁不便插嘴和评论,因为争吵双方往往认为第三者不但没有说到问题的实质,反而认为是不让他同对方去争辩是非。其他营业员接待冲突双方时,千万别表现得心不在焉,因为每一个争吵的人这时总希望第三者能聚精会神地注意自己。

以上所讲的是明显的冲突分离方法。此外,还有不明显的分离方法,即当事的营业员退出现场,由另一个营业员来代替他。这种替换做起来要快而不明显,要早做准备工作,找一个非常合适的借口,把那个被动的营业员替下来;新上的营业员千万别表现出对事态一无所知的样子,否则会使争吵的顾客"火上加油"而引发新的冲突。不要使顾客的注意力转移,从而又把他的意见集中到别人身上。要强调对事不对人,强调问题的实质,并说明营业员是互相负责的,有事同谁谈都一样。

(三)对冲突的发展和结束给予良好影响

假设双方的冲突如暴风雨般激烈,已无希望分离或分离后仍无结果,那么这时只好采用任其发展的办法。任其发展的实质是让对方充分发火,把话重复个够,而营业员应耐心地听那些离题的、重复的唠叨。当发火人发现营业员在安静地聚精会神地听,既不激动又不显得不耐烦,这时其本人的火气自然就会消下去,从而便于与其进行有关事务的接触。对于正在发怒的人进行解释或反驳,只能"火上加油",不利于弄清问题。如果营业员在听的同时,偶尔提出些简短的有关细节的问题,以表示对顾客的关心,不仅会获得对方的好感,还会把发怒的顾客的注意力吸引到具体问题上来,冲淡原来的激动情绪,效果会更好。

有些营业员掌握不好这种办法,不讲策略,不同情、不理解同事,在其与顾客发生冲突时袖手旁观、无动于衷,任凭顾客来奚落。或做得相反,因怕被认为不够义气或软弱、胆小、屈从,一发生冲突就替同伴撑腰、开脱、护短,说"公道话"。这些做法往往适得其反,很容易使冲突尖锐化,把想要帮助的人推到更难堪的境地。

当然,让易怒顾客任其发展,是有一定限度的,应以不违反社会公德、不破坏社会秩序和不干扰商场正常营业为度。如果冲突已超越允许的界限,就应挺身而出进行理直气壮的强制性干涉了。

(四)冲突的制止

用大声或其他方式来强行制止丧失理智的顾客,并非是有效的制止。制止性言行要稳妥,但又要坚决有力,充分体现这样做不是出于个人恩怨,而是为了维护制度、规定和秩序等。在措辞上,多用"在这类情况下应该""我们的制度规定""条例中对此有明文规定""我们有义务"之类的词句,避免使用诸如"我们不干""你去找我们经理去""你负得了这个责任吗?"等等词句。

如果用上述办法还是不能平息闹事顾客的情绪,迫不得已时,则可求助于公众舆论、行政手段乃至治安部门进行解决。所以,要做好充分准备。如果没有这方面的准备,制止冲突的效果就会受到影响,只好以更大的耐性和顽强的精神来谋求其他制止冲突的方法。

复 习 思 考 题

1. 商场的环境礼仪包括哪些方面的内容? 如何搞好商场环境礼仪?
2. 接待服务礼仪的重要性体现在哪个方面? 做好接待服务工作应从哪几方面入手?
3. 商场冲突的种类及根源有哪些?
4. 怎样防止和排除冲突?

第七章

现代商务谈判礼仪

商务谈判是交易双方为促成交易或者为了解决双方的争议,并取得或维护各自经济利益而进行的不断磋商,以求达成协议、签订合同的过程。它既是双方为自身的经济利益较量的过程,也是谈判双方希望通过谈判活动实现自己的目标而不断树立其良好形象,并在双方间建立起某种程度的信任与尊重的过程。无论较量还是树立形象,都需要以礼仪规范自己在谈判活动中的行为,使较量是文质彬彬符合约定礼仪要求的较量,树立的形象是能创造最佳的谈判气氛和谈判环境的形象,这也是谈判礼仪的最终目标。现代商务谈判至关重要,它的成功与否直接影响着双方的利益。促使商务谈判成功的因素固然很多,但礼仪在谈判中的效应占有十分重要的位置,处处都发挥着一种制约和催化的作用。

第一节　现代商务谈判准备礼仪

一、搜集与谈判对手有关的信息资料

凡是与商务谈判主题有关的情况,都要进行客观的调查研

究,以便掌握大量的信息资料,做到"知己知彼,百战不殆",在谈判中掌握主动权。

信息资料的准备,主要包括以下几个方面。

(一)评估对方实力,掌握主题行情

要认真考察分析对方公司的发展历史、资信能力、技术水平和工艺水平,以及该公司产品的性能特点、市场占有率、市场潜量、价格水平、结算方式等方面的信息。特别应对关于谈判主题的行情资料进行充分的分析和研究,并随时了解有关行情变化。客观地分析评估对方的优势与薄弱环节,并与己方进行比较,以便在谈判中扬长避短,发挥自己的优势,机智地回避自己的劣势,争取谈判的主动权。

(二)弄清对方的文化背景和社会习俗

地方文化、民族文化各有特点,体现在消费生活中,使吃、穿、住、行及精神生活各个方面,都带有浓厚的民族文化色彩。经商方式是整体文化特征的反映,不同文化习俗使得商务谈判在接触级别、语言使用、礼貌的效率以及谈判重点等方面,都存在着极大的差异。在国内,讲究行政级别,有以大压小的倾向;谈判时态度含蓄,当听到对方意见而不说同意,一般情况下就是不同意,而有不同意见时又往往不及时反对。美国人在谈判时,听到不同意见,立即表示反对;而自己所提意见对方却没提异议,即认为对方同意了。在社会习俗方面,更要注意了解,尤其是对方的禁忌,以防谈判中失礼而影响谈判。例如,伊斯兰教禁止饮酒,无论是主人还是客人,当面谈论中国的茅台酒是失礼的;一天中伊斯兰教徒要五次停止工作,面向麦加方向做祈祷,谈判另一方虽然不必面向麦加下跪,但绝对不可以打断祈祷或者表示不耐烦。另外,伊斯兰教徒在斋月期间是不工作的。

(三)掌握对方政法制度

在了解上述有关资料的同时,尤其是涉外谈判,还要注意搜集对方政治情况的资料,如政局是否稳定、政体和政府经济政策有无突变等,要预防政治风险。此外,还要弄清法律制度,如合同是否必须受到有关法律约束、法律的执行和裁决情况等。

二、选派谈判人员,组织谈判队伍

要使商务谈判达到预期目标,提高成功率,选择谈判人员、组织谈判队伍尤为重要。在商务谈判中,谈判人员的素质修养和仪表形象始终是一种信息,谈判人员的服饰、容貌、面部表情、表达技巧、语调、神态、举止等,都会随着谈判的实质内容一起传递给对方,并相互影响、相互感染。因此,谈判人员自身的礼仪,就成为增强或减弱谈判实质内容传递效果的一个内在因素。

得体的礼仪,是增强谈判效果的一个正向因素。因此,应高度重视谈判人员的素质问题。要对谈判人员进行礼仪知识和礼仪行为的训练,使其掌握和具备谈判所需要的静体形象和动体形象,让谈判对方从心理上就愿意接受谈判内容传递的信息,形成良好的对话气氛,从而在双方之间建立起一种信任,促使谈判顺利地进行。

一场谈判的成功,往往需要一支高素质、相互配合、齐心协力的谈判队伍。因此,在选派谈判人员时,既要考虑谈判人员的素质构成是否与谈判内容相适应,还要考虑选派人员间的彼此关系及其对谈判可能带来的影响,以便及时调整。

一般来说,谈判队伍由主谈人、助手、专家和其他谈判人员组成。

1. 主谈人

主谈人对谈判负有领导、组织的全面责任,对谈判成败得失起决定性作用。这就要求主谈人不仅应具备谈判者的各种优秀素质——充沛的精力、健康的体魄、熟谙谈判理论和技巧及丰富的谈判经验,而且应了解社会、政治、经济、政策和法律等方面的有关知识,全面了解和控制谈判项目的内容、进程、变化和趋势,始终把握住全局。

2. 助手

助手是协助主谈人完成谈判使命的,在谈判中应与主谈人默契配合,随时理解主谈人的意图,并始终发挥帮衬的作用。因此,助手必须反应敏捷、机智灵活。

3. 专家

专家是根据谈判内容配备的,主要是充当顾问、帮助决策,以防己方由于某方面知识缺乏而陷于被动。因此,应选择既专业对口,又有实践经验的专家。

4. 其他谈判人员

其他谈判人员,主要是指做后勤和辅助工作的人员。他们虽然不能参加谈判,却是谈判队伍中不可缺少的,故应选择工作仔细、责任心强、业务能力强的人员参加。

三、营造良好的谈判环境,促成合作

良好的谈判环境,对谈判的成功影响颇大。良好的谈判环境,是指时间的选择、地点的选定、环境的布置、议程的安排等,要做到谈判双方都能接受,同时又符合礼仪规范。

(一)谈判时间的选择

谈判时间的选择适当与否,对谈判双方的情绪和谈判结果都有很大影响。谈判时间要经双方商定而不能一方单独作主,

否则是失礼的。要注意避免在身心处于低潮时进行谈判；避免在一周休息日后的第一天早上进行谈判；避免在连续紧张工作后进行谈判；避免在身体不适时进行谈判；避免在一天中人体最疲劳的时间进行谈判；避免在不利于自己的市场行情下进行谈判。总之，要选择对己方最有利的时间进行谈判。

(二)谈判地点的选择

谈判地点的选择是有学问的。心理学研究表明，人有一种环境领域感，人与自己所拥有的场所、物品等有着密不可分的联系。离开了它们，人的感情和力量就会有无所依附之感。谈判也同样如此。在自己的所属领域内谈判，无需分心熟悉环境或适应环境；而在自己不熟悉的环境中谈判，往往容易变得无所适从，导致正常情况下不该出现的错误。因此，谈判地点最好争取在自己熟悉的环境内。若争取不到，至少也应选择在双方都不熟悉的中性场所。如要进行多次谈判，地点应该依次互换，以示公平。

(三)谈判环境的布置

谈判环境的布置也很重要。在一个龌龊凌乱、噪音嘈杂的环境中进行谈判，其效果可想而知。因此，心理学和礼仪方面都要求，谈判环境要有利于双方谈判的顺利进行。

谈判环境的布置，应做到：光线尽量柔和，灯具配置合理；室内保持宁静，排除一切噪音干扰；室内温度和湿度适宜，保证空气清新与流通；色彩力求和谐一致，陈设安排实用美观；装饰洁净、大方、典雅、庄重，讲究协调切忌过多过杂。

座次排序是谈判环境布置的重要内容，具有严格的礼仪要求。不同的座次排序，体现不同的意义。谈判座次的安排，包括两方面的内容：一是台桌和椅子的大小选择；二是台桌和椅子的相对位置。通常是谈判级别越高，台桌和椅子也相应较大、较宽绰,给谈判者以舒适感和从容感;反之,就会给谈判者心理上带来压抑感或不适感。

谈判台桌的安排通常有两种形式:一是双边式(见图7—1);二是多边式(见图7—2)。

在双边谈判中,由于谈判的对象、内容、合作方式等不同,在座位的安排上,通常有四种形式,如图7—3所示。

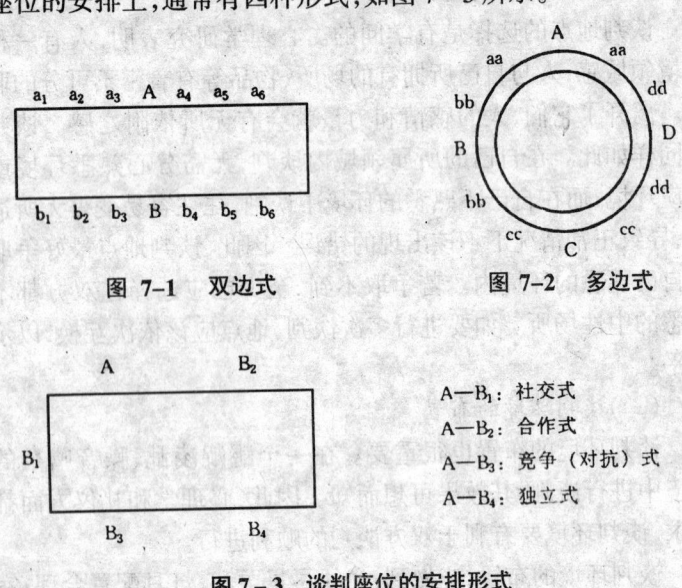

图7-1 双边式　　图7-2 多边式

$A—B_1$:社交式
$A—B_2$:合作式
$A—B_3$:竞争(对抗)式
$A—B_4$:独立式

图7-3 谈判座位的安排形式

(1)$A—B_1$社交式。这样的位置安排,给谈判者带来的心理感受是和善轻松。一般见于随意交谈的场合,便于介绍资料,有利于目光接触和行为语言的观察,没有空间的分隔感,有利于创造和谐的气氛。

(2)$A—B_2$合作式。这样的位置安排,给谈判者带来的心理感受是亲切随意。它更适合于领导与部下之间的谈心、批评或朋友之间的会见。

(3) A—B₃ 竞争(对抗)式。这样的位置安排,给谈判者造成一种竞争的气氛。它极可能暗示着某种情绪的对抗。因此,这种安排除非大型外交场合意味着正式、礼貌、尊重与平等。一般在正式谈判或会见中,最好不要采取这种形式。

(4) A—B₄ 独立式。这种安排通常意味着不想与对方打交道,预示着疏远甚至敌意。在商务谈判中,应尽量避免采取这种形式。

与长方形谈判桌不同,圆形谈判桌通常给人以轻松自如感,能创造和谐的气氛,因而在商务谈判中较多运用。

无论方桌还是圆桌,都应注意座位的朝向。习惯上,面对门口的座位最具影响力,而背向门口的座位最不具影响力。在正式会见、谈判中,最好的座位安排办法是预先摆上名牌,按照双方各自团体中成员的地位高低的顺序排座次,对名入座。这是比较符合社交礼仪规范的。

(四)谈判议程的安排

谈判议程的安排要慎重。一个微妙的议程变化,可能有助于阐明或隐藏原来的动机。因此,议程实际上影响着谈判的方向,必须予以高度重视。

议程安排总的原则是体谅和公平,双方都能接受和控制。

在谈判前,双方应对议程进行详尽的审议,以便发现是否有重要问题被对方有意遗漏,问题的排列次序是否对己方有利,礼仪上是否有不周之处。在未对后果进行详细考虑之前,不要轻易接受对方所提出的议程。如对对方提出的议程有异议,应及时提出己方拟定的议程与对方商量,力求双方都公平而乐意接受,不可采取对抗方式,以防有伤和气、有失礼貌。

议程不是一成不变的。对正在讨论中的议题存在节奏与方向上的控制问题,要运用各种技巧对议程进行控制,适时归纳总结,明确正在谈的和目前的问题各是什么,把握谈判的实质。对待可能出现的僵局,要调节气氛,多强调双方的一致性,以求大同存小异,保住已取得的会谈成果。

总之,既要把握住谈判的节奏和方向,又要使谈判中的行为合乎礼仪规范。

第二节　现代商务谈判开局礼仪

商务谈判开局阶段,是指商务谈判准备阶段之后谈判的行为主体间面对面地正式磋商的开始阶段。良好的开端,是成功的一半。开局阶段虽然只是商务谈判的前奏,但在整个谈判过程中具有重要作用。良好的开局,将为谈判的成功奠定坚实的基础。

一、创造良好的谈判气氛

谈判气氛是在谈判双方接触的短时间内形成的。创造谈判气氛除了与谈判时间、地点和人员等外部条件密切相关外,第一印象也是很重要的,开局接触所形成的看法,要比以前非正式见面的印象强烈得多,而且会取代以前的印象。因此,双方最初的接触是营造气氛的关键。为此,谈判人员应对开局瞬间给予高度的重视,努力创造一种和平、友好的融洽气氛,推动谈判顺利发展。

创造谈判气氛,首先要从无声的语言——服饰开始。服装是影响谈判人员形象的重要因素。服装的色调与清洁状况,反映着谈判人员的心理特征、审美观点和对对方的态度。一般来说,谈判人员的装束应当美观、大方、整洁、合体,要注意衬衫、领带及皮鞋的搭配;女士打扮忌过分花哨靓艳,以免在谈判时,成为人们欣赏的"展品",干扰谈判。当然,服饰还要随谈判对方的文化背景不同而改变。例如,跟法国人谈判,就应穿整洁的深色服装;而美国人则对着装并不计较,只要干净整齐即可。

其次,介绍的礼仪,能促成谈判气氛的形成。一般应先介绍自己一方的谈判成员,以表示对对方的敬重。在介绍时,被介绍者应站立示意,并微笑着面对对方。介绍完毕,相互认识后应握手致意,如"你好"、"请多关照"等。如果有名片,可适时递上并恭请指教。需要注意的是,如果对方是外商,要尊重其国家和民族的风俗习惯,用礼貌的方式相互介绍和问候。

见面、介绍、寒暄之后,不宜急于切入正题,应谈些轻松、愉快非业务性的中性话题。这样,容易引起双方的共鸣,有利于创造一种和谐的气氛。中性话题范围很广,如对旅途、食宿、身体情况的问候;天气情况;体育、文娱消息;个人爱好,特别是共同爱好;彼此有过交往的,叙谈以往成功、愉快的合作经历等。这样的开场白,使双方的感情易于接近。

总之,要创造良好的谈判气氛。谈判者在开局时的行为方式,应该是以整齐、干净、考究的服饰和友好而开诚布公的态度出现在对方面前;握手和目光接触,要表现出诚实和自信;言谈举止要轻松自如,可交谈一些中性话题。

二、正确运用谈判的开局策略

开局影响着整个谈判的格局和前景,当谈判人员努力创造良好气氛的时候,也就为将话题引入正题做好了各种铺垫。一般来说,当谈判转入正题后,双方应先就会谈的目标、计划、进度和参加的人员等达成一致的意见,这是控制开局过程的基本策略。

介绍自己的目标和想法要直截了当,开诚布公,不要让对方有"绕弯子"的感觉;不是泛泛地把所有问题都端出来,让对方抓不住重点、不知所措,而是让其感到是在真心实意地合作。在对方发言时,要认真听记,不要漫不经心或左顾右盼,无论什么问题,都应洗耳恭听。

是谈判就会有分歧,就会有不同的意见和见解。在提意见时,要注意语气平和、亲切,不能把提问、询问变成审问或责问而引起对方反感,要将双方存在的问题阐明,并根据对方的意见加以调整;提问或提意见一定要与谈判内容密切相关,不作无准备发言或谈一些与谈判内容不相干的事,否则就是不尊重对方的表现。对对方提出的问题要耐心听取,一般不要中间插话打断,更不能出言伤害对方的自尊心。要乐意接受对方的意见,只要对方的建议是合理的、可行的,就应当尽量接受,不能在这一阶段就显现出与对方的重大分歧。

双方要有均等的发言机会,切不能因占地主之便而由一方主导谈判,双方都应努力做到谈话时间与倾听时间基本相等。在讲完己方的意见后,应当留下一些时间让对方发表意见。

三、开局摸底礼仪

在进入实质性谈判之前,双方一般都有较长时间的接触。要善于通过观察对方的言谈举止,分析总结并掌握对方的性格、态度、意向、策略、风格以及经验等方面的情况,做到知己知彼,用自己的方式对对方施加影响,在谈判中争取主动权,促进谈判成功。

有经验的谈判者,往往在开局的最初几分钟,就已从说话、神情、姿势和体态语言诸方面,对对方有了基本的估计。分析、了解对方是为了防止冒犯、冲撞对方,同时也为了自己在谈判中能够目标明确、有的放矢、方法得当。分析摸清对方的谈判经验和技巧,是与之周旋的基础和把握对方的依据。因此,谈判人员要细心的洞察、揣测对方,通过对方的言行举止,掌握更多有用的资料信息。

在谈判桌上,不同人的性格、文化素养和心理素质是不同的,其行为表现是不同的,对礼仪的敏感程度也不一样。进攻型的人,以取得成绩为满足,对礼仪的敏感程度弱一些;关系型的人,以与人保持良好关系为满足,对礼仪方面的敏感程度比较强,视礼节是否周到为诚意与否的标志,也是关系近疏的标志;权力型的人,习惯于对别人和谈判形势施加影响,往往从礼仪着手,当形势发展符合其预定目标时,则会感到莫大的满足。因此,一个人的性格、作风、气质等个人内在素质,在谈判中总会外溢再现的。只要注意观察对方的一些特征,敏锐地了解分析,就能做到心中有数、出手有招。

开局摸底最主要的是要摸清对方谈判的意图、要求、看法以及对谈判所抱的希望,只有了解对方,才能在谈判中掌握好分寸、准确应对。所以,在对方阐述观点时,要认真倾听,这既表现尊重与礼貌,又可觉察对方在措辞、语气、声调上显现出的情绪、动机和目的,发现可能存在的漏洞。对对方没有讲清楚的问题,一定要诚恳地问清,切莫主观猜测。对对方所讲内容,要理清线索,善于归纳,防止对方利用开局制造迷雾。总之,开局阶段对对方的表现要作综合评估,基本摸清底细,做到胸有成竹。

第三节 现代商务谈判磋商礼仪

一、商务谈判磋商礼仪的基本要求

磋商阶段是商务谈判活动中最关键的阶段。在这一阶段中,也最应该注意洽谈礼仪。一般来说,商务谈判失礼失言,多数发生在磋商阶段。因此,谈判人员要时刻把握"利益"和"礼仪"的辩证关系,心平气和地讨论问题,把握谈判磋商中礼仪的基本要求。

(一)坦率表明自己的立场

无论磋商什么问题,开诚布公、坦诚相见,是谈判的基本礼仪。谈判双方各自代表本方的利益,担负着不同的使命,在相关的问题上形成分歧和矛盾,是十分正常的。但是,矛盾需要揭示,并加以分析;分歧需要表明,并加以研讨。通过对分歧的解剖,找到共同点,明察分歧的原因,寻求彼此都能接受的解决办法。因此,直言坦率是表现谈判者风度豁达、诚心解决问题的有效方法和应有礼仪。

(二)谈判中的态度要端正,语言要文明

谈判双方都从各自利益出发,稍不留神,很容易造成感情冲动;不顾礼仪,失去理智,会酿成谈判人员的个人冲突。一般来说,磋商阶段最忌无理纠缠或不顾事实地狡辩、诡辩;忌抓住对方的偶尔口误而不放;忌讽刺挖苦或嘲笑;忌已知的不说,新知的穷说,不知的瞎说。应该做到对辩论的问题概念明确、事实清楚,推理极具逻辑性,论证具有说服力,让对手心悦诚服地接受。

(三)磋商过程中的举止要庄重

商务洽谈自始至终都应注意自己的一举一动,但最应该注意的是交锋阶段的礼仪,否则极易引起误解。例如,双臂交叉于胸前,往往表示防备、疑窦的心理,或对对方的意见持否定态度;两腿经常挪动或不时地来回交叉,表示不耐烦或有抵触;揉眼睛、捏鼻子、向后仰靠在椅背上,是不信任、有抵触或不愿继续谈的表示;两手手指的顶端对贴在一起,掌心分开形似尖塔,通常表示高傲、自信、踌躇满志或暗示自己地位高,是降贵屈尊来同对手谈判等等。而符合礼仪的举止动作,则能引起对方的好感。例如,摊开手掌,解开衣扣,手腿自然放松而不交迭,愿意开诚布公,乐于倾听对方的意见;向对方方向挪椅子或走过去和对方凑近一些,表示很有诚意,想快些成交,不再绕圈子等。

(四)心平气和,求同存异

无论从谈判礼仪来要求,还是从实际效果来衡量,磋商、讨论都应心平气和、头脑冷静。在磋商中,发言措词应礼貌文明,准确慎重;同时,注意从对方的立场回顾己方的要求和条件,并作出适当幅度的让步,以求大同存小异。实在谈不下去或僵持不下时,要竭力克服,或暂时转移焦点,或变换时空,或适当借助点幽默来缓和气氛,再继续谈判。总之,在力求一致的基础上,在双方和谐友好的气氛中,磋商不一致的看法,共同解决问题。

(五)正确处理谈判技巧与礼仪的关系,对事不对人

有许多教材、文章大量介绍谈判磋商的技巧,其中不乏制胜之策,但应注意,技巧不能与谈判礼仪相违背。现代商务谈判是文明人的文明行为。谈判磋商,双方的交锋,应对事不对人。为了达成协议促成交易,达成协议双方可以据理力争,也可以直言反驳,但不能偏离轨道甚至发展成人身攻击或人格侮辱,不能

"谈判成功是朋友,谈判失败成敌手。"既然是"谈",就必然存在成功与失败的可能,况且谈判成功是双方的配合,如果失败双方都有责任,因此绝不可失礼怨怪对方。

二、处理商务谈判磋商矛盾的礼仪艺术

商务谈判磋商就是讨价还价,就是实力交锋。双方为了各自的经济利益,难免会产生分歧和矛盾,甚至出现僵局。如何打破僵局,解决矛盾,寻求共同点,实现各自的愿望,这就要求谈判者既要有高超的谈判技巧,还要掌握各种礼仪艺术。因此,在谈判磋商时,充分运用礼仪艺术,是十分必要的。

(一)避免言语冲撞的礼仪艺术

谈判中往往由于涉及对方的弊端、危及对方和利益或被对方识破天机而可能发生或明或暗、或强或弱的语言冲撞,如反问、责问、嘲讽、谩骂等。冲撞不仅表现在语言上,还表现在体态语中,如皱眉头、翻白眼、嗤之以鼻、不屑一顾等。冲撞的发生是由于受冲撞者感到自身的利益受到损害,或由于感到人格甚至国格受到了侮辱,或由于各种各样的感觉。受冲撞者必然要迅速地采取自己认为最适当的、最有效的方式进行反向冲撞,以维护自己不容侵犯的权益和尊严。有冲撞必然有反冲撞,"以牙还牙""反唇相讥",以致恶性循环。冲撞造成谈判局面的尴尬,轻则造成不愉快、产生隔阂,重则可能发展成更为激烈的冲突,甚至导致谈判破裂。

冲撞和反冲撞,实质上是在斗力、斗智、斗理。因此,要想在谈判中避免冲撞,必须做到:首先,要注意提高自身修养,避免冲撞他人。在语言上对他人进行冲撞,本身就显示了冲撞者的无能、无力、无礼和缺乏涵养。其次,对冲撞应区别对待。有些冲撞是有意甚至是恶意的,但多数是无意的。对于前者,在不得已的情况下作出反应是应该的,对于后者,则大可不必计较。如果因此作出反冲撞,反而会使自己失去身份。即使对于有意冲撞甚至恶意冲撞进行必要的反冲撞,也要掌握一个"度",不能过火,否则会造成预想不到的严重后果。谨慎用语,力避冲撞,是谈判者尤其是年轻气盛的谈判者,更应注意的问题。

(二)打破交锋僵局的礼仪艺术

在谈判中,双方的想法和要求与实际情况差距较大或差距不算很大但都各持己见形成僵局时,要用礼貌和灵活的方式打破僵局。常用的方式有:先避开僵持不下的问题不谈,留作以后再商谈;插几句幽默诙谐的谈话,使双方轻松一笑,缓和一下气氛,松弛一下神经,再愉快地进行谈判;大型谈判,作为东道主,可以提议暂时休会或休息一下,组织双方人员共同去游览观光或搞些其他文化娱乐活动等,或者在"业余"活动中商谈,或者待情绪转换过来后再坐下来谈等等。除了上述几种方式外,还可以把握不同的谈判对象及其好恶特点,在磋商中加以注意,不能伤和气、失礼节,不能挫伤对方的自尊心,不能失去对方信任。即使谈判破裂,也不能有无礼之举。

(三)说明与辩论的礼仪艺术

为在达到预期的谈判目的,谈判双方皆欲说服对方,而在谈判的交锋阶段,为了论证己方的立场、观点,则可适当辩论。但是,必须坚持说服和辩论进行得有礼、守礼、符合礼仪的艺术处理。

1. 说服的礼仪艺术

谈判者说服对方,是依靠理性的和情感的力量而使对方心悦诚服地转变态度。说服注重的是心灵的呼应,它与那些强制性的手段(如法律仲裁、强权、舆论压力)或欺骗性的手段根本不同。说服对方时,态度要平等温和,保持理智,这是说服对方的基础。说服既是一种艺术,又是一种心理作战技巧。让对方心悦诚服而又无压抑感和威逼感,必须讲究策略。

(1)要奠定良好的人际关系。说服对方使之改变初衷,要寻求容易触发共同语言的"燃点",形成彼此心理相容的沟通气氛。当一个人考虑是否接受说服之前,一般是先衡量与说服者熟悉程度和亲善程度,即信任度。如果对方在情绪上对立,则不可能被说服。

(2)把握说服的时机。在对方情绪激动或不稳定或对方敬重的人在场或对方的思维方式极端定势时,暂时不要说服。这时,首先应设法稳定对方的情绪,避免让对方有失体面。要在对方遇到感兴趣的事情发生前,及时捕捉并充分利用这一时机。同时,还要使说服语言尽量适应对方的心理坐标,以便发掘对方被抑制了的内心世界。

(3)说服言语要诚挚。在谈判中进行说服,应努力寻求并强调与对方立场一致的地方。对于立场上的分歧,可以提出一个美好的设想来提高对方接受劝说的可能性,并诚挚地向对方说明。如能接受,对双方将会有什么样的利弊得失。这样做,会使其感觉到对方的意见客观、合乎情理,而且易于接受。

2. 辩论的礼仪艺术

在辩论过程中,各方所进行的论述与反驳,实际上就是寻求真理的过程。为此,不仅要综合运用倾听、提问、叙述、说服等各种技巧,使其具有科学性和说服力,还要讲究下列辩论礼仪:

(1)反驳对方的错误时,要抓住要害。对于那些无关宗旨的琐事细节,应"不屑置辩",千万不要把精力和时间浪费在纠缠琐事上。只要切中要害,就是只言片语也能起到作用。语言的攻击力和威慑力,归根结底来自于语言的真理性,来自于语言的准确性与鲜明性。

(2)辩论中注意仪表,避免失态,切不可因激动而忘乎所以。辩论中,只有做到赢"理"而不失"礼",才能征服对方,从而收到最佳效果。辱骂、恐吓、瞪眼睛、掀桌子、大吵大闹等,只能伤害对方人格,同时也表明自己的粗鲁和不文明。

(3)辩论中要坚持摆事实、讲道理。辩论时,不仅要立场鲜明,态度严肃,语气坚定,以使对方明确己方的观点、重视己方的意见,而且要让事实说话,"事实胜于雄辩"。只有这样,说的话才更有力度,才能收到良好的言语效果,从而在辩论中获胜。

(四)让步与拒绝的礼仪艺术

让步是谈判中常用的技巧,但要做到有理、有利、有礼、有度。让步的幅度要对等,要同步。"来而不往,非礼也"。让步的目的是为了取得己方的最终利益。足够的让步能使对方深受鼓舞,增强成交的信心。但在让步时,要注意速度适当,不可一让到底,让得太快、太多反而会影响谈判结果。

坚持自己的谈判条件并不等于无礼。在没有得到对方的交换条件时,不要轻易让步。对于轻率的、无代价的让步,不但不会使对方满足,反而会刺激对方提出更加苛刻的要求。因此,在谈判桌上,礼节是一层温情的面纱,遮盖着彼此的唇枪舌剑。

如果对方作出了让步,不必感到内疚、失礼。接受让步时,要先控制自己的情绪,不要冲动或喜形于色,应了解对方让步的用意并称赞对方的让步是明智之举,让对方感到让步给对方带来了极大的利益。

在谈判中,对方提出的有损于己方利益的要求必须拒绝。在拒绝时,要讲究礼仪艺术,采用巧妙而委婉的拒绝方式,使对方乐于接受。通常,拒绝的礼仪艺术有以下两种:

(1)诱导否定。即在对方提出问题之后,不马上正面回答,而是先讲一点理由条件或反问一个问题,诱使对方自我否定、自动放弃提出的问题。

(2)肯定后转折。即先肯定对方的说法,再转折一下,最后予以否定。肯定是手段,转折否定是目的。先予肯定,可使对方在轻松的心理感受中,继续接受信息。尽管最终是转折,但柔和地叙述反对意见,对方较易接受。

在谈判中,拒绝是一种逆势状态,它必然会在对方心理上造成失望与不快。拒绝的礼仪艺术,就是把拒绝造成的失望与不快降到最小限度。这样,既能使自己从无法回答的困境中解脱出来,又能使对方在和谐的气氛中接受拒绝。

(五)幽默语言的礼仪艺术

在谈判中幽默的谈吐,是必不可少的。它不仅能使严肃、紧张的气氛变得活泼、轻松,而且能让人感受到说话人的温厚和善意,使其变得易于接受。幽默不仅能反映一个人对生活积极乐观的态度、同情心和爱意,同时还反映着一个人高尚的审美情趣和丰富的知识修养。因此,在谈判中适当的幽默语言,能起到润滑剂的作用,具有礼仪效应。

幽默语言在谈判中的作用,主要表现在以下几个方面。

(1)有助于创造和谐的谈判气氛,避免尴尬,缓和气氛。初次谈判,谈判者若能恰当地运用幽默语言,会使双方的关系更加融洽轻松。在谈判中,如果谈判桌上出现令一方或各方感到尴尬或难为情的情况,不妨来点幽默,以便消除尴尬。

(2)有助于传递感情,暗示意图,避开对方的锋芒,增加说服辩论的力量。在谈判中,有些话不便直言,面对对方的友善,有时也不便直接指责对方无理或进行正面反驳。来点幽默的语言,既能改变气氛,又能传递己方的观点,使对方在笑中思考。

(3)有助于树立谈判者的良好形象,幽默的谈吐是人的聪明才智的自然表现。它要求有较高的文化素养和较强的语言驾驭能力。只有反应迅速、思维敏捷、能言善辩,并具有较高的观察力和想像力的人,才能通过仿拟、移时、降用、拈连、比喻、夸张、双关等修辞方式,说出幽默的话语。

由此可见,幽默的作用是明显的,但是在运用幽默语言时,必须注意对象、场合和时机。故作幽默,反而会弄巧成拙,事与愿违。

第四节 现代商务谈判签字仪式的礼仪规范

商务谈判签字仪式是谈判的最后阶段。双方经过开局、磋商、让步,最终达成协议,这是谈判的结果。协议一经达成,双方要商定是否举行签字仪式。如果举行签字仪式,东道主应在准备该仪式的同时,安排好客商的游览、参观、购物以及返程车、船、机票等。作为客人,在条件许可的情况下,也可搞些学习、参观、游览、购物等活动。一般来说,比较重要的、规模较大的商务谈判,在达成协议后都应举行签字仪式。由于签字仪式是一种正式的比较隆重的仪式,而且礼仪规范比较严格,因此务必要做好充分的准备工作。

现代商务谈判签字仪式的礼仪规范,主要有以下几个方面。

一、做好协议文本的准备工作

谈判结束后,双方应组织专业人员,按谈判达成的协议做好文本的定稿、翻译、校对、印刷、装订、盖大印等各项工作,同时准备好签字仪式用的国旗、文具等物品。作为东道主,应为文本的准备工作提供准确、周到、快速、精美的方便和服务。

二、确定参加签字仪式的人员

参加签字仪式的人员,基本上应是双方参加谈判的全体人员,人数应大体相同。除了签字的人以外,为了表示对本次商务谈判的重视或对谈判结果的庆贺,往往由更高级或更多的领导人和有关人员参加签字仪式。此时,双方参加的人数和出席者的身份应通过协商,大致相仿对等。

三、签字仪式场所的选择及布置

签字仪式举行的场所,一般视参加签字仪式的人员规格、人数多少以及协议中的商务内容的重要程度等因素来确定。多数是选择客人所住的宾馆、饭店(酒店、宾馆)、或东道主的会客厅、谈判室作为签字仪式的场所。有时为了扩大影响,也可商定在某些新闻发布中心或著名会议、会客场所举行。无论选择什么场所,都应取得对方的同意;否则,也是失礼的行为。

签字场地的布置,一般常用两种方式。一种方式是在签字厅内设置一张长方形桌,作为签字桌。桌面上盖着深色台呢,桌后放两把椅子为双方签字人员的座位,主左客右。座前摆的是各自保存的文本,上端分别放置签字文具,中间摆放一旗架。同外商签字时,需要悬挂签字双方的国旗,如图7—4所示。

另一种方式是在签字仪式上设备两张签字桌,双方签字人员各坐一桌,参加仪式的人员坐在签字桌对面,如图7—5所示。另外,还有一种方式,即安排一长方桌为签字桌,双方参加签字仪式的人员,坐在签字桌前方的两旁,双方国旗挂在签字桌的后面,如图7—6所示。

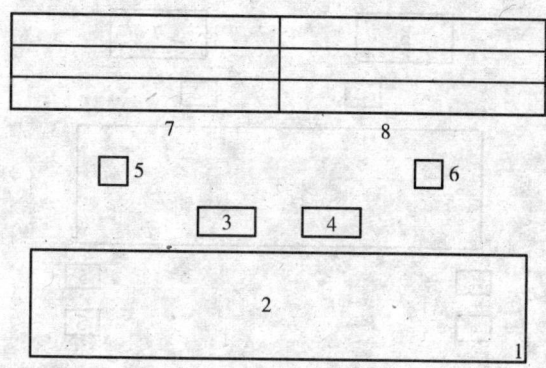

图 7—4

1—签字桌　2—双方国旗　3—客方签字人　4—主方签字人
5—客方助签人　6—主方助签人　7—客方参加签字仪式的人员
8—主方参加签字仪式的人员

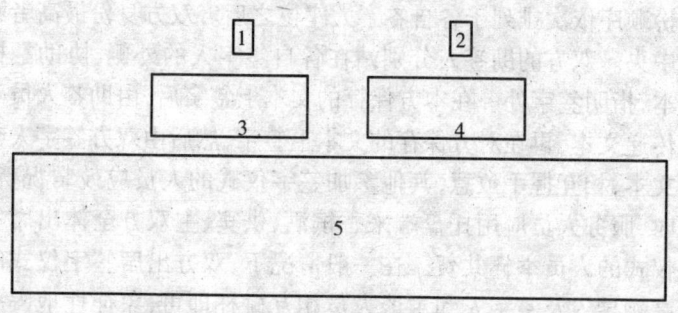

图 7—5

1—客方签字人席位　2—主方签字人席位　3—客方国旗
4—主方国旗　5—参加签字仪式人员

所有参加签字仪式的人员进入签字场所前,都要注意做到服饰仪表整洁朴素,仪态庄重、友好大方,不能过于刻板,也不应过分喜形于色。签字人员入座后,其他人员分主、客各一方,按

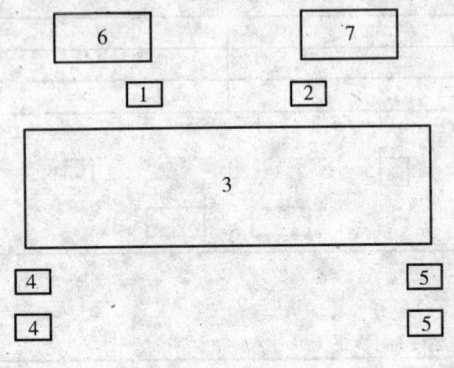

图 7—6
1—客方签字人 2—主方签字人 3—签字桌
4、5—参加签字仪式人员 6—客方国旗 7—主方国旗

身份顺序依次排列于各自签字人座位之后。双方身份最高者站立中央。双方的助签人分别站在各自签字人的外侧,协助翻揭文本,指明签字处。在本方保存的文本上签字后,由助签人员互相传递文本,再在对方保存的文本上签字,然后由双方签字人交换文本,相互握手致意,其他参加签字仪式的人员应鼓掌祝贺。此时,服务人员应用托盘端来香槟酒,供宾、主双方全体出席签字仪式的人员举杯共贺。在一般情况下,双方出席签字仪式的最高领导人及签字人和主谈人员相互碰杯即可,象征性地喝一下。退场时,应让双方最高领导者及宾客先退场,然后东道主再退场,服务人员收拾签字仪式会场。

以上是商务谈判签字仪式的一般礼仪规范,但在实际工作中,要尊重各地区、各民族的风俗及习惯做法,因地制宜,不能生搬硬套。

复习思考题

1. 现代商务谈判应做好哪些准备礼仪?
2. 如何把握现代商务谈判开局礼仪?
3. 现代商务谈判磋商礼仪的基本要求是什么?
4. 如何运用礼仪艺术,处理好现代商务谈判磋商中的矛盾?
5. 现代商务谈判签字仪式的具体做法和要求是什么?

第八章

现代推销礼仪

推销是把商品直接或间接地送达顾客手中的一系列活动。只有将商品推销出去,企业的利润才能实现。推销工作直接影响企业利润的实现,甚至影响企业的生存。因此,推销工作非常重要。现代企业无不重视推销工作,并将推销作为艺术来研究推销的技巧。推销礼仪在推销过程中,起着举足轻重的作用。推销礼仪是否得当,直接影响着推销的成败。

第一节 接近顾客的礼仪

推销员要想如愿以偿地推销商品,首先应想办法接近顾客,取得顾客的好感,获得顾客的信任。如何才能巧妙地接近顾客呢?从礼仪的角度看,应从以下几个方面做起:

一、重视给客户的第一印象

推销访问最初的印象最为深刻,它为以后的推销奠定基础。虽然人们往往并不以貌取人,而是看其内在本质,但大多数的顾客需要在极短的时间内确定推销员是否可靠、真诚以及内行,重要的依据就是其衣着、姿态以及举止所表现出来的推销形象。因此,推销员创造一个良好的最初形象,可以使推销工作更加有效。

(一)衣着庄重

服装是推销员的包装。与身材、肤色、长相相配合的服装,不但可以突出表现一个人的个性或单位的鲜明特色,还可以收到取悦顾客的效果。选择服装一定要体现职业特点,着装要庄重。奇装异服可以吸引顾客的注意力,但可能会给顾客留下不良的印象。

(二)服色搭配得当

颜色能产生形象。男士着白色或者蓝色衬衫,配灰色、米色或海军蓝的服装;女士着两件套衣,并配类似颜色的夹克或套服,这是基本的穿着。但是,应该避免橙色或青绿色等惹眼的色彩,以及任何与你的头发、眼睛、肤色不协调的颜色。

(三)衣容整洁

要注意服饰的细节,如衬衫要熨平、皮鞋要油亮等以表明对顾客的尊重与认真。衣容不整洁,会给人以慌乱和粗心的印象。

(四)行为端庄

保持亲切的微笑,是友好、善良、自信的标志。端庄的姿势和自信的步伐,说明愉快和能干。懒散、拖沓表示一种"我不在乎我在做什么"的态度,即使穿着精致讲究的服装,也会无济于事。

总之,推销员只有意识到推销的决定因素是给顾客的最初印象时,才有可能设计出最佳形象。

二、消除客户的紧张心理

在通常情况下,第一次见面会给人们带来一些紧张感。尤其是在商谈时,不论买方还是卖方,都会难免产生这种紧张情绪。消除紧张情绪是接近顾客并促使商谈成功的重要一步。

当与客户初次见面时,客户对于推销有着拒绝的本能,这种心态造成了客户的紧张情绪,也使推销员与客户产生隔阂,消除客户的紧张情绪,正确的做法是:向客户建议购买时,千万不能以其为特定的销售对象,应该叙述他人的例子,换言之,就是不要让客户感觉到你正在向他推销,而应当采用妥善的说法,如"今天我不想推销商品,只是为收集一些资料而来",或者事先声明不会勉强对方购买,并与对方约定,倘若忙碌,将随时离去。当询问客户对自己的建议有何意见时,要同时请客户告知推销员如何做对客户才有所帮助。此外,还要强调所提供的不仅是商品,也是一份关心,会给对方带来方便或利益。利用以上方法,可以消除客户的紧张情绪,使其心情放松,与你进行商谈。

三、寻找共同点,缩短与顾客的心理距离

众所周知,推销不是一件简单的工作。有时已经找到了一个条件极好的潜在客户,却没有一个完美的方法与之接近,最终会丧失这个机会;有时必须突破秘书这关,才能展示推销能力,即使与对方见面了,也有可能在尚未介绍商品前,对方已下了逐客令。因此,在接近客户的过程中障碍重重,推销员的意志要经受住考验。没有坚强的意志,就会因失去认同感而被打倒。例如,儿童都希望周围的人尤其是父母,都喜欢他、不排斥他,只要父母称赞一句:"你做得真好!"小脸上必定洋溢着笑容;若是说:"这样不行!",顿时满脸沮丧。儿童对被接纳、被认同有着强烈的要求。

推销工作的性质决定了推销员会经常被人否定,"不要,我

们还有""现在没有这项预算""请改天再来"……这些拒绝的话很容易造成推销员强烈的挫折感。为了避免因认同感受到伤害而痛苦,推销员必须意志坚强,努力提高自身的心理素质,寻找共同点,缩短与顾客的心理距离,以接近顾客。

推销员与顾客原本没有任何关系。开始也许会有自我介绍"您好!我是××公司的×××"或随便聊几句,但要记住:目标是接近顾客。要从言谈举止中寻找共同点,如共同的嗜好甚至是读过相同的小说、看过相同的体育比赛等等。然而,再以这些共同点为开端,慢慢地向客户接近。顾客与推销员的关系,如图8—1所示。

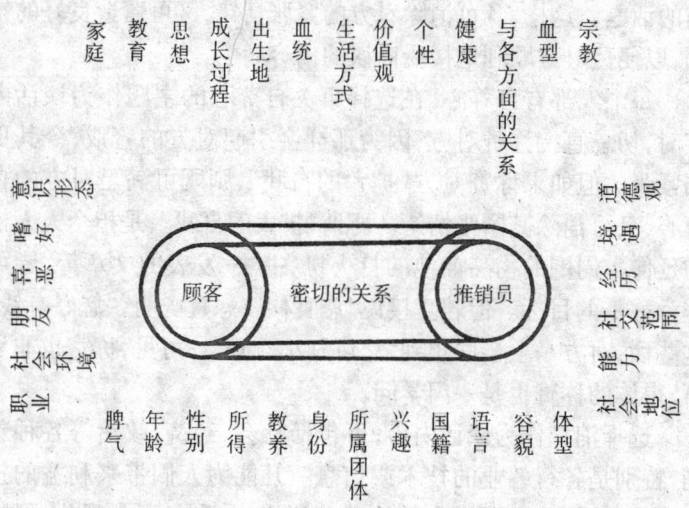

图8-1 顾客与推销员之间的关系图

在图8—1中,顾客、推销员可视为单个独立的车轮,当两者相遇、相互交谈时,这两个车轮便开始连接转动。但此时,仅是表面的转动而已，基础不够稳固，必须有更进一步的连接才行。因此，从共同的话题、共同的兴趣、共同的消息等着手进行更深入的接触，彼此之间以输送带相互沟通，是最为理想的状况。

四、讲究初次见面的说话技巧

初次见面时，如何引起对方的注意，要根据不同顾客的特点而定。有些人的好奇心特别强，喜欢吸收各种最新的消息；有些人对利益极为敏感；还有些人则喜欢与人聊聊自己的兴趣。因此，开始不一定立即进行商谈，而要根据不同类型的人，选择适当的话题。这样，既可消除对方的紧张情绪，又可营造良好的氛围，以便让对方顺利地接受商谈的内容。

每个人都有自尊心，在选择事关自尊心的主题作为谈话内容时，切忌直接称赞对方，因为那样会引起对方的警戒，令其更加紧张。但如果称赞对方"扩大的自我"，则既可满足对方的自尊心，又可消除其紧张情绪。所谓"扩大的自我"，是指个人人格的延伸。周围的物品如他的打火机、书法、发表的文章等，皆可作为称赞的目标。但若直接说"您真棒""您真聪明""您好有钱"这些话，对方马上会联想到"您可别小看我"。可见，称赞也非易事，得体的称赞也是一门学问。

选择消息作为谈话内容，可包括社会、经济、政治等各种新闻，特别是各行各业的技术或信息。凡能为人们带来利益的技术或信息，都能吸引客户的注意。例如，一些办事合理化、促进工作效率、节省经费的方法，皆可推荐给对方，使其利益倍增；当您面对40岁以上的人们时，以赚钱方法为开端的商谈最能成功。另外，也可以从对方的兴趣、嗜好入手进行商谈活动。

如果实在找不出上述中的任何一项，可以日常生活中的琐事作话题。气候、娱乐、旅行、认识的人、健康、工作,甚至是衣、食、住、行中的任何一项,都可作为展开商谈活动的说话题材。总之,必须先引起对方的注意,才能达到进一步详谈的目的。

推销员在逐步接近顾客时,必须特别留意聆听对方的话。即"一、二、三"方式:自己说一分钟,聆听对方话二分钟,再附和三分钟。同时,以"扩大的自我"、消息、利益、兴趣抑或日常生活中的种种琐事,作为谈话内容。使用这种方法,可以解除对方的心理戒备,进而深入到对方的心灵,传达商谈的内容。

五、了解顾客类型及其应对方法

在众多的顾客中,多数能与推销员维持着极佳的关系,但难免也会有些难缠的顾客。这是因为,顾客有各种不同的类型,正如相同的一句话不同人的反应也各有不同一样。如何面对不同的顾客,的确是一道难题。倘若在接近顾客方面非常成功,那么,也就几乎等于商谈成功了。因此,我们不妨把顾客归纳成几种类型,并研究相应办法。

(一)直率反应型

对这类顾客不可惹其生气,应注意措辞,态度温和,不与对方辩论,做个好听众,多称赞对方。

(二)沉着冷静型

对这类顾客应以理说服,拿出数字或实例作论据,也可从对方的嗜好方面着手。这需要长久的交往,极大的耐心。

(三)积极独断型

利用自尊心,以情打动对方,使其高兴,然后迅速地进行商谈。注意对方的反应,不必废言。

(四)社交手腕型

对这类顾客,首先要注意的是,切勿为其社交手腕所蒙骗,要手勤、口勤、脚勤,必须发挥社交技巧的最大作用。快速地进行商谈,千万不可忘却幽默感。

(五)孤立排他型

对这类顾客要保持经常的来往,站在对方的立场上配合他,不可触怒对方。

(六)讨价还价型

对这类顾客要采取低姿态,价格让到某一水准不再降低,设法让对方明白自己的难处,并暗示对方买进了便宜货,反而能软化对方的态度。同时,必须时时注意市场的行情。

六、心平气和地面对拒绝

拒绝是推销的孪生兄妹。即使出色的推销员,也经常被拒绝。莱达曼说过:"推销由遭到拒绝而开始。"这是非常辩证的。只要从事推销,就难免会遭到拒绝。面对拒绝,应做到以下两个方面:

(一)要用心平气和、从容不迫的良好礼仪面对拒绝

要用心平气和、从容不迫的良好礼仪面对拒绝,首先应保持微笑,目光要正视顾客,不要游移不定,不敢正视顾客。很少有推销员刚上门顾客就说"你来得正好,我正急需……"之类的巧合。所以,无论遭到何种方式的拒绝,都要保持原有姿态,说声"谢谢",彬彬有礼地告辞,并不断总结各种拒绝的理由和方式,准备今后的对策;否则,原先高昂的斗志就会一落千丈,产生抱怨顾客、无法接近顾客的心理,难以做好推销工作。

(二)要认真分析被拒绝的原因

要认真分析被拒绝的原因是对方对产品和生产厂商不了解,还是不喜欢?是顾客没有钱,还是自己推销中出了什么问

题?然后针对这些原因,拟定方案,重新振作精神,鼓起勇气,再去推销。

推销被拒绝,往往与推销工作本身无关,许多情况是因为时机不佳。须知,有效的推销取决于恰当的时机、耐心和锲而不舍的精神以及推销员对顾客情况的敏感和分寸的把握。时机没有规律,也没有固定的规则可循,从某种程度上讲,它只是一种感觉。我们常常发现,高明的推销员一到企业就能签到合同,"时机"好像对他们特别偏爱。其实,这并不难。不论是简单的生意,还是复杂的买卖,总会在适当的时机发出一种微妙的信息,高明的推销员只不过能够靠着职业的敏感,提早发现、捕捉罢了。他们能从顾客的一举一动中看出顾客的动向,从当事人的表情、说话的语气甚至商谈的气氛中看出顾客的心情,从而知道是不是推销的最佳时机。这样,成功的机会也就必然增多了。所以,抓住时机是接近顾客的捷径。

接近顾客的策略奏效,是成功推销的第一步。

第二节 约见、接待顾客的礼仪

一、约见顾客的礼仪

约见顾客,是指推销员事先征得顾客的同意,协商相互见面接触的活动。约见顾客有利于推销者自然、顺利地接近顾客,避免因贸然到访导致的尴尬,也能防止扑空。事先约好顾客,从礼仪上讲,充分体现了对顾客的尊重,易于被顾客接受并引起重视。

(一)约见时间要适宜

约见时间可依据供需双方业务谈判过程的各要素来商议确定。虽然没有统一标准,但最好由顾客自己来确定时间。即使因此给推销者增加许多麻烦,也应迁就。如果由推销者来确定,则应多替顾客考虑,如被约见者的作息时间、活动规律、家庭条件、交通状况等,尽量选择天气晴朗和对方心情舒畅的时间进行。切记:约见的时间,一定要使双方都明确,不能含混不清,而且推销者自己绝不可失约。

(二)约见地点要方便

约见的地点所造成的会见气氛,在一定程度上制约着推销的成败。所以,地点的选择,仍应以顾客自选为最佳,推销者应当尊重顾客的选择。如果由双方议定或由推销方决定,则应以方便顾客为宗旨,选择顾客比较熟悉、安全、无其他干扰、离其单位较近、接待条件良好的场所。现在的推销,常常安排在社交娱乐场所或风景旅游点上,目的就是为了营造一种轻松静谧的氛围。

(三)约见方式要得当

只要注意约见顾客的必要礼仪,讲究约见方式,就会收到预期效果。约见顾客可供选择的方式是多样的,常见的约见方式主要有电话约见和信函约见两种。

1. 电话约见

该方式快捷方便,比较经济。采用电话约见,除要遵循打电话的一般礼仪外,还要注意话语礼貌而亲切。尤其是当顾客犹豫、思考时切不可催逼答复,应另提几种可供考虑的新方案。这样,既表示尊重,又避免对方简单回绝。

2. 信函约见

信函较电话要慢得多,但可见其形,有助备忘。信函约见,应讲究信函的设计和文字处理。成功的约见信函,应是真实内容和完美形式的统一。除遵循一般信函的礼仪要求外,还要注意"约见"的特色。即相"约",就要尽量能"见"。因此,措辞要求诚恳礼貌,简单明确。尤其是,约见的时间一定要放宽,以防邮路耽搁,误了日期。寄信时要贴足邮票,不用"邮资已付",以显得郑重。

二、接待顾客的礼仪

有时顾客会到公司来访,特别是碰到较大业务时,自然会想来看看公司如何。对此,一定要做好接待工作。不仅业务员要努力去开拓业务,而且公司上下也要共同把接待工作做好。

接待顾客,最好有专门的接待室和专人负责接待。接待室的布置要优雅,要有沙发、茶几、存放样本和资料的档案橱,还可以摆放一些花卉、盆景、字画等。同时,还要体现公司的风格。顾客来访,要热情欢迎,注意请坐、沏茶和敬烟等细节。对于远道赴约的客人,应提前到车站迎候,并提前安排好食宿,给予生活上的关照。在接待中,要自始至终热情周到,诚心诚意地关心顾客、帮助顾客,给顾客一种"客至如归"的感觉。

谈话要做好记录,特别是要记下顾客的基本情况,以备必要时登门拜访。谈话时,其他人员不要围观,不要乱插嘴,更不能轻视和取笑顾客,以免顾客不愉快。

对顾客的要求,要尽量给予满足,实在解决不了的也要解释清楚,切忌盲目答应或置之不理。顾客购买商品时,要认真介绍商品的性能、使用注意事项,并协助办理一切手续。对第一次上门的顾客,如果接待者能寻找机会,巧妙地打动对方,会给对方留下终生难忘的印象,其价值难以估量。

顾客离开时,要礼貌相送,必要时要派人送上车。

接待顾客是比较困难的事,任何环节都不能疏忽。传达室的冷淡粗暴,会使顾客对公司形成不好的第一印象;食堂的冷饭剩菜,会使顾客发誓不再来;送站司机的一句牢骚,也可能使接待上花费的功夫付诸东流。因此,接待顾客不仅营销部门要注意,公司的领导及其他有关人员也应重视。只有真正树立"顾客就是上帝"的思想,才能做好接待工作。

第三节 推销商谈礼仪

一、推销的说话技巧礼仪

对推销员来说,说出口的话就是武器,它直接关系到推销的成败。因此,说话是推销员工作中的重要组成部分。掌握说话技巧,讲究语言艺术,是推销员的基本功。

(一)"话"是推销员最有效的武器

众所周知,推销的第一阶段,是"推销自己本身"。这并不是说以纯熟的演技让对方接受,而是以诚心诚意的服务博取客户的信赖,最有效的武器莫过于推销员的"话"。当顾客面对一位口才不好,说话不讲技巧的推销员时,一定会有想法,原来可能拜访一次就可成交的顾客,到了不会说话的推销员那儿,再拜访二次、三次也不会有结果。这样,不仅影响销售成绩,甚至会影响推销员自己的兴趣,乃至厌恶自己本身。因此,销售时的说话技巧是非常重要的。

(二)谈话材料的组合方法

为使谈话取得成功,做好充分的准备是十分必要的。将谈话的材料进行优化组合,将何事以何种顺序进行表达,应先打个腹稿,以备清楚的描述。组合这些谈话材料时,一定要力求紧凑,切忌松弛。只有这样,才能吸引顾客的注意。

下面介绍几种谈话材料的组合方法。

1. 原因、结果、对策法

商品的销售不如预期理想时,要先找出原因和结果,再想出对策。

2. 优点、缺点比较法

向顾客介绍新产品或提出新建议时,首先将市场同类产品的缺点一一说出,并将可能发生的事故或不利的使用情况加以说明,再列出本公司推出的新产品的种种相应优点。以这种方式可以轻松地进入顾客的心中,并能产生很大的反响。

3. 六疑法

六种疑问就是为何、何物、何处、何时、何人、如何。为何是问原因,何物是问内容,何处是问地点,何时是问时间,何人是问主体,如何是问方法。在商品销售活动中,首先要明确进行销售活动的原因、内容、在什么地方、针对哪一消费阶层,以确定按何种方式展开销售活动。

4. 绪论、本论、结论法

即三段论证法。绪论是先将谈话的主题传达给对方,然后进入谈话的内容即本论,提出问题并进行各种分析、解释,最后得出结论。运用这个方法,可以使顾客得到系统而完整的内容,进而产生共鸣。

5. 顺序法

这是按照一定的分类标准排列事物的方法。在地域方面,可以由东向西,一一排列;在空间上,可以由下而上;在宏观上,可以由大而小。

6. 罗列法

这是将谈话的内容单纯地罗列成要点的方法。罗列法能在最短的时间内整理出谈话的内容,使之一目了然、条理清晰。这是一种常用的、比较实用的方法。

7. 起承转合法

这与作文中所强调的"起承转合"大致相同。开始先谈相关事情导入话题,并承接这个话题加以说明,然后将话题转到看似毫无关系的事物上,最后再将原话题与转变的话题做个总结,合二为一。

8. PQRST 法

P是谈话的绪论,Q是以提出问题的形式展开谈话的内容,R是对问题的解释,S是结论,而T是以证据证实结论。这种谈话方式,先以绪论作为谈话的开始,再提出问题然后解析问题,做出结论,并以实例、证据证实结论。这种方式能极为有效地吸引住顾客的注意力。

如果推销员能熟练地掌握和运用以上几种谈话材料的组合方法,就一定能够增添谈话时的自信和魅力,顺利地打开推销之门。

(三)目的明确的销售谈话技巧

在什么情况下,销售谈话说得最好、最成功呢?有的认为是在"谈到自己最熟悉的事情时",有的认为"只要将谈话内容准备好,就能谈得很好",还有的认为"当了解谈话对象时,才能谈得最好"。这真是"仁者见仁,智者见智"。但是事实上,只有明确谈话的目的,才是谈话成功的必要条件。

谈话的目的,就是要满足人们的智、情、意3个方面的要求。因此,在进行销售谈话时,首先要给予顾客知识、智慧,启蒙对方。其次,要注入感情。例如,在致欢迎词、贺辞时,必须将喜悦的气氛融入言词之中,才能感动听众的心灵,让听者产生共鸣。再者,就是必须清楚地表明自己的意图。如果销售人员谈话忽东忽西,顾客就抓不住重点,也不知道其真正所要表达的意思。

智、情、意就是谈话的目的,销售谈话的技巧就是要给予顾客知识、智慧,同时注入感情并清楚地表明自己的意思。如果推销员在说话中能够达到以上3个目的,则表明其销售技巧是合格的。

(四)施展谈话魅力的技巧

推销员谈话必须有一种吸引人的魅力,才能深深地打动顾客的心。因此,在与顾客交谈时,首先要特别注意表情,要面带微笑,表现出开朗、令人信赖的柔和表情。其次,要注意姿态。要充分运用体态,讲究一举一动,配合谈话的内容,达到吸引顾客注意的目的。再次,要充分发挥音量声调作用。谈话时音量的变化要丰富,时而大声说明,时而小声叙述,以抑扬顿挫的声调,紧紧吸引顾客的注意力,避免平淡、令人疲乏甚至昏昏欲睡的声调。最后,还要注意掌握停顿的运用,让顾客对谈话的内容有一段思索的时间。说话的速度,要时而像机关枪快速而流畅,时而悠闲得令顾客如沐春风。只要两者配合得恰到好处,就能牢牢地吸引听众的注意力。

二、创意是推销员决定胜负的关键

商业的竞争相当激烈,如果不能运用新的创意展开销售活动,就会在竞争中成为一位失败者。因此,创意是决定推销员胜负的关键。创意有多种多样,在此仅从商谈礼仪的角度展开论述。

(一)以理性及感情吸引购买欲

人们总认为自己的思考、行为都合乎理性,所以也希望他人认同自己的思考及行动。但是事实上,人们的意见及行动并非都合乎理性,感情用事的情形很多。当人们在不知不觉中做出自己理性思考上所认为不能做的事情时,通常会找一个借口来安慰自己。例如,人们看到自己喜爱的物品便买回家,买后才发现该物对自己来说并无任何用处,此时只得找理由来使自己的购物合理化。这种感情用事所产生的矛盾心理,往往由自己所思考的理由来加以合理化。

一般来说,人们对于较新、较好的物品,都有拥为己有的欲望,同时对使用多年的物品,仍有怀旧的心情,而对暴殄天物则有罪恶感的心理。所以,当他们一看到新型的物品时,并不急于下定购买的决心。此时,推销员应及时利用说话技巧,让对方了解购买此商品是合理的行为;相反,不买才是不合理的行为。因此,推销员应学会运用合理的理由及能打动对方感情的语言,来吸引其购买欲。

(二)洞察顾客的心理

顾客的心理是多变而捉摸不定的。任何人面临任何抉择,都会不同程度地产生犹豫不决、迷惑的心理。而顾客在这种犹豫不决时,便是推销员进行说服顾客的最好时机。这时,应适时地提出适当的忠告、援助及诱导,否则便会丧失销售的良机。

在整个商谈中,顾客会不止一次地产生诸如"这次还是不买的好""不急于这时购买"的心理。当然,有时也会产生几次想购买的冲动。总之,在整个商谈过程中,顾客的心理变化很大。那些善于掌握顾客心理的推销员,由于有着丰富的经验或直觉的洞察力而取得成功。其实,一般的顾客心理的变化大多会体现于表情、动作上,所以推售员只要多观察对方,便能把握顾客的心理。

顾客的心理变化,往往通过表情、身段、手势以及声音、语调表现出来,即表露在态度上。因此,推销员可根据以下表情、动作来判断顾客的真意:

(1)嘴角往后拉,或嘴半开半掩时。
(2)表情随着说话者话题的变化而改变时。
(3)眼睛好似要闭起或者不眨眼时。
(4)视线随着推销员的动作或所指示的物品而移动时。

如有上述表现,即表示顾客已将注意力集中于推销员的说明上或对推销员的说明感兴趣。此时,推销员最好不要瞪大眼睛凝视对方;否则,对方必将视线移开,而使将要产生的购买欲望烟消云散。所以,推销员除了要从对方的表情、动作来掌握对方的心理变化外,还应以温和的表情、言谈一步一步地将对方拉进自己的销售程序里来。

(三)使用"如果……"一类的言辞,直接攻击顾客心理的盲点

"如果……,那么您会……"推销员用这种方式询问对方,即使那些不爱说话或者经常采取拒绝态度的顾客,往往也会出人意料地以较轻松的方式来回答。这就是一种具有诱导作用的说话技巧,经验丰富的推销员称之为"魔术句子"。当人们在回忆过去的事或考虑未来的事时,脑海中经常以"如果当时是……那么现在会……"或"如果现在是……那将来大概会……"等一类的言词来思考问题。由于这类"如果"的话,并不是强迫对方做出事实的回答,所以顾客对所回答的话也不必负责。与人交谈时,使用这类"如果"的辞令,对方将在不知不觉中顺着"魔术句子"而思考,然后对方便会不由自主地、轻松地说出自己的真心话。推销员再针对顾客所回答的真心话,用同样的询问方式继续询问对方,顾客便能从自己各项的回答中,了解整个交易程序及内容。运用此类言辞,会使商谈言语变得强而有力,从而促进销售活动顺利进行。

(四)增加顾客的临场感

同样的话由不同人说出来,便具有不同的意义及感受。以单口相声为例,不同的人表演出的效果有着极大的差异,这种差异在于演出者的身段、手势、拟定音等使用的技巧方面,能否令观众产生临场感。经验丰富的推销员所使用的说话技巧,虽然有别于单口相声表演技巧,但都能巧妙地运用拟定音拟定声语法和慎重选择言辞、感情用语等技巧,并将那些机械的、多数字的、生硬的产品说明,变成有生命的生动言谈;另外,他们在表达有关产品使用后的感觉及评价时,也能利用巧妙的言辞,令顾客产生一种身临其境的临场感。所以,每一位推销员都应运用好这一技巧。

三、处理异议的礼仪

在推销过程中,难免会有顾客提出这样或那样的要求,甚至对被推销的商品及推销员提出不同看法或反对意见。如果不能有效地处理顾客异议,推销工作就会受阻,甚至前功尽弃。因此,迅速、妥善地排解异议,有利于推销工作的顺利进行。

(一)尊重顾客的异议

顾客异议一般是在希望成交的基础上产生的。这既是对推销员工作的支持,也能给推销活动创设成功的可能性。因此,应当欢迎顾客褒贬,尊重顾客的异议。不能一遇到有异议,就满脸不悦、急躁厌烦,甚至认为是无事生非。

尊重顾客异议,就应当认真倾听顾客异议的内容,仔细分析产生异议的原因,弄清顾客的真正需要。不要阻止顾客说他想说的话,要让对方详细地说出事情的具体情况,充分了解对方的真正需要,排除对方的错误处理方法及误解。顾客提出异议的方式,有利用电话的,也有面谈的。无论哪一种方式,推销员都必须站在顾客的立场认真听取。从顾客的立场看,顾客所提的要求都是非常重要的事,推销员应不厌其烦、耐心地听取。如果是电话的方式,最后千万要道一声"谢谢";如果是面谈的方式,推销员要认真地将顾客的意见记录下来,顾客会因此而认为该公司会为其解决困难。只有这样,才能进一步心平气和地解决问题。

(二)绝对不与顾客争吵

与顾客争吵,对于推销员来说,即使有充分的理由也是绝对不允许的。因为这不但不利于推销工作的进展,也是极其无礼、无知的行为。

推销员越是认为自己的经验和商品知识丰富,能言善辩,就越听不进顾客的异议,或者当顾客提出异议时,越容易逞强与顾客争辩。从长远看,这种争辩的胜利越多,推销的成功率就越低。所以,与顾客争辩是失策的。推销员正确的做法是:尽量寻求双方的一致之处,对不太重要的,多表示赞同之意。

顾客提出异议后,本具有期待推销员辩解的心理准备,由于推销员有了赞同的表示,顾客就会感到出其不意而产生争辩不成的失望感。如果双方一致的部分更多的话,那么顾客便会认为推销员与自己是志同道合的。这样就自然而然地拉近了彼此间的距离,也抚平了激动的情绪。这时,推销员必须利用各种事实,将顾客的想法引导到自己的意见上,使顾客异议的处理工作顺利进行。

(三)把握时机处理异议

排解异议,实质上是对顾客选择购物过程的信息处理。在推销过程中,一旦觉察到顾客即将提出异议时,应及时处理。推销员由于经验积累,大都能预测到顾客可能提出的异议类型及其原因。推销员要掌握时机,主动提出顾客可能提出的异议,然后加以解释。这就比等顾客提出后再被动地据实解释要婉转得多。这样,既降低了推销难度,又体现了为顾客着想的精神,必然会提高顾客推销商品的信任。

对顾客提出的要求或问题,应随问随答,即使暂时答不具体,也要有所表示。展示自己对推销工作的自信和对商品知识的熟悉,可以增强顾客购买的信心。随时作答,能避免异议积累、疑虑加重,改变原先购买的心理。对于暂时不能做出准确回答的问题,如一些关键性的数字、指标或技术性强的问题,要本着慎重负责的态度,及时弄清弄懂,选择适当的时机,给予解释。这样,顾客就会赞赏这种慎重和认真,有助于建立良好的客户关系。

复习思考题

1. 如何创造接近顾客的机会?其中应注意哪些礼仪?
2. 约见、接待顾客有哪些具体礼仪要求?
3. 推销员应具备哪些说话技巧?
4. 从商谈礼仪角度,论述推销的创意。
5. 怎样处理顾客异议?

第九章

现代饭店(酒店、宾馆)礼仪

目前,人们对客房服务和餐饮服务的质量要求已经越来越高。现代饭店(酒店、宾馆)不仅要有良好的"硬件"设施,更要有配套的高水平的"软件"服务。现代饭店(酒店、宾馆)要做到礼貌服务、处事得当,坚持"服务第一,宾至如归"的服务宗旨,关键在于提高服务人员的素质。除了专业技能以外,员工最基本的素质就是礼貌礼仪。"宾客至上"的核心,就是以礼相待。只有讲究礼貌礼仪,才能使宾客满意,才能反映出一个国家的精神文明与民族文化修养。因此,现代饭店(酒店、宾馆)员工必须十分重视饭店(酒店、宾馆)礼仪知识的学习和提高。

第一节 现代饭店(酒店、宾馆)礼仪的基本要求

一、仪表仪容的基本要求

注重仪表仪容,是对饭店(酒店、宾馆)员工的一项基本要求。整洁美观的饭店(酒店、宾馆)制服与端庄大方的仪容,既是员工自尊自爱的体现,又是高度责任感与事业心的反映,更是宾

客的需要。宾客在饭店(酒店、宾馆)里需求一种比日常生活标准更高的享受,饭店(酒店、宾馆)员工所展现的精神饱满、充满青春活力的形象,常常能够唤起宾客视觉的美感,令其赏心悦目。同时,服务接待人员着装大方、容貌端庄,注重礼貌礼节,还能使宾客处处感受到自己是受人尊敬的贵宾,从而在心理上得到满足。总之,饭店(酒店、宾馆)员工的仪表仪容,不仅是个人形象问题,更重要的是它能反映出饭店(酒店、宾馆)的企业形象、管理水平和服务质量。

(一)服装

服装反映着一个人的生活水平、文化水平和各方面的修养。整洁典雅的服装,具有一种无穷的魅力。服装的整洁典雅在很大程度上取决于"协调"。即与自己的职业、身份、年龄、性别、体形相称,与周围环境、场合气氛相协调,讲究和谐的整体效果。

制服是一个人所从事职业的标志服装。饭店(酒店、宾馆)制服是标准化服务的需要,也是饭店(酒店、宾馆)的重要标志。统一、规范的饭店(酒店、宾馆)制服,在设计中通常要考虑到饭店(酒店、宾馆)环境风格与服务特色,以求达到既醒目又和谐的效果。穿制服不仅表示对客人的尊重,而且便于宾客辨认,同时也能使着服者产生一种职业自豪感与责任感,并能体现出良好的敬业精神。

制服是工作时的服装,不能穿着回家。服务员必须对所发制服负责保管,上岗前应经个人与管理人员检查,达到标准才能上岗。制服不可随意修改,为了追求时髦而乱加修改更是不允许的。每天上岗前,各个工种的员工应衣着制服,并且做到整齐、清洁、挺括、美观大方。

1. 整齐

制服必须合体。为此,应注意:"四长"(袖至手腕、衣至虎口、裤至脚面、裙至膝盖)、"四围"(领围以插入一指为宜、上衣胸围、腰围及裤裙的臀围以穿一套羊毛衣裤的松紧为宜);扣子齐全,无漏缝与破边;袖口、裤脚不得卷起;衬衣下摆塞入裤内,内衣不外露;领带、领结、飘带与衬衣领口的吻合应端正紧凑;工号牌应端正地佩戴在左胸上方。此外,鞋、袜也是制服的一部分,皮鞋应保持干净、光亮,男员工皮鞋应是系带型皮鞋,有些工种应着的布鞋也应洁净;男员工选用深色袜子,女员工应着肉色丝袜,袜口不要露在裤子或裙子外。当然,各单位可能还有自己的规定,员工应严格遵守。

2. 清洁

工作制服要勤洗勤换,衣裤无污垢、油渍、异味,领口与袖口尤其要保持干净。

3. 挺括

衣、裤、裙不起皱。穿前烫平、穿后挂整齐,不乱压乱扔,保持服装平整、笔挺。

4. 美观大方

服装风格应服从室内环境的风格,在色彩款式上应与环境共同形成整体视觉效果。男式多为西装或马夹,女式多为套装、套裙、旗袍等。

(二)外貌修饰

对于饭店(酒店、宾馆)服务接待人员来说,适当的外貌修饰是必要的。这样,既能使自己容光焕发、充满活力,又能表现出对顾客的尊重。但应说明的是,服务礼仪不同于社交礼仪,浓妆艳抹、过分打扮是不适宜的。从宾客心理角度来看,如果服务人员的仪容带有炫耀性,可能会"喧宾夺主"而引起客人的不快。因此,外貌修饰应以朴实大方、淡雅自然为宜。

1. 头发

头发要适时梳洗,发型要朴实大方。上班前要梳头,提倡使用少量头油,头发不得有头屑;男员工不留大鬓角(头发盖过耳部),头发后端不能触及衣领,不烫发、不染色,头发整洁;女员工一般以短发为宜,前面不遮脸,后面不披肩,不可把头发染成黑色以外的其他颜色,如果是长发应用发网盘起网住,头饰应避免使用色泽鲜艳的发饰。

2. 面部

为使个人保持良好的精神面貌,给宾客以清爽、舒心的印象,服务人员的面部应注意清洁与适当的修饰。男员工不得化妆,不允许留胡子,保持面部清洁;女员工为保持面部清洁和显示活力可适当化妆。化妆时,应突出美的部分,遮掩不足的部分。以憔悴、精神不振等病态形象出现在工作区域,本身就是对顾客的不尊重。化妆应以淡雅自然为原则,尽量化淡汝。

3. 指甲

要经常修指甲,保持指甲清洁。不得留长指甲,也不可以涂有色指甲油。

4. 首饰

严格限制佩戴首饰。在工作岗位上,除手表外,一般不允许佩戴耳环、手镯、项链、别针、戒指(结婚戒指除外)、有色眼镜及其他饰物,以防止工作中可能出现的不便(丢失、损坏等),也可避免因员工的华贵而引起客人的不快。

(三)个人卫生

要注意保持面部、手部清洁,提倡勤洗澡、勤换内衣、内裤和袜子;身上不能有汗味、异味或其他可能给宾客带来不满或认为不净的地方;养成经常漱口的好习惯;口中不能有异味,上班忌吃葱蒜、韭菜等能使口内有异味的食物;不使用浓烈刺鼻的香水,上岗前可以用除臭剂消除身体上的异味。

上岗前,饭店(酒店、宾馆)员工应按上述要求全面认真地检查一遍。上岗后,每个员工便是饭店(酒店、宾馆)的代表。良好的仪表仪容,不仅会给宾客以良好的第一印象,员工自身也会因此而增强工作的自信心,以便更好地为宾客服务。

二、仪态的基本要求

仪态是一个人内涵的"外现"。因此,良好仪态的学习与掌握是一个长期过程。服务人员在掌握基本的姿势、动作的同时,必须不断陶冶个人情操、增加学识、强化服务意识。只有这样,才能真正做到举止端庄稳重、落落大方、自然优美。

(一)正确的站姿

优美而典雅的站姿是发展不同质感动态美的起点和基础,而站立服务又是饭店(酒店、宾馆)员工必备的基本功之一。因此,饭店(酒店、宾馆)员工必须养成良好的站姿习惯,给人以精神饱满、信心十足、舒展俊美的印象。

对站姿的基本要求是:端正、自然、亲切、稳重。具体要领是:站立时要直立站正,防止重心偏左或偏右,前倾后仰;要肩平、头正、挺胸、收腹、梗颈,眼睛要平视,环顾四周,嘴微闭,面带笑容;男子站立时,两脚与两肩同宽自然垂直分开,站立好,双脚呈"V"字型,膝盖与脚后根均需靠紧。

饭店(酒店、宾馆)服务的站姿,主要有以下几种"侧放式"(双手放在腿部两侧,手指稍弯曲)"前腹式"(双手双交放在小腹部)"后背式"(双手在背后轻握)。站立太累时,可变换为调节式站立,其要领为:身体重心移至左脚或右脚上,另一条腿微向前屈,脚部放松。在站立中,不可叉着胳膊、弯腿或倚靠桌子、墙面等;双手不可插入衣裤袋内;脚不能随音乐打拍子;不相聚闲谈;

不能时常摸头搓脸或伸懒腰、耸肩等。

(二)正确的坐姿

饭店(酒店、宾馆)的接待服务工作多数要求站立服务,但是个别岗位则采取坐姿。因此,还应掌握正确的坐姿。其要领为:上身自然坐直,立腰收腹,肩平头正,目光平视,双腿自然弯曲,双脚平落,臀部坐在椅子中央,双手自然放在两膝上,面带微笑。应当注意的是:双膝之间的距离,男子以松开一拳为宜,女子则不分开为好。入座时,轻而缓,走到座位前面转身,右脚后退半步,左脚跟上,然后轻轻坐下;女子入座时,要用手把裙子向前拢一下。就坐时,以娴雅自如的坐姿来尊重宾客,并给宾客以美好的印象。不应出现前俯后仰、抖动腿脚、把腿或脚搁在其他物上、双脚过分分开等坐姿,都是缺乏教养与傲慢的表现。

(三)正确的步姿

饭店(酒店、宾馆)服务人员的步伐,应轻盈而稳健。其基本要领是:行走时,上身正直不动,两肩相平不摇,目光平视,面带笑容,双臂自然前后摆动。行走时,重心可稍向前倾,身体重心落在脚掌前部,这有利于挺胸收腹(收腹中身体略微上提)。正常走路时,脚印应正对前方。走路"内八字"或"外八字"(两脚尖向内或向外),大摇大摆,上颠下跛,摇头晃脑等,都是不良的行走姿势。

要做到步姿优美,还应当注意步位和步度。步位,是指两脚下落到地面的位置。男子行走,两脚跟交替前进应在一条直线上,两脚尖稍稍外展;女子两脚要踏一条直线,即"一字步"。步度,是指跨步时两脚间的距离。一般人标准步度为一个脚长,这样行走协调而优美。

在行走中,多人一起走不可横成一排,以免挡路,更不可搭肩而行;有急事不宜跑步,可大步超过前面客人,并要转身向客人道歉致意。

(四)恰当的手势

手势是人们交往时不可缺少的动作,是一种富有表现力的"体态语言"。饭店(酒店、宾馆)员工运用手势,能给人一种含蓄、彬彬有礼的感觉。恰当地运用手势,可促进彼此间的沟通;运用不当,则易造成误会。与宾客谈话时,手势不宜过多,动作不宜太大,更不可手舞足蹈。在引路、指示方向时,切忌用手指指点。同一种手势在不同国家或地区,有着不同的含义。因此,饭店(酒店、宾馆)服务人员应当了解和掌握手势语。

1. 引路或介绍

为客人引路或介绍某人时,应掌心向上,手指自然并拢,拇指张开,前臂以肘关节为支点自然上抬伸直指向目标,同时眼睛要看着目标,并兼顾对方是否看到指示的方向。在整个过程中,上体稍向前倾,面带笑容。伸出手指来指点,可用以引起他人注意;若含有教训人的意味,则是失礼的举动。同时,还应注意,掌心向下的手势,会体现出不够坦率、缺乏诚意。

2. 鼓掌

鼓掌也是一种手势语言。当客人到来、他人发言结束、观看体育比赛或文艺演出时,应以右手手掌拍左手掌心,但不要过分用力或时间太长。

3. 自指

在谈到自己时,要用右手手掌轻按自己的左胸,上体稍稍前倾,目视对方,可以表现出大方、端庄和谦恭。

4. 禁忌手势

同一手势,应注意使用对象,以免误解。中国及大多数国家以翘起大拇指,蜷曲其余四指,表示"第一""好"等夸奖、称赞之意,而日本人用大拇指表示"老爷了",澳大利亚人则视为一种污辱。伸出一只手将食指和大拇指搭成圆圈,英美人表示"成功""OK",是赞许之意;在法国表示"微不足道"或"一钱不值",而在日本则表示金钱。英美等国以右手食指与中指的"V"字型手势表示"胜利",但若不慎将手背向外做此手势,在英国人眼中,是伤风败俗的意思。中国人伸出食指前屈表示"9",日本人则用这个手势表示"偷窃"。

总之,饭店(酒店、宾馆)服务对象来自不同的国家和地区,接待服务人员应当懂得他们的手势语言,以免闹出笑话,有损饭店(酒店、宾馆)形象。

(五)良好的表情

表情是人的思想感情的外在表现,主要通过面部来表达。古人云:"人相对,先见其面。"眼睛、眉毛、嘴巴和面部肌肉的变化,都可以表达一个人的感情。良好的表情,对于感情交流至关重要。面带微笑、真诚服务,是宾客的需要,也是广交朋友的交际手段,更是服务人员的基本要求。微笑可能因情绪的波动而呈现出不同的形态,如轻蔑、妩媚、真诚、神秘等。

从饭店(酒店、宾馆)服务的角度来看,甜美和真诚的微笑,可以给宾客以热情、信任、愉快的感觉;勉强地笑、敷衍地笑、呆板地笑、尴尬地笑及冷笑等,都是饭店(酒店、宾馆)员工应当注意避免的。柏林人类学家卡·尼米茨认为,虚伪的笑是可以分辨出来的。判断一个人真笑与假笑,主要有两个根据:一是嘴角抬起的速度;二是在张开眼的同时,眼皮是否有短暂地闭合。

饭店(酒店、宾馆)员工所需要的甜美、真诚的微笑,应当通过以下几个途径来实现。

(1)加强敬业、乐业的思想教育。当员工从内心真正认识到热情助人、奉献进取是一种快乐,以及良好的服务包含着对客人、对饭店(酒店、宾馆)工作的爱时,微笑就能自然流露。

(2)加强自控能力。员工在岗时,应排除一切心理障碍和外界干扰,全身心地投入服务,把不愉快、伤心的事抛开,而不要在面部表现出来。

(3)加强训练。微笑除了在思想、意志、心理方面注意培养之外,也可借助技术指导和训练。例如,默念英语"cheese"、汉语的"茄子",恰好是微笑的最佳口型。

(4)创造条件。饭店(酒店、宾馆)内部领导及员工与员工之间,应创造团结、和谐、舒心的工作环境,使员工对饭店(酒店、宾馆)产生信赖感。同时,将服务质量同经济效益挂钩,也是优质服务、真诚微笑的动力。

(六)优美的动作

饭店(酒店、宾馆)员工在工作中经常处于动的状态。优美的动作,是宾客感观上的享受,也是其需要尊重的心理满足,更是服务工作的需要。因此,员工应加强这方面的培养。

1. 上下楼梯

速度比平地行走时稍快,头要正,目视前方,用余光观察脚前的台梯,背挺直,胸微挺,臀部要收,双腿用力均匀交替踏上。

2. 取低处物品

取拿低处物品或拾起落在地上的东西时,不要弯上身低头翘臀,要利用蹲和屈膝的动作。具体做法是:脚稍分开,站在要拿或要捡的物品旁边,下蹲屈膝去拿,不要低头弯背,上身要保持平直,慢慢地把腰低下。

3. 行走路线

在服务接待场合,要按规定的路线行走。服务人员要靠右走,不能走中间;与宾客相遇时,应点头行礼,致意让路,不可与客人抢道并行,更不可擦肩而过,置之不理。

4. 行走中行礼

服务人员遇到宾客时,应放慢步伐,距客人2米处,目视客人,点头微笑并致问候语。若是行鞠躬礼,不可边走边看边鞠躬,而要停步,躬身15°~30°,眼向下看,并致问候语。假如工作中,可以边工作边致礼,但如能暂停工作而行礼,效果会更好。

三、礼貌服务用语

语言是人类赖以表达意愿,交流思想感情的交际工具。人与人之间的联系、交流,都是借助语言来实现。服务人员工作在第一线,直接面对客人,为了准确地沟通信息、满足宾客的需求,服务语言是必不可少的。饭店(酒店、宾馆)员工只有加强语言修养,掌握语言艺术,把对宾客的尊重、友好、关心融会在礼貌的语言中,使宾客感到热情、亲切、和蔼,饭店(酒店、宾馆)的工作和服务才能得到社会与宾客的承认和赞誉。

在饭店(酒店、宾馆)服务过程中,使用礼貌用语意义重大。在长期的社会交往中,我国人民自发或自觉地不断丰富和强化语言礼貌,形成了整套的语言礼仪规范体系,整个民族以文明礼貌著称于世。饭店(酒店、宾馆)员工的接待,就是我国对外展示自我的一个窗口。礼貌的服务语言,直接关系到国家的声誉。饭店(酒店、宾馆)能够提供给宾客的就是服务,先进的硬件条件可能还不如员工几句亲切礼貌的话语更能打动人。因此,服务人员对礼貌语言的运用,可以弥补饭店(酒店、宾馆)其他方面的缺陷与不足。

俗话说:"言为心声。"语言是心灵的体现,饭店(酒店、宾馆)服务语言体现着员工的精神面貌和文化修养。为了了解宾客的需求,关心宾客,使客人满意愉悦,饭店(酒店、宾馆)服务用语,必须具有礼貌性。

(一)礼貌服务用语的要求

1. 服务用语内容

服务时要有"五声",即:宾客来时有迎客声,遇到宾客时有称呼声,受人帮助时有致谢声,麻烦宾客时有道歉声,宾客离店时有送客声。同时,要杜绝使用"四语",即:蔑视语、烦躁语、否定语和斗气语。不要讲有损宾客自尊心的话,不与宾客争辩,否则意味着将失去更多的宾客。服务用语要尽量选择客气、文雅、委婉的词语。例如,用"请往那边走"代替"往那边走",用"用饭"代替"要饭",用"几位"代替"几个人",用"不新鲜、有异味"代替"发霉、发臭",用"贵姓"代替"您叫什么"等等。另外,与宾客谈话的时间不宜过长,要注意语言的简练、明确,中心突出。

2. 注意说话时的仪态

与宾客对话时,服务人员应面带微笑倾听,并用关注的目光注视客人的眼鼻三角区。在对话中,可以通过点头、简短提问及插话,来表示对谈话的注意,以示尊重和亲切。站立说话时,一般应距客人1米左右;能用语言说清楚的,不要指手画脚。同时,要注意避免口腔异味及说话唾液四射而引起宾客不满。

3. 注意语音、语调和语速

说话不仅在交流信息,也在交流感情。因此,语音要标准,吐字要清晰,音量要适中,以客人听清楚为准,切忌大声说话;语调要婉转柔和,抑扬顿挫,富有情感,令客人听着心情愉快;语速不可过急,速度要适中。

(二)称呼

称呼礼节,是指接待服务工作中对宾客的尊称。正确使用称呼非常重要,尤其是接待外宾时更为重要。切忌用"喂"来招呼宾客，必须使用敬称。

(1)最普遍的称呼是：男宾可统称为"先生"；女宾则根据婚姻状况而定，已婚女子称"夫人"（"太太"），未婚女子称"小姐"。对婚姻状况不明的女宾，可称"小姐"或"女士"。

在西方国家，凡举行宗教结婚仪式的人，都习惯在无名指上戴一枚结婚戒指，男子戴在左手，女子戴在右手。所以，对外宾的称呼可依此而定。

当知晓宾客的姓名、职衔、学位时，可与"先生""夫人"（"太太"）"小姐""女士"搭配使用，如"布朗夫人""教授先生""护士小姐""卡特博士先生"等。

(2)对于地位较高的政府官员、外交使节、军队中的高级将领，按不同国家的习惯可称"阁下"或"先生"加职衔，以示尊重，如"部长阁下""主席先生""将军阁下"。但美国、德国等国没有称"阁下"的习惯，一般称职衔或先生。

(3)对国内党政领导人、军人一般称"同志"或"某某同志"；对来自与我国有同志相称的国家各类人员，均可称"同志"加职衔，如"连长同志""司机同志"。

(4)对君主立宪制国家，应称皇帝、皇后、国王、王后为"陛下"，称王子、公主、亲王为"殿下"。

(5)对教会的神职人员，可在其教会职称后加"先生"或在其姓名后加职称，如"牧师先生""布鲁斯神父"。

(6)倘若接待的是日本人，还应注意两点：一是不可对任何男士都称"先生"。在日本，"先生"一般只用来称呼教师、医生、国会议员与律师，其他均以"某某桑"相称。二是日语中有与汉语"你"相应的字，但一般只用于夫妻之间或长辈称晚辈，因此提及对方切不可用"你"而要说"某某桑"。

(三)问候语

问候语,是指饭店(酒店、宾馆)服务员在接待宾客或与宾客相遇时所使用的规范化问候用语。在工作场合,饭店(酒店、宾馆)员工之间也尽量采用规范化问候语,这样既可以增进员工之间的友好情感,又可以向外展示饭店(酒店、宾馆)员工良好的整体精神风貌。若同事之间不尊重,往往会给宾客留下不良印象。

1. 依时问候

平时遇见客人,应根据时间的不同问候客人,如"您好""您早""早上好""下午好""晚上好""晚安"等。

2. 初次问候

初次与宾客见面时,应主动问候,如"您好,欢迎来中国""您好,欢迎光临""您好,见到您很高兴""您好,××先生,我们一直恭候您的光临"等。

3. 问候紧跟服务用语

根据宾客实际情况,在使用上述问候语的同时,最好紧跟一些礼貌服务用语,如"先生您好,欢迎光临,请!""早上好,先生,您有什么事吩咐吗?""晚上好,夫人,旅途一定辛苦了,先在这儿休息一下吧。""您好,小姐,我能帮您什么忙吗?"等等。这样的话语,会使宾客切实感受到饭店(酒店、宾馆)服务的周到和热情,加深对饭店(酒店、宾馆)的感情。

4. 特别问候

在节日或客人的生日里,应对客人致以特别问候。尤其是与客人有关的日子,如宾客国度的节日或宾客本人有纪念意义的日子,接待人员应致以问候,如"祝您新年快乐""祝您生日快乐""祝您圣诞快乐""祝您银婚日快乐"等这样的话语,会使客人倍感关切。

5. 道别问候语

向客人道别送行时,可致以"晚安""再见""明天见""谢谢光临,欢迎再来""欢迎您下次来这里时,再光临我们饭店(酒店、宾馆)""祝您一路顺风"等问候语。

6. 针对性问候

简单的问候语,是向客人打个招呼、问声好,但要真正使宾客感到高兴与满意,服务人员就应仔细观察每个宾客的心理需求及周围环境,有针对性地以灵活的问候语投其所好或设身处地地为宾客着想和考虑,使宾客感受到这份问候是特别的、真挚的。例如,对病人主动表示关心说"**请多保重身体**",对比赛选手说"**祝您比赛获胜**";天气变化时,对外出的宾客说"**请多添衣服,当心着凉**"。这种问候语,带给宾客的是真诚的关心。针对性问候是在长期工作实践中逐渐培养出来的一种能力。

此外,在问候中还应注意由于现代生活节奏紧张,对宾客的问候应热情简短。中国人习惯问的"干什么去""吃了没有",对外宾来说,这种问候有打探他人私事之嫌,所以服务中切勿使用。男女宾客同行,应先问候女宾,坚持"**女士优先**"。

(四)服务中礼貌用语

在饭店(酒店、宾馆)服务中,具体服务岗位不同,服务中使用的礼貌用语也是不同的。

常用的基本礼貌用语是"**您好**""**请**""**再见**""**对不起**""**谢谢**"等。这些最基本的礼貌用语,结合各种岗位服务的特点进行运用,将会使宾客产生自尊感、亲切感、信任感、留恋感。

在服务工作中,常用的规范化礼貌用语很多,在此仅列举一些常见的例子。

(1)对前来的宾客说"您好,我能为您做什么?""请问,我能帮您什么忙?""请问,您有什么事要吩咐吗?"等。

(2)接受宾客的吩咐时,应说"好,明白了""清楚了,请您放心""好,知道了"等。

(3)不能立即接待宾客时,应说"请您稍候""麻烦您等一下""我马上就来"等。

(4)对已经在等候的宾客,应说"让您久等了""对不起,让您久等了"等。

(5)打扰宾客或给宾客带来麻烦时,应说"对不起""实在对不起""打扰您了""给您添麻烦了"等。

(6)听不清或未听懂客人问话时,应说"对不起,请您再说一遍""很对不起,我还未听清,请重复一遍,好吗"等。

(7)需要打断宾客的谈话时,应说"对不起,我可以占用一下您的时间吗""对不起,耽搁您的时间了"等。

(8)接受宾客致谢时,应说"请别客气""不用客气""很高兴为您服务""这是我应该做的"等。

(9)宾客道歉时,员工应说"没关系""这算不了什么"等。

(10)服务后离开客人时,应说"请好好休息""请慢用""有事尽管吩咐,再见"等。

(11)营业时间已过,应对来客说"对不起,今天的营业时间已过了,请明天再来,好吗"等。

(12)对客人无理或过分的要求,应说:"对不起,这恐怕不行吧""很抱歉,我无法满足您的这种要求""这件事我要和经理商量一下"等。

四、操作礼节

操作礼节,是指饭店(酒店、宾馆)接待人员在各种岗位上的日常业务工作中的礼节。这也是饭店(酒店、宾馆)员工在服务接待工作中的行为准则。

(1)工作时,在饭店(酒店、宾馆)的任何有客人活动的场所禁止吸烟;上班前或工作时,不允许喝酒;口中不可嚼食任何食物,即使喝水也应到客人看不见的地方喝。

(2)在工作场所,应坚持"三轻"原则,即:说话轻、行走轻、操作轻。为了给宾客提供一个恬静、舒适的环境,员工与客人说话应以客人能听到为宜。在工作区内不得跑步,并防止皮鞋与地面接触时发出声响;在操作中,要轻拿轻放所有物品。有事进入客人房间时,须轻敲三下门;离开时,要轻轻把门关上。宾客有事在远处召唤,服务人员不能高声应答,可点头示意表示马上就来。客人有电话,应轻声告知,并伸手示意在何处接电话。

(3)在服务接待中,无论接待对象的地位、习惯、相貌、性别如何,都应主动热情地问候,切忌冷眼相对或置之不理。对于奇特的宾客,绝对不能指指点点,乱发议论。不得在宾客面前或背后以绰号称呼。员工不可以与宾客开玩笑。

(4)在引领客人时,员工应在左前方相距2~3步处,并随客人步伐缓急而前进,转弯与台阶处都应向客人示意。

(5)当面为客人服务时,员工绝不可以有下列行为:挖鼻、梳头、吐痰、修指甲、唱歌、聊天、争吵、吹口哨、手插入口袋、叉腰、搔痒等。咳嗽、打喷嚏时,必须以手帕掩口,侧向一边,把声音减低到最低程度。

(6)在工作期间,不可以去探问宾客年龄、收入、婚姻及其他家庭状况等私事,否则都是失礼的行为。在工作中,不翻看客人的物品。在客人交谈时,不得插话,窥视或偷听。

(7)在接待客人时,不主动与客人握手。

(8)迎客时走在前,送客时走在后。

(9)在走道上与客人相遇时,应站立一旁,主动让道。

第二节 现代饭店(酒店、宾馆)岗位礼仪

前面所介绍的是现代饭店(酒店、宾馆)的基本服务礼仪,这些礼仪规范对各个岗位的要求基本上是相同的。但是,在现代饭店(酒店、宾馆)服务接待中,部门与岗位很多,服务方式也千差万别,服务人员在各个部门或岗位的服务中,为了最大限度地满足宾客需求,还需要具有符合自身工作特点与宾客需求的服务礼仪。因此,服务人员更需要掌握本部门及本岗位的服务礼仪。

一、前厅服务礼仪

在现代饭店(酒店、宾馆)服务中,前厅是为宾客提供多种服务的场所,也是宾客最先抵达和最后离开饭店(酒店、宾馆)必经的工作区域。在这里,宾客形成了对饭店(酒店、宾馆)的"第一印象"与"最后印象"。因此,有人认为"前厅是饭店(酒店、宾馆)与宾客之间的桥梁"。前厅的服务工作是饭店(酒店、宾馆)的"门面"工作,前厅的礼仪服务是非常重要的。前厅所在岗位的服务人员,主要有迎送员、行李员、电梯服务员、洗手间服务员、前厅清洁员等。

(一)迎送员的服务礼仪

迎送员在饭店(酒店、宾馆)正门外为客人提供服务,代表饭店(酒店、宾馆)对来店、离店的客人表示迎送。其主要工作是:为客人开启车门,欢迎客人;送客人离店时,代客人叫车,并为客人开启车门、送客上车;回答客人询问等。

迎送员应站立在正门前,着装整洁、笔挺,仪容要端庄大方,

站立笔直并显出饱满的精神,时刻注意着停车和宾客出入的地方。

载客汽车到达饭店(酒店、宾馆)时,迎送员要主动上前微笑着为客人打开车门,并向客人致意:"您好,欢迎光临!"同时致15°鞠躬礼(对步行客人也同样致欢迎语和鞠躬礼)。迎送员在为客人开启车门时,要把手放在车门顶上,以防客人碰头,这也是高级服务的标志;关车门时,不可用力过猛。车上装有行李时,迎送员应招呼行李员为客人搬运行李。如果暂时没有行李员,迎送员应主动帮助客人将行李卸下,并携行李引导客人到总台办理登记手续。行李放好后,迎送员应立即向客人交接并向行李班报告,然后方可返回岗位。迎送员需要注意的是:当宾客集中到达时,应不厌其烦地连续向宾客点头致意、致问候语,要让每一位客人都感到自己是受欢迎的;下雨时,应撑伞迎接,以防宾客被雨淋湿;凡遇到老弱病残的客人,应主动搀扶,以表关心;要主动热情地帮助宾客提放行李物品,但应尊重客人意愿,凡客人自己要提的物品,不可过分热情地强行帮助提携。

客人离店时,迎送员应主动向前对客人问候,并代客人叫车。要把车引导到客人容易上车的位置。待车停稳后,再开启车门请客人上车。见客人确已坐好,并且衣裙不影响关门时,再轻关车门。如客人带有行李,迎送员应主动帮助客人将行李放进车内,并与客人核查行李。为客人关上车门后,迎送员要向客人微笑道别:"谢谢光临,欢迎下次再来,再见!"然后退到车右前方1米处,面带微笑目视车内客人,招手致意,可说"再见""一路顺风"等话语。同时,也要向司机致意:"您辛苦了""再见"等。车辆启动后,挥手告别,目送远去。迎送员需要注意的是:车多人少时,应按汽车到达的先后安排客人乘车;人多车少时,应有礼貌地请宾客按先后次序排队乘车。

迎送员在日常执勤时,注意力要集中,随时观察宾客,见有需要帮助者应主动上前,不可视而不见。若为宾客联系出租车而暂时没车时,则应安慰宾客,再设法多方联系,并尽量当着客人的面打电话联系,使宾客感到真实可信。迎送员要按规定为来访者办事。

对饭店(酒店、宾馆)常住客人,迎送员应记住其姓氏。若尊称中带上姓氏,如"李先生""王小姐"等,会使客人感到被关心、被重视,从而产生"宾至如归"的感觉。

(二)行李员的服务礼仪

行李员的主要工作是:为到店和离店宾客运送行李进出饭店(酒店、宾馆)。

行李员应着装整齐,礼貌值岗。对抵达的宾客,要微笑问候。帮助提携行李时,如客人坚持自己提携,行李员不可勉强;客人如需帮助,应将行李从车上卸下,并请客人一起点清行李件数,检查有无破损。若客人先去大厅登记,行李员则应卸下行李后立即清点,并记下客人所乘车辆的号码、单位和特征(若行李有差错,可立即查询,以显示宾馆服务水平),然后再搬至登记处,请客人核实。

在引导宾客行进时,行李员应走在客人左前方 2～3 步处。转弯时,应向客人微笑示意。陪同客人到总台办理住宿手续时,应站立于宾客身后 1.5 米处,替客人看管行李,并随时听从客人的吩附与总台职员的提示。客人办妥住宿手续后,行李员应主动上前替客人向总台职员取房间钥匙,并送客人去房间。

在搭乘电梯时,行李员应带行李先进,然后用一只手按住电梯门,敬请客人。行李员应靠电梯控制台站立,便于操纵电梯。出电梯时,应请客人先出,然后再将行李运出。如果行李过多,需要使用行李车时,行李员应护送宾客先至电梯并向客人解释、请客人先到房间,然后再推车乘行李专梯。

引导客人进房后,行李员应先放下行李,按门铃或敲门通报,听里面无回声后再开门。开门后,先开总开关,扫视房间无问题后则退至门的一边,再请客人进房。进房后,应先将行李放在行李架或按客人吩咐将行李放好,再向客人介绍房间设施及其使用方法。当客人无其他要求时,应立即礼貌道别:"先生(小姐、夫人……),请好好休息,再见!"面对客人后退,再转身走出房间,轻关房门。若客人有其他要求,行李员应及时与总台或楼层服务台联系。

行李员见大厅内有客人携带行李离店时,应主动上前帮助提携,并送客人上车。行李员接到当班主管去客房搬运行李的通知后,进房时无论门是关是开,都必须按门铃或敲门,待客人同意后方可入房,并说:"您好,我是来取行李的,请吩咐。"双方共同清点后,要用行李车运至大门,并负责装到车上。如果客人跟行李一起走,客人离房时,行李员应轻关房门,并尾随客人至大门。行李装车后,行李员不要转身就走,而应与迎送员一起向客人热情道别:"谢谢您的光临,欢迎下次再来!"最后,轻关车门,目送客人,挥手告别。

(三)电梯服务员的服务礼仪

电梯服务员的工作是:在电梯停靠楼层迎送宾客,并为宾客开启电梯。

电梯停靠楼层迎候宾客时,电梯服务员应站在门外一侧,双脚并拢,双手握指于腹前,面带笑容,随时注意是否有宾客来搭乘电梯。看见客人来临,电梯服务员应先进入电梯,对着电梯门口侧身站立,一手按住电梯门,另一只手示意,并说:"您好,请进!"宾客进入电梯后,应询问:"请问到几楼?"准备关电梯时,如果发现有赶着搭乘电梯的宾客,应耐心等候。关电梯时,应注意宾客安全,并在宾客完全进入并站稳后再关门、启动。运行中,每一层都要预先报告,以免客人误下。电梯到达停靠楼层时,要举手示意,电梯停稳后才能开门。当电梯满载但仍有宾客等候时,电梯服务员应礼貌致歉:"对不起,已经满员了,请(您)稍候。"完成一次运送后,电梯服务员应迅速返回接待客人,并说:"对不起,让您久等了,请进!"客人离开电梯时,电梯服务员应微笑道别"请慢走",并点头示意,目送客人。

此外,电梯服务员还应注意对一些特殊宾客的接待及特殊情况的处理:接待老弱病残时,应主动上前搀扶出入电梯,并在电梯启动与停靠时提醒站稳;对儿童宾客,应善意劝阻其擅动电梯控制开关,以防发生意外;对贵宾,应确保操作安全,到达后应负责陪送出电梯;电梯因故障导致中途停驶或门打不开时,电梯服务员应一面安慰客人,一面用电话与总机联系求助,切勿与宾客发生争执。

(四)洗手间服务员的服务礼仪

洗手间服务员的工作是:负责保持洗手间的清洁卫生,并为宾客提供必要的服务。

洗手间服务人员应着装整洁,对洗手间做好清洁工作,使洗手间内无异味,地面与水池无水渍及杂物,镜面与墙壁洁净无尘。当客人进入洗手间时,服务员应面带微笑,致15°鞠躬礼,并问候:"先生(女士),您好!",并及时为宾客接过衣帽及物品,以方便客人;当客人方便后,应立即打开热、冷水龙头,调节适度的水温,请客人洗手,同时拧开消毒肥皂液开关,供客人使用。客人洗净手后,服务员应适时递上小手巾或纸巾或为客人示意干手器。根据宾客的要求,服务员还可开展一些其他服务,如提供木梳、指甲刀或用手刷为客人掸去衣裤上的灰尘等。客人要离去时,应主动为其拉门,并微笑道别:"先生(女士),请慢走。"

(五)前厅清洁员的服务礼仪

前厅清洁员负责前厅的环境卫生及有关服务工作。

前厅清洁员应用拖把清除地面浮灰,并注意不妨碍宾客的走动与休息。清洁员在清理客人休息处的烟缸及杂物时,动作应轻快,并对客人示意问好;在擦拭高处时,应防止洁具掉落危及宾客。总之,前厅的清洁工作必须一丝不苟,使饭店(酒店、宾馆)的"神经中枢"明净无尘,给客人以舒适感。

二、总台服务礼仪

饭店(酒店、宾馆)的总服务台(简称"总台")是饭店(酒店、宾馆)的"窗口"。饭店(酒店、宾馆)最主要的服务设施——餐厅与客房,只有通过总台一系列的业务程序和服务环节,才能和宾客见面,并在这个过程中,运行饭店(酒店、宾馆)主要的经营与管理工作。从整个服务工作来看,总台服务员接触面广、影响大。因此,对总台的服务礼仪要求更严格,服务人员更要主动、热情、大方。总台服务人员,主要有接待员、问讯员、结账员、代办员等。

(一)接待员的服务礼仪

接待员负责来店宾客的接待,为宾客安排登记住宿。

接待员应保持端庄整洁的仪表仪容,坚持站立服务。客人来到总台时,接待员应面带微笑正视对方,躬身15°,并致以问候:"您好,欢迎光临,我能为您做些什么?"或"请问,您预订房间了吗?"听清宾客要求后,接待员要请宾客填写住宿登记单,并尽量按宾客需要的楼层、朝向、房号等,为其安排房间;同时,还要在不失礼的条件下,验看、核对客人的证件与登记单,确认无误后,应迅速交还并致谢:"好了,××先生(小姐),谢谢您。"然后,接待员把房间钥匙递给(绝不允许扔钥匙)客人,在简单介绍房间的楼层、房号、朝向及舒适方便程度后道别:"请慢走。"客人走后,应将客人资料归档备案。在工作中,接待员要业务熟练、讲究效率,在宾客较多时做到"接一答二照顾三",即办理一位,问询另一位,再招呼第三位。接待完毕,应将宾客资料传送各相关部门,以使各部门可以叫出宾客的姓名,让宾客产生亲切感。

接待员在碰到当天住宿已满的情况时,不仅要向客人做好解释工作,而且要热情为其推荐其他饭店(酒店、宾馆),并当面主动用电话联系,以体现对其真诚的关心。对预订过房间的宾客,一定要为其保留房间,不可随意将预订过的房间租让他人,以免造成工作上的被动及宾客的不满。客人有意见时,接待员绝不能与客人争辩或反驳,应以真诚的态度倾听宾客意见,并加以妥善处置。

(二)问讯员的服务礼仪

问讯员主要为客人提供咨询服务,以体现饭店(酒店、宾馆)"宾客至上,便利客人"的服务宗旨。

为了给宾客尽可能满意的回答,问讯员必须对本饭店(酒店、宾馆)的服务设施、服务项目、城市交通、当地旅游及购物等情况非常熟悉,并具有良好的礼仪素质。

问讯员应站立服务。有宾客问讯时,问讯员应主动、热情地打招呼:"先生(小姐),我能为您做什么吗?"对宾客提出的问题,问讯员应尽量解答。为宾客提供的信息必须准确,不允许回答"也许""大概"之类没有把握或含糊不清的话。对不懂的事,千万不可装懂,但又不可轻率地对宾客说"我不知道",而应该向有关人员请教,问清后再给宾客一个满意的答复。对于确实无法回答的问题,应问宾客表示歉意:"对不起,这个问题现在我无法解答,让我了解清楚后再告诉您,请留下您的姓名、房号、电话。"

对宾客提出的任何问题,都应"急宾客所急",尽力为宾客服务。在任何情况下,都不得讥笑、讽刺问讯的客人。

如若宾客以电话方式查询问讯,应热情帮助解决,事事有结果、有回音。如果不能马上回答,则应对来电客人讲明等候的时间。对住店客人的来电,要认真接待,并帮助办理有关事务。对交班时仍未落实的事务,务必将事宜、房号、姓名和电话记录在案,并向接班人员交待清楚。

(三)结账员的服务礼仪

结账员负责宾客的付款结账。

宾客来总台付款结账,结账员应站立服务,服务中应做到热情、周到、迅速、准确,不允许耽搁宾客时间。宾客住店时间及应收款项目要当面说清,不能有一点含糊,避免客人认为多收费或乱收费。结账完毕,结账员应向客人道谢:"谢谢,欢迎您再次光临,再见!"给宾客以亲切感。前台结账工作忙闲不等,结账客人来得较多时,结账员应礼貌示意客人排队等候,依次进行。收银工作轻松时,结账员不可在工作区域闲聊或进行其他无关活动。

(四)代办员的服务礼仪

代办员负责提供各种代办服务。

为宾客代购各种机票、船票、车票、戏票等,要按宾客要求去办。如有困难或情况有变,应及时征求宾客的意见,让宾客决定,代办员绝不可自作主张,以免引起纠纷。如不能满足宾客委托的事项,不可随便编造原因,应诚恳地向宾客道歉,以求宾客谅解。代宾客修理物品,不能怕麻烦,尽量为宾客解决困难,绝不能对宾客说"不行,我们没空""我们没有修过这种物品"之类的话。代办签证时,应问清所需签证的类型(出境或国内城市的旅游签证),收下客人护照,并及时与公安局外事部门联系代办签证。

三、客房服务礼仪

客房部是饭店(酒店、宾馆)的重要部门之一,主要为宾客提供舒适、清洁的房间,以及优良的服务和安全保障。客房服务承担了宾客大部分的日常生活服务,是饭店(酒店、宾馆)服务的核心内容。客房服务员与宾客直接接触,其一举一动、只言片语都会在宾客心目中产生深刻的印象,并会由此评判饭店(酒店、宾馆)服务质量的优劣和管理水平的高低。因此,客房服务人员应文明待客,掌握客房服务中的礼貌、礼节,为宾客提供热情周到的服务,为饭店(酒店、宾馆)赢得赞誉。参与客房服务的人员,主要是楼层接待员和客房服务员。

(一)楼层接待员的服务礼仪

楼层接待员主要负责客房楼层中的日常服务接待及安全保卫工作。

楼层接待员在接到总台的来客通知后,应及时做好迎接准备,端庄地站立在电梯口等候宾客到来。宾客到来时,楼层接待员应面带微笑,行15°鞠躬礼,致词欢迎:"××先生(小姐),您好,欢迎光临",语调要柔和诚挚。如果饭店(酒店、宾馆)不设行李员,楼层接待员应主动帮助提携行李,客人坚持自己提时应尊重宾客意愿。楼层接待员在行走时,要位于宾客左前方1.5米处,引领宾客到预定的客房门口,由客人开门入房,或者接待员打开房门,侧立一旁,礼貌地敬请宾客进房。客人进房后,楼层接待员可用托盘与毛巾夹送上茶水与香巾,并说:"请用茶""请用香巾!"客人坐下休息时,楼层接待员应根据实际情况及宾客要求,简明扼要地介绍房间设备和使用方法以及饭店(酒店、宾馆)设施、服务等。在询问客人无其他需求后,楼层接待员应立即向宾客道别:"请好好休息,有事尽管吩咐,请打电话到服务台,我非常乐意为您服务。"退出房间时,应先后退一步,再转身走出,轻关房门离开。

楼层接待员对宾客应礼貌、周全。被宾客叫进客房时,应把门半掩着,不要关门,客人请服务员坐下,服务员必须谢绝。宾客提出的一切正当需求,应尽量满足。平时见到宾客时,应主动致意问好。宾客离店时,楼层接待员要微笑致词:"感谢光临,欢迎再来。"在节假日或客人生日,应有针对性地使用问候语:"圣诞快乐,欢迎您的到来!"或"祝您生日快乐!"对新婚宾客可说:"欢迎光临,祝您新婚愉快!"

应当注意的是:楼层接待员应随机应变,做好客房服务。例如,宾客因疲劳而急于休息,楼层接待员则不必墨守成规,可适当简化服务环节,但礼貌是不能缺少的。

(二)客房服务员的服务礼仪

客房服务员主要负责客房的整理与清洁工作。

客房服务员应保持仪表整洁,举止大方。进入房间前,应向服务台了解房态,无工作指令不可进入住房或空房。进房前,应敲门(每次连续敲击三下,每次间隔三秒),敲第一次后自报:"我是客房服务员。"若客人开门,应礼貌地说:"对不起,打扰了,我是客房服务员,现在可以打扫房间吗?"须客人同意后,方可入内(注意半掩门,千万不要关门)。若客人听到敲门声只是说"请进",应轻轻推开门,询问:"请问,现在可以打扫房间吗?"得到客人同意后再打扫。若第一次敲门无动静,应再敲门三下,仍无回答时方可用钥匙开门。若客人正在睡觉,应立即退出;若房内无人,则开始打扫,但房门必须全开。

在整理与清洁房间时,不要做任何与工作无关的事,如翻看客人物品、使用客房电视电话或接听客人电话、向客人打听私事等。客人的物品打扫完卫生后应归位。在清扫中,客人挡道时,应说:"先生(小姐),对不起,请让一下,好吗?"客人协助后,应向客人致谢。打扫完毕,不要在房内逗留;若客人在房内,应说:"对不起,打扰了,谢谢!"并有礼貌地后退一步,再转身出门,轻关房门。

客房服务还包括以下内容:为客人及时取送洗烫的衣服;经常为客人提供擦皮鞋之类的服务,方便客人;客人接待来访者或饭店(酒店、宾馆)管理人员进入客房,均应供应茶水,且将茶具摆放在客人所坐的附近桌面上;客人过生日,应上门祝贺;客人身体不适,应主动关心询问是否送医院诊治。

(三)客房服务应注意的问题

在客房接待及服务过程中,应注意以下问题:对老弱病残客人,应给予更多的关心,主动搀扶帮助;客人门把手挂出"请勿打扰"或者房门上了双重锁时,服务员应避免冒失之举;不得先伸手与客人握手,当客人伸手时,应与客人礼貌地握手;不抱客人的小孩,不与客人过分亲热;礼貌地提醒喧哗的客人,要保持楼内安静;严禁向宾客索要小费;如客人不在房间,除非客人有特别要求,否则不得替来访者开门,并应礼貌地劝其下楼至公共场所等候,不得让来访者在楼层候客回房。

四、餐厅服务礼仪

餐厅是通过出售服务、菜品来满足宾客饮食需求的场所,同时也是宾客的交际活动场所。餐厅服务与其他部门或岗位的服务相比较,具有营业时间长、工作量大、宾客范围广等特点。由于餐厅服务人员直接为客人提供面对面的服务,而且餐厅特色、菜肴特点和服务对象等又具有多样性,因而服务技能要求高、服务礼仪细节多、服务难度大。饭店(酒店、宾馆)内,除自助餐外,无论中餐、西餐还是风味餐,工作岗位大体都可分为迎宾员、值台员、跑菜员等。

(一)迎宾员的服务礼仪

餐厅迎宾员负责就餐宾客的迎送工作,包括引领进入餐厅后的引座服务。

迎宾员代表着餐厅的"门面",因此要求较为严格。迎宾员应着装华丽、整洁、挺括,仪容端庄大方,站立姿势优美、规范。营业前,迎宾员要站立于餐厅门口两侧或餐厅内便于环顾的位置,做好拉门迎客的准备。宾客来到时,迎宾员应面带微笑,拉门迎客,热情问候:"先生(小姐),您好,欢迎光临!"然后主动询问客人的位数及预订情况:"先生(小姐),请问一共几位?""您好,请问,您预订过吗?"(注意不应以主观判断询问客人位数,如"先生(小姐),请问,您就一位吗?")迎宾要主动积极,答问要亲切清楚,使宾客一进门就感到自己是受欢迎的客人,从而留下良好的第一印象。

清楚人数后,迎宾员应开始引位,并礼貌地说"请跟我来"或"这边请",同时用手示意把客人引领至适当的位置。除了考虑客人人数外,引位还应关注客人的特点与需求。例如,贵宾来临,要安排在餐厅最好的位置;若是一对年轻夫妇或恋人,宜引领到幽雅安静处;若是年老体弱者,要主动上前照顾或搀扶,座位尽可能安排在安静且出入方便的位置;将漂亮华丽的女宾安排在显眼的位置,既满足客人心理,又为餐厅营造华贵气氛等。客人要求的位置,迎宾员应尽量满足。若安排的座位不好(如靠近厨房出入口处等),迎宾员应致歉,"先生(小姐),十分抱歉,今天客人太多,委屈您了。下次光临,一定为您安排个好座位。"同时在男宾与女宾同来的情况下,应先问候女宾、再问候男宾。

客人离开餐厅时,迎宾员应拉门送客,并礼貌道别:"先生(小姐),谢谢您的光临,请慢走。再见!"语调要柔和,并致30°的鞠躬礼。

(二)值台员的服务礼仪

值台员的主要职责是做好餐厅准备、清洁等服务工作。

在餐饮准备工作中,如果是零点服务,则没有桌次、席位的严格要求。但在宴会服务中,一般均排桌次与座位。在桌次安排中,主桌放在上首中心,其布置规格应高于其他餐桌,然后再按"先右后左,高近低远"(即主人的右席地位高于左席,距主人距离近的桌席地位高于距离远的桌席)的原则安排。在席位安排中,主人坐厅堂正面,副主人与主人相对而坐,主人的右左两侧安排主宾与第三宾客,在副主人的右左两侧安排次宾与第四宾客,其余为陪同席。根据桌次与席位的不同,值台员在准备工作中,应对布置规格加以区别对待。

开餐前,值台员应直腰挺胸站立在各自负责的餐台靠墙的位置,准备迎客。见宾客近前,值台员要点头示意,并面带微笑致以问候,按照先主宾后主人、先女宾后男宾的顺序拉椅让座。拉椅动作要用力适度,用双手与右脚尖将椅子稍向后撤,待客人曲膝入座时将椅向前轻推,使客人坐好。有的宾客需脱去衣帽,值台员应主动协助并挂好,切忌将衣服倒挂,以防口袋内物品掉落。在客人就座后,值台员应递巾问茶,注意要从客人右边递小毛巾,并说:"先生(小姐),请用巾。"然后问客人用何种茶,为客人将口布解开并轻轻放在客人双手上或为客人铺在膝前,再将茶杯连碟放于托盘上,斟茶至八分满,从客人右侧递上。上茶时,切忌用手碰杯口;上小毛巾时,必须用夹钳递给宾客。客人用完香巾后,也用夹钳逐条夹入托盘带走。

客人要点菜时,值台员应双手递交菜单,然后耐心等候,不要催促,让客人自由选择。接受点菜时,值台员应微笑询问:"先生(小姐),请问现在可以点菜吗?"值台员应保持微笑,上半身稍前倾,注意聆听,手中记录。客人点完菜后,值台员还应主动征询客人需要什么酒水饮料?全部记录完毕,要礼貌地重复一遍,得到确认后,应迅速将菜单送厨房,以减少客人的等候时间。在点菜中,值台员可向宾客灵活地介绍或推荐菜肴,如果宾客所点的菜没有供应时,应致歉"对不起"并建议点别的菜。总之,点菜中应注意语言技巧。

值台员的服务要讲究效率,以节约客人的时间。点菜后,凉菜10分钟以内上台,热菜不超过20分钟。上菜撤盘应依照"右上右撤"的原则,在宾客右侧进行,切忌越过客人头顶上菜。每道菜应将最佳部位对向主宾或主人,并报菜名或作简单介绍。若宴会上菜,应按主桌在前、陪桌在后的顺序进行。上菜后,应为客人斟上第一杯酒,并替主人派菜,每一道菜要分得恰到好处,最后余一些,给主人以体面。宴会斟酒顺序应按座次进行,先主宾后主人、先女宾后男宾。一般是从主宾开始按顺时针方向站在客人右后侧进行。斟酒中,瓶口不可搭在杯口上,在酒斟至适度时停止倒酒并旋转瓶身,抬起瓶口,使最后一滴挂在瓶口。

值台员在上最后一道菜时,应主动告诉客人:"先生(小姐),您的菜已经上齐。"值台员应随时应答客人的盼咐,并主动为宾客提供各种服务:宾客取出香烟时,应主动上前帮助点火;宾客有物品落地时,应立即帮助捡起;客人酒杯空了,应主动上前斟酒;发现烟灰缸有两个以上烟头时,应立即撤换;更换骨碟;将桌上的空菜盘撤走,并进行整理,保持桌面整洁;客人将酒杯碰翻时,如有破损要立即另换新杯,如无破损,迅速用一块干净口布铺在酒迹之上,然后将酒杯放回原处并斟酒;发现客人的菜肴快要没了,应主动询问是否加菜等。

值台员观察客人进餐即将结束时,应做好结账准备,并为客人送上热茶与香巾。客人示意结账时,服务员应将账单放在账单夹内或放在垫有小方巾的收银盘内,双手递上或放在主人餐桌边,并小声说:"先生(小姐),请您过目,共计××元。"客人付款后,要表示感谢。需要注意的是:放在收银盘内的账单应正面朝上,反面朝下,以示尊敬与礼貌。宾客起身后,服务员应及时为宾客拉开椅子,以方便其行走。代客保管衣帽的服务员应为宾客归还衣帽,并帮助其穿戴。宾客出门前,值台员应提醒宾客是否遗忘随身物品,随送至餐厅门口,并热情话别:"再见,欢迎您下次再来!"躬身施礼,目送离去。

送走宾客后,值台员应迅速清理桌面和地面,并恢复原样,做好迎接下一批客人的准备。

(三)跑菜员的服务礼仪

跑菜员负责菜肴的传接、输送、沟通餐厅与厨房的联系,减轻值台员的工作量。

跑菜员要配合值台员工作,随时取得联系,并与厨房沟通,搞好协作,保证适时、及时上菜。跑菜员对一切餐具、食品的运送,都必须用托盘,不能直接用手端拿。送菜时,跑菜员应注意步姿端正、自然,遇到客人要主动让道;如果客人主动让道,跑菜员应致谢。

五、酒吧服务礼仪

酒吧是饭店(酒店、宾馆)为宾客提供以酒水饮料为主的交际、娱乐的消闲场所。酒吧服务与餐厅服务在迎送宾客、点酒、结账方面的礼仪大体相同。但是,为了与酒吧格调高雅的氛围相协调,酒吧招待员必须提供更高标准的服务。在此,主要介绍有关酒水服务中的礼仪规范。

在酒水服务中,上酒水饮料或食品时,服务员均用托盘从客人的右侧上,以方便客人使用。宾客零杯点酒或饮料时,服务员应注意不要用手指碰杯口,一般只拿杯子的下半部或杯脚,轻拿轻放在客人面前;对于背向坐的客人,为防止碰翻饮料,上酒时应招呼一声:"先生(小姐),这是您要的××酒",以提醒客人注意。需要特别注意的是,不要拿走客人桌子上还有饮品的杯子,以免引起投诉。

宾客点用瓶酒时,应有示酒服务,即在开瓶前,服务员站在点酒客人的右侧,左手托瓶底,右手扶瓶颈,酒标朝向客人,经客人认可后,方可当面开盖斟酒。开拉酒水饮料瓶盖,应在客人侧后方朝外拉开,以防喷溅客人。开瓶后的封皮、木塞、盖子等杂物,不要直接放在桌子上,可以放在小盘子里,待操作完毕一起带走,不要留在客人桌上。为客人斟酒时,要按先宾后主、先女后男、先老后少的次序进行,以示礼貌。

客人有事招呼时,服务员应迅速上前服务。若客人在酒吧逗留时间较长,只要不超过营业时间,不得催促客人立即结账,也不可因客人点酒多、喝酒时间较长、要求较多而流露不耐烦的情绪。

客人到吧台前,吧台服务员应主动微笑问候。在工作期间,原则上不允许背对客人,即使取身后酒瓶也应侧身进行,以示对宾客的尊重。应记住每个客人尤其是常客喜欢喝的酒水饮料。当客人独自饮酒时,可以适当陪其说话,说话内容应顺着客人的意思,但对于成双成对的顾客,不要随便插话,以免打扰他们。调酒服务时,不能将胳膊支撑在柜台上,也不能双手交叉相抱或斜倚酒柜。不可与同事聊天,更不得在吧台饮食,以免失礼。

不能因为客人醉酒而采取轻视的态度,任何情况下酒吧服务人员都要以礼待客。客人付账时,要报出应付款的数目,如果付款人已醉,也应让其同伴听清,以免发生纠纷。醉客言行失常,应保持冷静。服务人员应在服务工作中正确判断客人饮酒情况,控制对醉客的供酒量。如发生醉酒问题,应帮助客人解酒并给予照顾。醉客有遗留物品时,如有同伴,应当面点清并记录在案,等客人酒醒后归还。若用出租车将客人送走,必须记录客人随身物品及出租汽车车号、单位,以防不测。酒醉处理情况应记录在案,并向上级领导汇报。

其他有关服务礼仪,与餐厅服务礼仪基本相同。

六、康乐服务礼仪

为了满足宾客的娱乐需求,加强服务功能的开发,现代饭店(酒店、宾馆)大都建造了康乐中心,设有游泳池、健身房、桑拿浴、美容院等服务项目。饭店(酒店、宾馆)的康乐设施多数是非大众化设施,仅限于住店宾客或内部成员使用。因此,对康乐服务的服务标准与礼貌礼仪要求较高,以满足宾客基础的食宿要求以外的健康娱乐需求。

(一)卡拉 OK 舞厅服务员的服务礼仪

卡拉 OK 舞厅服务员负责舞厅客人的服务工作。

客人来到舞厅、包厢,服务员要面带微笑,躬身问候:"先生(小姐),欢迎光临。"在客人左前方 1.5 米处引领客人至适当的位置。服务员要先向客人介绍本厅的饮品及食品。客人点酒水时,服务员要登记好每位客人想要的饮品,以便上酒水时能做到准确无误。然后,再向宾客介绍娱乐设施及其使用方法,介绍完毕,告诉客人本厅人员将随时提供帮助与服务。要将酒水、食品从右侧送到客人桌上,以示礼貌。上完饮品,应祝贺客人愉快。

尔后，要经常巡视。在巡视中，应提供下列服务：勤换烟灰缸；替客人把点歌单递给他；清扫台面空瓶与垃圾；为客人续满饮品；帮助客人结账等。舞会结束时，全体服务员应到门口欢送客人，微笑道别："女士们，先生们，谢谢光临，再见！"也可以通过扩音器向客人致送别语。

(二)游泳池服务员的服务礼仪

游泳池更衣室服务员应在服务台旁端庄站立，恭候客人的到来。客人到来时，应微笑致意并问候，要认真做好泳客登记，礼貌递送衣柜钥匙和毛巾，引领客人至更衣室，并提醒客人妥善保管自己的衣物。客人去游泳时，应注意保证客人的财物安全；客人离开时，应主动收回衣柜钥匙，并礼貌地提醒客人不要遗忘衣物。

游泳池救生员应严格执行游泳规定，礼貌劝阻泳客不要在池边跳水、追逐、打闹或非泳客进入或拍照等。要坚守岗位，注意游泳者(尤其为老人与小孩)动态，发现险情及时抢救。要热情地为宾客提供饮料、订餐及派放救生圈等服务。

(三)健身房服务员的服务礼仪

健身房服务员应微笑迎宾，主动向宾客介绍各种健身设施的性能与操作方法。当客人要健身并要求指导时，应立即示范，热情讲解。带客人做健身操时，要口令清晰，姿势正确，并根据客人体质给予不同指导。客人在操练时，应作好指导与保护工作，以防意外。客人离开时，要礼貌送客，热情告别。

(四)桑拿浴服务员的服务礼仪

客人来到桑拿浴服务台时，服务员应表示欢迎问候，并引领至桑拿浴室，并向客人介绍桑拿浴的方法与注意事项，主动征求宾客要求，调节温度。尔后，经常巡视客人浴疗是否适应，防止意外。要做好整个浴室与工作间的卫生清洁工作，并喷洒香水，为客人提供干净的浴具。客人离开时,应提醒是否有物品遗忘,然后再礼貌道别。

(五)美容员的服务礼仪

美容员应在美容厅服务台端庄站立,欢迎宾客,微笑问候,并帮助客人挂好衣帽,将客人引领至美容座上。如已客满,美容员应将客人引领到休息室,用托盘递上香巾让客人擦手,送上当天报纸杂志,并向客人致歉:"对不起,请稍候。"为客人提供美容美发服务,应尊重客人意愿。美容美发完毕,应礼貌地征求意见并修饰,直至客人满意。收款时,应向客人致谢。送客时,应帮助客人穿戴衣帽,礼貌告别。

复习思考题

1. 现代饭店(酒店、宾馆)对仪表仪容、仪态、服务用语各有哪些具体要求和实际操作规范?

2. 你若从事现代饭店(酒店、宾馆)服务工作,你认为自己有哪些优势和不足?不足之处你应当如何改进?

3. 根据现代饭店(酒店、宾馆)主要岗位礼仪规范要求,进行实际操练。

第十章

涉外礼仪

涉外礼仪,是指在对外交往或涉外工作中,对外宾表示尊重、友好、礼貌的各种礼节、仪式及其惯用形式。它是在长期的国际交往中逐渐形成的,国际上都有一定的惯例。

第一节 涉外礼仪的基本原则

一、维护国家利益的原则

在当今的国际经济舞台上,企业形象的树立,除了要求企业自身具备"过硬的基本条件"外,还与所属国家在国际社会中的地位高低和形象优劣密切相关。只有国家和民族的声誉提高了,企业的形象和利益才能更好地受到保护。因此,涉外企业在开展涉外活动过程中,要时时处处维护国家利益。

(一)要充分认识到企业利益和国家利益的关系

企业形象的树立,必须与宣传国家形象紧密结合在一起。企业在对外宣传中,应特别注意体现国家与民族的进步和发展,尤其是改革开放以来,我国各族人民在各行各业所取得的举世瞩目的成就,要让全世界了解中国,使他们认识到中国企业的经营活动具有坚实的后盾和良好的环境保证,进而对中方企业产生良好印象和合作热情。

(二)必须把维护国家尊严放到应有的高度

中国素有"礼仪之邦"的美称。在涉外交往中,既要遵守国际规范,讲究外交礼仪,又要维护国家尊严,从容泰然,不卑不亢。对外商及公众的合理要求,应尽量满足,其工作和人格也应予以尊重,但这种满足和尊重必须以维护我们的国格、人格为前提。对于蛮横无理、以势压人的行为,必须坚决反对。

二、注重特色的原则

人类社会的形态是多种多样的,不同的国家和地区在政治制度、法律法规、生活水平、文化心理、宗教信仰、风俗习惯、交往语言、礼俗禁忌等方面,都有自己的特色,没有必要也没有可能用统一的模式来规范这个多样的世界。因此,承认人类社会的差异性,尊重不同国家和地区的地方特色,努力开发企业的文化个性,是开展涉外活动必须遵循的又一基本原则。

三、严肃外事纪律的原则

涉外工作人员应当自觉遵守我国的法律、法令和有关外事政策、纪律,不要随意同外国人谈论我国内部不向外公布的消息,以免泄漏党和国家机密;不要托外国人转递申诉信件和材料。在对外交往中,严禁公开示意或暗示对方赠予礼品,或以托对方代购物品为名变相敲诈勒索。对于外国人出于友好馈赠而不便拒收的纪念品或礼品,可以收下但必须由专人负责登记清单,向上级有关部门汇报,并按规定处理。在接待外国人参观和洽谈业务时,应从实际出发,划清机密与非机密的界限,不得泄漏内部掌握的对外援助技术出口和接受外援的具体政策、规划数字、计划措施等机密事项。在国际通讯中，严禁明、密电混用，传真通讯不得涉及秘密内容，严禁用电话传达密电，注意计算机信息保密。

四、尊重妇女的原则

尊重妇女在西方显得特别突出。其核心内容就是在男女都有的社交场合中，男士要照顾、礼让女士。尊重妇女在西方被简洁地归纳为"女士优先"，并且体现在每一处有男士和女士的场合。在许多国家的社交场合，如上车下车、上下楼梯、进出电梯时，均让妇女先行，并主动予以照顾。在旅途中，遇到带行李的妇女，应帮助提携并放好行李。即使是身高力大的妇女，也应予以帮忙。在介绍时，先把男士介绍给女士，先把友人介绍给母亲。与女士同行，男士应走在靠外的一侧，女士则走在贴近建筑物的一侧。若两女一男同行，应让年纪稍长或比较弱小的一位女士走在中间；若是两男一女，则让女士走在中间。参加社交集会时，客人见到在一起的男女主人，总是先与女主人打招呼。女士进入聚会场所时，先到的男子应站起来迎接。

第二节　涉外语言礼仪

在国际交往中，由于各个国家和地区以及各个民族的语言不同，文化背景、风俗习惯和宗教信仰也不同，因而在称呼、姓名、语言习惯和谈话话题等方面会有许多不同之处。因此，涉外工作人员应该了解各国人民的语言礼仪，以便在整个接待工作中使用敬语，从而使客人感受到对他们的尊重和友好。

一、称呼

(1)对男女的一般称呼。在国际交往中,一般对男女统称"先生",对女子要根据婚姻状况而定,已婚女子称"夫人"或"太太",未婚女子称"小姐",对婚姻状况不明的女子称"小姐"或"女士"。在西方国家,凡举行宗教结婚仪式的人,都习惯在无名指上带一枚结婚戒指,男子戴在左手,女子戴在右手。所以,对外宾的称呼可依此而定。当知晓外宾的姓名、职衔、学位时,可与"先生""夫人""太太""小姐""女士"搭配使用。例如,"史密斯先生""布朗夫人""议员先生""上校先生""护士小姐""秘书小姐""教授先生""卡特博士先生"等。另外,在日本,对妇女一般称"女士""小姐";对身份高的妇女,如女议员、女医生、女律师、女教授、女演员、女记者等,也称"先生"。

(2)对地位较高的政府官员(一般为部长以上的高级官员)和外交使节,根据不同国家的习惯可称"阁下"职衔或"先生",以示尊重。例如,"部长阁下""总统阁下""总理阁下""总理先生阁下""主席先生阁下""大使先生阁下"等。但是,美国、德国、墨西哥等国没有称"阁下"的习惯,一般称职衔或"先生"。另外,对有地位的女士可称"夫人",对有高级官衔的女士也可称"阁下"。

(3)对君主制的国家,按习惯对皇帝、皇后、国王、王后称"陛下";对其王子、公主、亲王称"殿下";对有公、侯、伯、子、男等爵位的人士,既可称呼爵位,也可称"阁下"或"先生"。

(4)对医生、教授、法官、律师以及有博士学位的人士,均可单独称"医生""教授""法官""律师""博士"等,同时也可加上姓氏,再称先生。例如,"彼得教授""查理医生""法官先生""律师先生""博士先生"等。

(5)对军人一般称军衔,或军衔加先生,知道姓名的可冠以姓与名。例如,"卡特少校""上校先生""托尔曼中尉先生"等。有的国家对将军、元帅等高级军官称"阁下"。

(6)对服务人员,一般称"服务员";知道姓名者可单独称名字。但是,现在很多国家越来越多地称服务员为"服务员先生"或"服务员小姐"。

(7)凡与我国有同志相称的国家(如朝鲜等),对各种人员均可称"同志",有职衔的也可另加职衔。例如,"主席同志""书记同志""委员长同志""省长同志""议员同志""大使同志""秘书同志""司机同志""服务员同志"等。

(8)对教会中的神职人员,一般可称教会的职称,或姓名加职称,或职称加姓名,或职称加先生。

(9)阿拉伯人一般用"先生""女士"作常用称呼。有时敬称老人为"阿蒙"(大叔)。当主客彼此熟识后,他们会以"艾霍那"(兄弟)"艾民"(我的眼珠)来彼此称呼,以示亲切。

(10)非洲人把自己的父母看做是最可爱的人,为了表示对客人的极大尊敬,他们常称客人为"爸爸""妈妈"。

(11)倘若接待的是日本人,还应注意两点:一是不可对任何男士都称"先生"。在日本,"先生"一般只用来称呼教师、医生、国会议员与律师,其他均以"某某桑"相称;二是日语中有与汉语"你"相应的字,但一般只用于夫妻之间或长辈称晚辈,因此提及对方切不可用"你"而要说"某某桑"。

二、语言习惯

(一)礼貌用语

外国人日常使用的礼貌用语很多,诸如"您好(你好)""请""谢谢""对不起""打扰了""再见""见到你很高兴"等,都是很平

常、不离口的礼貌用语。不仅如此,外国人还有下列习惯:

(1)见面时,一般先说"您好(你好)""早安""晚安""你好,见到你很高兴。""一切都顺利了吗?""好久不见了,你好吗?"等问候语。

(2)分别时,常说"很高兴与你认识,希望再有见面的机会。""对不起,失陪了。""再见,祝你旅途愉快,一路平安。""请向朋友们问好!""请向全家问好!"等道别语。

(3)对新结识的人,常说"认识你很高兴!""你这是第一次来我国吗?""到我国来多久了?""你喜欢这里的气候吗?""你喜欢我们的城市吗?"等问候语。

在问候时,"你"与"您"的用法,应当加以区别。英文中没有"您"字,而中文、德文、俄文等语言中则有"您"字。一般来说,问候"你好",表示同对方的关系亲密而友好;问候"您好",则主要是出于尊重,表示同对方的关系或是尊卑有序,或是比较一般。假如你问候一位老朋友时说"您好!"这样,一下子就把你同他疏远了。

(二)见面时不要说"你吃饭了吗"

中国人见面时,常问"你吃饭了吗?"以此表示问候致意。不管什么时间,对方回答了"吃了"或"还没吃",双方便点头而过。这个习惯,西方人很不理解,他们不但不用这些话来问候别人,而且认为这样说是不礼貌的。西方人认为,如果你问对方吃饭了没有,就意味着你想邀请他去就餐或吃点东西。如果他回答"没吃"却又得不到邀请,他便会因此而生气。如果你问他去什么地方,他会认为你干涉了他的私事。

(三)"实话"直说

在日常生活中,中国人往往出于礼貌而说了不少"言不由衷"的虚话。例如,在别人家作客,主人请你多吃一点,你却说

"吃饱了",待主人一请再请,你才动手开口。而在英美人家中,主人请你喝冷饮、吃点心,如果你确实又饥又渴却要说"不饿,不渴",那么主人是不会多次请你的,因为他们会将此话当真。另一方面,中国人往往说些"有空请到我家喝茶"或"在这吃饭吧"之类的客套"虚话",在英美人听后又以为这是实实在在的邀请。因此,为了避免误会,在与英美人交谈时,应注意"实话"直说,"虚话"不说。

(四)注意说话内容的先后次序

中国人往往先说明请求的原因,然后才提出正题。这与西方人的习惯恰恰相反。由于这个差异,中国人的请求在西方人看来往往啰哩啰嗦、不着边际。例如,英美人接电话,先自报家门:"这里是××公司,我们能帮你什么忙?"待对方说明要与谁对话时才问:"我可以知道你的姓名吗?"而中国人接电话往往先问:"喂,哪里?"接下来可能会问:"你是谁?"或"你要找谁?"因此,在与英美人电话交谈时,切忌这种开场白;否则,英美人会觉得你不礼貌而挂断电话。

(五)问年龄很有讲究

中国人问老人的年龄,习惯用"您多大年纪了?""您老高寿?"听到这类问话,老人往往会很高兴地回答你,因为这类问话很有礼貌。但是,你如果直接去问一个外国人的年龄,他会很不愉快,认为这不礼貌,也是对他的不尊重。如果需要问外宾年龄时,你应面带笑容,客客气气地说:"××先生,我可以问一问您的年龄吗?"如果外宾高兴,他会马上回答;反之,他会回避这个问题,这时你就不要再追问了。对外国女人,问年龄更要谨慎。

(六)上厕所用语要文明

中国人上厕所时,习惯说:"上厕所""上茅房""方便一下"

等。但在国外,人们却不这样说。在美国,男厕所叫"男士室"(Men'Room),女厕所叫"女士室"(Lady'Room)。上厕所有很多说法,但都避讳"厕所"二字,而是用"我想洗洗手""请稍候""请原谅我耽误您几分钟"之类的话来代替。话语一出口,大家心照不宣,彼此毫不见怪。

三、谈话话题

和外国人交往,了解如何选择适宜的谈话话题,是至关重要的。如果稍有疏忽,就很有可能无意中冒犯了对方。

(一)话题的选择

同外国人交谈,最好选择外国人喜闻乐道的话题。体育比赛、文艺演出、电影电视、风光名胜、旅游度假和烹饪小吃等方面的话题,大家都会感兴趣。这类话题能使人轻松愉快,会受到普遍欢迎。此外,还可选择双方熟悉的话题。

与外国人接触或交往,如能找到双方都熟悉的话题,就等于找到了共同的语言,有助于彼此间的理解和沟通。

(二)话题的禁忌

同外国人交谈,下列话题通常是不宜谈论的:

(1)过分的关心和劝戒。中国人讲究关心他人比关心自己更为重要,而外国人则强调个性独立和个人至上。因此,中国式的善意的关心和劝戒不能滥用于外宾。如果你提醒外宾"天太凉,该加衣服了"或者建议他"去买一双新鞋吧"。显然,你是出于好意,而外宾则会认为是粗暴地干涉了他的自由。

(2)个人的私生活。西方社会是以高度重视个人利益为特征的社会,每个人都希望自己的权利得到他人的承认,同时也尊重别人的权利。西方人是不喜欢别人问及他们私生活的。他们认为,自己的私生活与他人无关。因此,在与外宾交谈时,不能询问或谈论外宾的年龄、婚姻、履历、工资收入、住址、家庭财产、服饰价格、汽车的式样与价格、生活习惯等私事。这些话题在中国人的交谈中是屡见不鲜的,而外宾则认为是涉及到个人的私生活或个人隐私,因而是不能忍受的。

(3)令人不愉快的事情。健康与疾病、衰老与死亡、惨案与丑闻、色情故事、讨厌的甲虫等方面的话题,不仅格调庸俗、低下,而且会令人不愉快,所以不宜谈及。中国人相见时,往往互相问候对方身体状况如何;而外宾则不愿谈论这种话题。如果你与病人讨论、分析病情,将会被外宾看做是失礼的。

(4)他人的长短。在外宾面前传播小道消息,议论同伴的家长里短、单位中的人际纠葛、女士的美丑和胖瘦、路人的服饰与发型,讥笑或讽刺他人等,都是非常无聊的。这样的人会被外宾看做是缺乏教养和不务正业。

(5)宗教信仰、政治主张和当事国的内政等方面的话题。

(6)自己不熟悉的话题。在与外宾交谈时,我们应当回避自己不熟悉的话题。一知半解,故弄玄虚,不懂装懂,不仅不会带来好处,反而会给外宾留下华而不实的印象。若是班门弄斧,一旦遇上行家认真起来,自己却答非所问,一问三不知,那就丢人了。如果外宾主动谈起我们不熟悉的话题,应当洗耳恭听,必要时可以实相告,虚心请教。

在与外宾交谈中,如果万一谈到了外宾反感的问题,应该表示歉意,并立即转移话题。对外宾不愿回答的问题,不要追问,不能究根问底。

第三节 涉外迎送礼仪

迎送，顾名思义，就是迎来送往或迎接送别，这是一种常见的社交礼仪。在国际交往中，对外国来访的客人，通常视其身份和访问的性质以及两国关系等情况，安排相应的迎接送别活动，称为"涉外迎送"。

在一般情况下，对外国国家元首、政府首脑和军方首领的正式访问，各国一般都要举行隆重的迎送仪式，如安排检阅仪仗队等。对一般代表团和人员的访问，一般不举行正式欢迎仪式。但是，对于应邀前来访问者，无论官方人士、专业代表团还是民间团体、知名人士，在他们抵达或离开时，都应安排相应身份的人员前往机场、车站或码头迎送。对长期在本国工作的外国人士和外交使节、专家等离任时，有关方面也应安排相应身份的人员前往机场、车站或码头迎送。

一、确定迎送规格

关于迎送规格，各国的规定不尽相同。在确定迎送规格时，主要是依据来访者的身份、访问的性质和目的，并且适当考虑两国之间的关系，同时还要注意国际惯例，综合平衡。一般按照国际礼宾惯例的"对等原则"，主要迎送人员应与来宾的身份相当。如果由于各种原因而不可能完全对等时，可灵活变通，由职位相当的人士或副职出面，并向对方作出解释。

二、掌握抵达及离开时间

必须准确掌握外宾乘坐的飞机(火车、船舶)抵达及离开的时间,迎宾人员应在来宾抵达之前到机场(车站、码头);送行人员则应在外宾离行前抵达送行地点,切勿迟到、早退。

三、献花

献花是常见的迎送外宾时用来表达敬意的礼仪之一。一般在参加迎送的主要领导人与客人握手后,由女青年或儿童将花献上,也有的由女主人向女宾献花。献花须用鲜花,并注意保持花束整洁、鲜艳,一般忌用菊花、杜鹃花、石竹花以及黄色花卉(黄色具有"断交"之意)等。有的国家习惯送花环,或者送一、二枝名贵兰花、玫瑰花等。

四、介绍

迎接外宾时,宾主双方要互相介绍、引见。一般由礼宾人员或我方迎候人员中身份最高者,率先将我方迎候人员按一定顺序一一介绍给客人,然后再由客人中身份最高者,将客人按一定顺序一一介绍给主人。若宾主早已相识,则不必介绍,双方直接行见面礼即可。

五、陪车

外宾抵达后,从机场(车站、码头)到住地,或访问途中,或访问结束后,由住地到机场(车站、码头),主人都应陪车。主人在陪车时,应注意请外宾从右侧门上车,坐于后排座的右侧;主人从左侧门上车。要避免从外宾座前穿过。如是二排座,译员应坐在司机旁边;如是三排座,译员则坐在主人前面的加座上。当代表团9人以上乘大轿车时,原则上低位者先上车,下车顺序相反。大轿车以前排为尊位,自右而左按序排列。如果外宾先上车,坐到了主人坐的左侧座位上时,则不要再请外宾移动位置。

六、注意事项

(1) 对一般外宾的迎送,通常没有官方正式仪式,主要是做好各项安排工作。如果迎接外宾的人数较多,可以事先准备特定的标志,如小旗、标牌等,使外宾从远处就能看到,便于外宾辨识。

(2) 迎送身份高的外宾,应事先在机场、码头、车站安排贵宾休息室,并备好饮料等。

(3) 要事先安排好汽车,预定住房。如有条件,可预先印好住房乘车表或打好卡片,在外宾抵达时及时发给每个人,以免外宾人数多时出现混乱。

(4) 迎送时应指派专人协助办理入出境手续及机票(车、船票)和行李提取或托运手续等事宜。人数多、行李多的重要代表团,应将主宾行李先取出,及时送往住地,以便更衣。

(5) 外宾抵达住地后,一般不要马上安排活动,应给外宾留下充足的洗漱、更衣和休息时间。迎候人员可暂时离去,走前应告诉外宾下一步的活动计划,并征得其同意。此外,还要给外宾留下主人的电话号码,以便为其提供及时的帮助。

(6) 在迎候外宾的整个过程中,迎候人员应始终面带微笑,以表示欢迎之意。不要故作矜持,一语不发。

(7) 在为外宾送行时,送行人员应在外宾临上飞机(火车、船舶)之前,按一定顺序同外宾一一握手话别。飞机起飞(火车、船舶开动)之后,送行人员应向外宾挥手致意,直至飞机(火车、船舶)在视野里消失时方可离去。否则,外宾一登上飞机(火车、船舶),送行人员就立即离去,是很失礼的。尽管只是几分钟的小事情,却很可能因小失大。

第四节 涉外会见、会谈礼仪

会见和会谈是涉外工作中两项联系紧密的活动。按照国际惯例，身份高的人会见身份低的人，称为"接见"或"召见"；身份低的人会见身份高的人，则称为"拜见"或"拜会"。我国不作这些区分，统称为"会见"。由接见和拜会产生的互访，称"回访"。

会见分礼节性、政治性和事务性等三种。礼节性会见时间较短，话题较随意；政治性会见一般涉及双边关系、国际局势等重大涉外问题；事务性会见指一般对外交涉、业务商谈等。

会谈，指多边或双边就某些重大问题以及共同关心的问题交换意见。会谈也可涉及洽谈公务，或者对某些具体业务进行谈判。会谈的内容较正式，政治性或专业性较强。

东道国对来访者，一般根据来访者的身份和访问目的，安排相应负责人会见。来访者也可主动提出拜会要求。一般情况下，身份低者拜见身份高者，来访者拜见东道主。对正式访问或专业访问，则应安排相应的会谈。外交使节到任、离任时，应对与本国有外交关系的一些国家驻当地使节作礼节性拜会。外交团间对同等级别者之间的到任礼节性拜会，应按惯例进行回拜。身份高者对身份低者可不回拜。

一、时间安排

一般国宾抵达东道国的当日或次日要拜会东道国领导人，东道国也应根据外国来宾的身份、来访目的和要求，安排相应的领导人会见。外交使节到任、离任时，应在一定时间对东道国领导人和有外交关系的其他国家的使节作礼节性拜会。

礼节性会见的时间安排,一般以半小时为宜;正式会谈的时间,则应根据会谈内容的需要来确定。

二、地点与座次

会见和会谈通常安排在会客室或办公室进行。首轮会谈,需要在庄重场所进行;第二轮及其以后的会谈,可安排在其他场所进行。

会见时,宾主可各坐一边,有时也可交错而坐。我国一般在会客室会见,座位呈八字形或弧形安放,主人在左、主宾在右,译员与记录员坐在主人和主宾的后面;其他客人按礼宾次序在主宾一侧就座,主方陪见人依次在主人一侧就座。

双边会谈通常使用长方形或椭圆形桌子,宾主双方相对而坐。以正门为准,客人面向正门,居上座;主人背门而坐,为下座。双方均以主谈人居中,其他人按礼宾次序左右排列。译员应坐在主谈人右侧,记录员一般安排在后边。有的国家也将译员安排在后边。

如果会谈人数少,还可安排在会谈桌就座。

如果正门是在长桌的一头,则以进门方向为准,右手一边是上座,由客人坐,主人坐在左边。

如果是多边会谈,座位可摆成圆形、方形或多边形,主人也背门而坐,其他人方可按礼宾次序排列。

总之,无论何种安排,都应提前在现场安排好中外文对照的座位标签。

另外,小范围的会谈,不用长桌,只设沙发,双方座位按会见座位安排。

三、会见、会谈程序

会见、会谈是社交礼仪的基本形式,在国际交往中较为常见。其活动程序一般如下:

(1)要求会见。应说明被会见人姓名、职务以及要求会见何人、会见目的。接见一方应尽早回复。

(2)接见一方的安排者,应主动向对方了解上述情况,做好安排并通知有关出席人员。

(3)准确掌握会见、会谈时间、地点和双方出席人员名单,及早通知有关单位和人员做好各项准备工作。接见方应提前到达。

(4)会见、会谈场所座位要安排足够。如双方人数较多,厅室面积较大,则应准备扩音设备。会谈如用长桌,事先应排好座位图。现场放置座签,座签上的字体应配有中外文,字迹要工整清晰。

(5)如要合影,应事先排好位次,人数较多则要准备梯架。位次安排应由主人居中,按礼宾次序,以主人右手为上,主客双方间隔排好。第一排人员要考虑人员身份,同时要考虑场地大小,即能否全部摄入画面。一般由主方人员站两端。

(6)主人应在门口迎接客人。可在大楼正门迎接,也可在会客厅门口,或者先由礼宾人员在大门口迎候,再引入会客室。如要合影应安排在宾主握手之后,合影后再入座。会见结束时,主人应送至车前或门口握别,目送客人离去后再退回。

(7)领导人之间的会见或会谈,除陪见人和必要的翻译、记录外,其他人员在安排就绪后均退出。如允许记者采访,也只是在正式谈话开始前几分钟,然后全部离开。谈话期间,旁人不要随意进出。

一般官员、民间人士的会见,安排方面与上述相同,也应事先申明来意,约妥时间、地点,通知来人身份和人数,准时赴约。礼节性拜访一般不要逗留过久,半小时左右即可告辞。客人来访后,应伺机回访。如客人为祝贺生日、节日等喜庆日来访,可暂不回访,而在对方节日、生日时前往探望祝贺。

四、礼节要求

(1)在国际交往中,同外宾会见、会谈时,要落落大方,诚恳自然。同时注意内外有别,不要强加于人,自吹自擂。

(2)外宾谈话时,不要轻易打断,要给对方充分表达思想的机会。要面向外宾,注意倾听,不可只和我方人员或译员私下嘀咕,也不要作出心不在焉或闭目养神状。谈话声的高低应适当。如没有听明白,不妨再问一遍。如发觉外宾对我方谈话有未领会的神情,应及时通过译员解释清楚。

(3)与外宾谈话,要实事求是。称赞对方不宜过分,自己谦虚也须适当。不要打听外宾私事,更不要以对方的生理特征为话题。涉及对外事项和外宾的各种要求,如无把握,不得擅自表态许诺。我方的内部安排,未经许可,不得向外宾透露。自己不清楚的事,不要随便答复,答应了的事要设法办到。

第五节 涉外宴请礼仪

一、涉外宴请的形式

涉外宴请,是指在国际交往中出于某种需要而设宴招待客人的礼仪活动。它是最常见的交际形式之一。各国宴请都有本国和本民族的特点和习惯。

在国际上,通行的宴请形式有宴会、招待会、茶会、工作餐四种。

(一)宴会

宴会,是指在正餐时间举行的宴请活动。宴会必须坐下进食,由服务员依次上菜。宴会大体上分为国宴、正式宴会和便宴三种。另外,根据举行时间的不同,宴会又有早宴(共进早餐)、午宴和晚宴之分。一般来讲,晚宴比白天的宴请较为隆重和正式。

1. 国宴

国宴是国家元首或政府首脑为国家的庆典,或为外国元首、政府首脑来访而举行的正式宴会,规格最高。宴会厅内悬挂国旗,安排乐队演奏国歌及席间乐(一般为两国民族乐曲)。席间要致祝辞或祝酒辞。

2. 正式宴会

正式宴会与国宴的安排大体相同,只是不挂国旗,不奏国歌以及出席规格有所不同。有时也安排乐队奏席间乐。宾主均按身份排位就座。对餐具、酒水、菜肴道数、陈设以及服务员的装束、仪态的要求都很严格。通常菜肴包括冷盆、汤和几道热菜(中餐一般用四、五道,西餐多用二、三道),最后上点心、甜食和水果。国外宴会餐前还要上开胃酒。常用的开胃酒有:雪梨酒、白葡萄酒、马提尼酒、金酒加汽水(冰块)、苏格兰威士忌加冰水(苏打水),另外也上啤酒、果汁、矿泉水等饮料。席间佐餐用酒,一般多用红、白葡萄酒,很少用烈性酒,尤其是白酒。餐后在休息室上一小杯烈性酒,通常为白兰地。我国在这方面作法简单,餐前一般在会客室稍作叙谈,通常只上茶和饮料,也可直接入席。席间一般用两种酒,一种甜酒,一种烈性酒。餐后不再回会客室,也不用上餐后酒。①

3. 便宴

便宴,是指非正式宴会。常见的有午宴和晚宴,也有共进早餐的。这类宴会形式简便,可以不排座次,不作正式讲话,菜肴道数也较少。西方人的午宴有时不上汤,不上烈性酒。便宴较亲切、自然、宜用于日常交往。

4. 家宴

家宴,是指在家中设便宴招待客人。西方人喜欢采用这种形式,以示亲切友好。家宴往往由主妇亲自下厨烹调,家人共同招待。

(二)招待会

招待会是不备正餐较为灵活的宴请方式,备有食物、酒水,通常不排座次,可以自由走动。常见的招待会形式为:冷餐会和酒会。

1. 冷餐会

冷餐会,又称"自助餐会",这种宴请的特点是不排座次,菜肴以冷食为主,也可以用热菜,连同餐具陈设在菜台上,供客人自取。客人可自由活动,可以多次取食。酒水陈放在桌上,也可由服务员端送。冷餐会可在室内或院子里举行,设小桌椅,自由入座,也可以站立进餐。根据主、宾双方身份,招待会规格可高可低,举办时间一般在中午12时至下午2时、下午5时至7时左右。这种形式一般用于官方正式活动,便于招待人数众多的宾客。

2. 酒会

---

① 注:现在我国规定,国家、政府公务宴请中,一般不上烈性酒,而代之以绍兴酒、葡萄酒及其他软饮料等。

酒会,又称"鸡尾酒会",这种形式较活泼,便于广泛接触交谈。仅备酒水和小吃,不设座椅,仅置小桌。酒会往往在中午、下午、晚上举行。客人可在其间任何时候到达和退席,来去自由。鸡尾酒是多种酒配合成的混合饮料。酒会上不一定都用鸡尾酒,但用的酒类品种较多,并配以各种果汁,一般不用烈性酒。食品多为三明治、面包、小香肠、炸春卷等各种小吃,以牙签取食。饮料和食品由服务员用托盘端送,或部分放置在桌上。随着各国礼宾活动日趋简化,现在国际上举办大型活动往往采用酒会形式。庆祝节日、欢迎仪式,以及各种庆典、文艺、体育演出前后往往举行酒会。

(三)茶会

茶会就是指请客人品茶,是一种简便的招待形式。举行的时间一般在下午4时左右(也有上午10:00的)。茶会通常设在客厅,厅内设茶几、座椅,不排席位。如是为某贵宾举行的活动,入座时,应有意识地将主宾同主人安排坐到一起,其他人随意就座。茶会对茶叶、茶具的选择比较讲究,应具有地方特色,如一般用陶瓷器皿和地方名茶。外国人一般用红茶,略备点心和风味小吃。也有不用茶而用咖啡者,其组织安排与茶会相同。

(四)工作进餐

工作进餐是现代国际交往中常用的一种非正式宴请形式,利用进餐时间,边用餐边谈工作,常因日程安排不开而采用这种形式。一般分为工作早餐、工作午餐、工作晚餐。此类活动只请与工作有关的人员,不请配偶。双边工作进餐往往排席位,并用长桌,以便于谈话。如用长桌,其座位排法与会谈席位安排相似。

二、涉外宴请的程序

(一)确定宴请目的、对象、范围与形式

(1)宴请的目的可为某人,也可为某事。

(2)确定邀请对象应考虑主、客身份对等。

(3)邀请范围是指请哪些人,请到哪一级别,请多少人,主人一方请什么人出来作陪。

(4)宴请形式一般按照当地的习惯做法。正式、规格高、人数少的以宴会为宜,人数多的则以冷餐会或酒会更为合适,妇女活动多用茶会。

(二)确定时间、地点

(1)宴请的时间应适合主、客双方。注意不要选择双方的重大节假日和有重要活动或有禁忌的日子。

(2)对宴请地点的选择,官方正式隆重的活动,一般安排在政府、议会大厦或宾馆内进行,其余则按活动性质、规模和主人意愿及实际情况而定。

(三)发邀请和请柬

宴请活动,一般均发请柬,这既是礼貌,也供客人备忘用。便宴约妥会,也可不发请柬。工作进餐一般不发请柬。有些国家,邀请最高领导人作为主宾参加活动,需单独发邀请信,其他宾客发请柬。

请柬内容包括活动时间及地点、形式、主人姓名。行文不用标点符号,其中人名、单位名、节日和活动名称都应采用全称。中文请柬行文中不提被邀请人姓名(其姓名写在请柬信封上),主人姓名放在落款处。请柬格式与行文书面,中外文本的差异较大,注意不能生硬照译。请柬可以印刷也可手写,手写字迹要美观、清晰。

请柬信封上被邀请人的姓名、职务要书写准确。国际上习惯对夫妇俩人发一张请柬,我国内如遇需凭请柬入场的场合,则每人一张。正式宴会,最好能在发请柬之前排好席次,并在信封下角注上席次号。请柬发出后,应及时落实出席情况,准确记载,以便调整席位。

请柬一般提前一周至两周发出。已经口头约妥的活动,仍应补送请柬,在请柬右上方或下方注上"To remind"(备忘)字样。需安排座位的宴请活动,应要求被邀者答复能否出席。请柬上一般注上 R.S.V.P(请答复)法文缩写字样,并注明联系电话,也可用电话询问能否出席。

(四)订菜

宴请的酒菜根据活动形式和规格,在规定的费用标准以内安排,选菜主要考虑主宾的喜好和禁忌。如个别人有特殊需要,也可以单独为其上菜。菜肴道数和分量都要适宜。在地方上,宜用有地方特色的食品招待,用本地产的名酒。不能以个人认为名贵的菜招待客人。无论哪一种宴请,事先均应开列菜单,并征求主要负责人的同意。宴会可印制或书写菜单,菜单一般一桌二、三份,至少一份。

(五)席位安排

正式宴会一般均排座次,也可只排部分客人的座次,其他人只排桌次或自由入座。并在入席前通知到每一个出席者,现场应有人引导。

按国际惯例,桌次高低以离主桌位置远近而定,右高左低。桌数较多时,要摆桌次卡。同一桌上,座次高低以离主人的座位远近而定。外国习惯,男女穿插安排,以女主人为准,主宾在女主人右上方,主宾夫人在男主人右上方。我国习惯按职务排列以便于谈话,如夫人出席,通常把女方排在一起,即主宾坐男主人右上方,其夫人坐女主人右上方。两桌以上的宴会,其他各桌第一主人的位置可以与主桌主人位置同向,也可以面对主桌的位置为主位。

在排座次前,要把主、客双方出席名单分别按礼宾次序开列出来。除此以外,在具体安排座次时,还需要考虑其他实际情况。适当照顾身份大体相同、使用同一语言者,或属同一专业的,可排在一起。翻译一般安排在主宾的右侧。在许多国家,翻译不上席,只安排坐在主人和主宾的背后,以便工作。

除上述常规情况外,遇特殊情况也可灵活处理。如遇主宾身份高于主人,为表示对他的尊重,也可以把主宾摆在主人的位置上,而主人则坐在主宾位置上,第二主人坐在主宾的左侧。如果本国出席人员中有身份高于主人者,可以由身份高者坐主位,主人坐身份高者左侧。主宾有夫人,而主人的夫人又不能出席,通常可请其他身份相当的妇女作第二主人。如无适当身份的妇女出席,也可把主宾夫妇安排在主人的左右两侧。

座次排妥后着手写座签。我方举行的宴会,中文写在上面,外文写在下面。可打印,也可用钢笔或毛笔书写,字不能太小,以便于辨认。便宴、家宴可以不摆座签,但主人对客人的座位要有大致安排。

(六)现场布置

宴会厅和休息室的布置取决于活动的性质和形式。官方正式活动场所的布置应严肃、庄重、大方。

宴会可用圆桌,也可用长桌或方桌。两桌以上的宴会,桌子间的距离要适当,座位间距离也要相等。如安排有乐队演奏席间乐,不要离得太近,乐声宜轻。宴会休息室通常放小茶几或小圆桌,与酒会布置类同,如人数少,也可按客厅布置。

冷餐会的菜台用长方桌,通常靠四周陈设,也可根据宴会厅情况,摆在房间的中间。如坐下用餐,可摆四、五人一桌的方桌或圆桌。座位要安排足够,以便客人自由就座。

酒会一般摆小圆桌或茶几,以便放花瓶、烟缸、干果、小吃等。也可以在四周放些椅子,供妇孺体弱者就坐。

(七)准备餐具

(1)应按人数和菜肴的道数准备餐具。餐具用品要保持清洁卫生。餐巾、桌布应浆洗熨平。酒杯、饮料、碗碟、筷子、刀叉应洗净擦亮。应准备足够每道菜撤换用的菜盘。

(2)中餐的餐具有筷子、匙、碗、盘、小碟、酱醋碟等。

(3)西餐的餐具有刀、叉、匙、盘、杯等。

三、涉外宴请现场的礼宾工作

(1)主人应在门口组成迎宾线迎接客人。其位置在客人进门存衣以后进入休息厅之前。客人握手后,由工作人员引进餐前休息室,或者直接进入宴会厅,但不入座。休息室内有相应身份的人员照料客人。主宾到达后,由主人陪同进入休息室与其他客人见面。然后准时进入宴会厅,全体客人就坐,宴会正式开始。

(2)正式宴会一般要致辞,可由主人在用甜食前先讲话,再由客人讲。一般宴会可在客人入席后即致辞。冷餐会和酒会讲话时间则更灵活。用完水果,主人、主宾起立,宴会结束。

(3)外国人的日常宴请在女主人为第一主人时,往往以她的行为为准。入席时女主人先坐下,并由女主人招呼客人开始就餐。餐毕,女主人请全体女宾一起退出宴会厅,然后男宾起立,尾随进入休息室。男女宾客在休息室会齐,再上茶(咖啡)等饮料。主宾告辞,主人应送至门口,然后与其他客人握别。

(4)家宴比较随便。客人到达,主人主动趋前握手,如主人正与其他客人周旋,则客人应前去握手问好。餐毕即可陆续告辞。通常男宾先与男主人告别,女宾与女主人告别,然后交叉,再与家庭其他成员握别。

(5)礼宾人员应提前到现场检查落实准备工作。如是宴会,事先将座签及菜单摆好。座签置于酒杯前或平摆于餐具前方,不能放在餐盘内。菜单放在餐具右侧。

(6)席位的通知,除请柬上注明外,现场可采用以下两种方法:①在宴会厅前设置宴会简图,图上注明客人的席位;②在卡片上注明出席者姓名和席次,或印出全场席位示意图,标明出席者位置,发给本人。大型宴会宜采用后者,具体明了。通知卡片,可利用客人在休息室时分发,也可趁客人从衣帽间出来时,由服务员用托盘将其递上。如果是口头通知,则由礼宾人员在休息室通知每位客人。

(7)宴会前要落实讲稿。一般双方事先交换讲稿,举办宴会的一方先提供。代表团访问,欢迎宴会由东道国先提供讲稿;回请则由代表团先提供讲稿。现场译员应事先商定。

四、涉外宴请的礼节要求

(1)接到宴会邀请后(无论是请柬还是邀请信),能否出席要尽早答复对方。对注有 R.S.V.P.(请答复)字样的,无论出席与否,均应迅速答复。注有"Regrets only"(不能出席请复)字样的,如要出席,可不回复,但不能出席时则应及时回复。经口头约妥再发来的请柬,上面一般注有"To remind"(备忘)字样,只起提醒作用,不必答复。答复对方,可打电话或复便函。接受邀请之后,不要随意改动。万一有特殊情况不能出席,尤其是主宾,应尽早向主人解释、道歉,甚至亲自登门致歉。

(2)严格掌握出席时间。出席宴会,根据各国习惯,正点或晚一两分钟抵达;在我国,要求正点或提前几分钟或按主人的要求到达。身份高者可略迟到达,一般客人宜略早到达,主宾退席后再陆续告辞。出席酒会,可在请柬上注明的时间内到达。确实有事需提前退席,应向主人说明后悄悄离去,也可事前打招呼,届时离席。迟到、早退、逗留时间过短均有失礼或有意冷落之嫌。

(3)到达宴请地点,先到衣帽间脱下大衣和帽子,然后前往主人迎宾处,主动向主人问好或祝贺。参加外国庆祝活动。可按国际惯例赠送花束或花篮。参加家宴,可酌情赠女主人一些鲜花。

(4)应邀出席宴请,应听从主人安排入席。如是宴会,进入宴会厅之前,先了解自己的席次和座次,入座时注意桌上座签是否写有自己的名字。如邻座是年长者或妇女,应主动协助他们先坐下。

(5)主人举杯招呼,宴会正式开始才可进餐。取菜时,不要盛得过多。盘中食物吃完后,如不够,可以再取。如由服务员分菜,需增添时,服务员送上时再取。如遇本人不能吃或不爱吃的菜肴,当服务员上菜或主人夹菜时,不要拒绝,可取少量放在盘内,并表示"谢谢,够了。"对不合口味的菜,勿显露出难堪的表情。

(6)进食要文雅。闭嘴咀嚼,吃东西不要发出声音,喝汤不要啜。如汤、菜太热,切勿用嘴吹,可稍待凉后再吃。嘴内的鱼刺、骨头不要直接外吐,用餐巾掩口,用手(吃中餐可用筷子)取出,或轻轻吐在叉上,放在菜盘内。吃剩的菜,用过的餐具、牙签,都应放在盘内,不要放在桌上。嘴内有食物时,不要说话。剔牙时,用手或餐巾掩口。

(7)宴请用餐期间,应主动与同桌的人交谈,尤其是左右邻座。不要只同几个熟人或只同一两个人说话。邻座如系初见,可主动自我介绍。

(8)祝酒时,主人和主宾先碰,人多可同时举杯示意,不一定碰杯,切忌交叉碰杯。在主人和主宾致辞、祝酒时,应暂停进餐、交谈,注意倾听,不要抽烟。奏国歌时应肃立。主人和主宾讲完话与贵宾席人员碰杯后,往往到其他各席敬酒,这时应起立举杯。碰杯时,要目视对方致意。

宴会上相互敬酒能增进友情,活跃气氛,但切忌酗酒。外事活动中喝酒必须控制在本人酒量的三分之一以内。

(9)在社交场合,即使天气炎热,也不能当众解开钮扣,脱下衣服。小型便宴,如主人请客人宽衣,男宾可脱下外衣搭在椅背上。

(10)喝茶、咖啡时,可从桌上自取牛奶、糖,加入杯中,用小茶匙搅拌后,茶匙仍放回碟内。喝时右手拿杯,左手端碟。

(11)吃梨、苹果等水果,不要整个咬,可先用水果刀切成几瓣,再用刀去皮、核,然后用手拿着吃,削皮时刀口朝内,从外往里削。香蕉先剥皮,用刀切成小块块。橙子用刀切成块吃,柑桔、荔枝等则可剥了皮吃。其余如西瓜、菠萝等,一般已去皮切成块,吃时可用水果刀切成小块用叉取食。

(12)在上虾、蟹时,有时送上一小水盂,水面洒有玫瑰花瓣、柠檬片或茶水,供洗手用,切勿当作一道汤食用。洗时两手轮流沾湿指头,轻轻涮洗,然后用餐巾或小毛巾擦干。

(13)有时主人备有小纪念品,宴会结束时,招呼客人带上。遇此,可稍赞扬,但不必郑重表示感谢。有时,外国访问者,往往把宴会菜单作为纪念品带走,有时还请同席者在菜单上签名留念。除主人特别示意作为纪念品的东西外,各种招待用品,包括糖果、水果、香烟等,都不要拿走。

(14)有时在出席私人宴请活动之后,往往致以便函或名片表示感谢。

(15)冷餐会、酒会,不要抢着去取食,不要围在菜台旁边,取够即退开。

(16)餐具的使用要得法,尤其是用西餐时。

(17)宴会中如发生意外情况,例如用力过猛,使餐具发出声响,或摔落地上,或打翻酒水等,不要着急。餐具碰出声音,可轻轻向邻座(或主人)说一声"对不起"。餐具掉落可由服务员另换一副。酒水打翻溅到邻座身上,应表示歉意,协助擦干;如对方是妇女,只要把干净餐巾或手帕递上即可,由她自己擦干。

第六节 涉外演出与舞会礼仪

一、涉外演出的礼仪

涉外演出,是指邀请外国客人观看文艺演出和体育表演。这是开展对外活动的一种方式。涉外演出既宣传了本国文化、艺术、体育成就,对客人也是一种艺术享受和娱乐活动。外宾来访,各国都习惯安排观看演出。一个国家驻外使领馆往往利用本国文艺体育团体来访,邀请驻在国有关方面观看演出。驻在国也为常驻外交使团及其他客人举行文艺晚会或电影招待会。

在西方,上大剧院观看演出是一种隆重高雅的娱乐活动,服饰均按最隆重场合穿戴,就像出席正式宴会。剧场秩序要求也很严格,演出时观众自觉保持肃静,迟到者只能在幕间进场。电影招待会要求在放映时保持安静。体育表演比较随便。

(一)涉外演出的程序

(1)选节目。选定节目要从两方面考虑:一从活动的目的与可能出发,二要适当从客人的兴趣考虑。主要应安排客人观看具有本国民族特色的节目。对节目的内容应事先了解,以免因政治内容或宗教信仰、风俗习惯等问题引起不愉快。组织专场晚会,如是歌舞节目,尽可能安排一些外宾所在国家的节目,以体现对外宾的友好。

(2)发邀请。发邀请与宴请大致相同。商定邀请人数时,要考虑场地的容量,一定要给客人准备足够的座位。

(3)排座位。观看演出应按客人的身份事先安排座位。观看文艺节目,贵宾席一般是第 7~8 排座位(外国大剧院以包厢为最好)。看电影则是 15 排前后(宽银幕影片再靠后一些)。专场演出通常把贵宾席留给主人和主要客人,其他客人可排座位,也可自由入座。如对号入座,应将座号与请柬一道发出。

(4)专场演出的入席与退席。专场演出,可安排普通观众先入座,主宾席客人在开幕前由主人陪同入场。他们入场时,其他观众应起立鼓掌欢迎。演出进行中,观众不得退场,演出结束,全场起立向演员热烈鼓掌表示感谢,一般观众待贵宾退场后再离去。

(5)摄影。许多国家禁止在演出期间摄影,这既是为了保证演出效果,也是维护剧团专利。外国文艺团体演出,拍摄电影、电视、照相、录音,尤其是现场转播,事先必须征得剧团同意。音乐演奏会,演出过程中,不可因拍照而随意加灯光。我国招待外宾举行的专场文艺演出,可拍摄新闻照片和电视。

(6)说明书。如是专场演出,应备有说明书,用中、外文印成,并提前将剧情介绍或说明书提供给客人。

(7)献花。许多国家习惯在演出结束时向演员献花。我国在专场或首场演出结束时,也往往献花篮或花束,主宾在主人陪同下登台向演员致谢。这种安排,主人一般不提示客人献花,更不一定要让客人登台与演员握手。但我国代表团出国访问,则应事前了解情况,如当地有献花习惯,应主动献花。也有客人献花而不登台,但不献花而登台则较罕见。

(二)涉外演出的礼节要求

(1)接到请柬,能否出席,应及早回复主人,以免剧场空缺,影响气氛。如不能出席,已送来的戏票按主人意见处理。

(2)请柬如附有座位号码,应对号入座。如无座位号,到现场了解座位分配情况,然后入座,不要冒然坐到贵宾席上。

(3)演出进行中应保持肃静,不要谈话,不要大声咳嗽或打哈欠,更不要打瞌睡。观看节目,主人可略作介绍,主要让客人自己欣赏。陪同翻译声音要轻,否则会引起周围观众不满。演出场所禁止吸烟,更不能嗑瓜子、吃零食。

(4)节目在演出进行中不要鼓掌,不要叫好,更不要吹口哨。节目终了,报以掌声。切忌对节目表示不满或失望。除有政治问题外,一般都鼓掌。

(5)观看体育比赛,要发扬优良的体育道德,尊重客队。不起哄,不吹口哨,不鼓倒掌、喝倒彩。对客队的领先,应热烈鼓掌。

二、涉外舞会礼仪

涉外舞会,是指国际社交礼仪活动中一种跳交谊舞的集会。它通常在晚上举行,可以作为一项单独活动,也可以作为宴请的余兴活动。遇有重大喜庆节日,有些国家的舞会甚至通宵达旦。大型舞会,中间往往穿插安排短小的文艺节目。

(一)涉外舞会的程序

(1)发邀请时,被邀请的男女客人人数要大致相等。对已婚者,一般均请夫妇。

(2)请柬上应注明舞会起讫时间,客人可在其间任何时候到场和退席。

(3)舞池地板上要上蜡保持光滑。最好安排乐队伴奏。

(4)举办舞会,通常在餐厅备有咖啡、茶水、点心等饮料和食品,以便客人可以随时到餐厅取用。

(二)涉外舞会的礼节要求

(1)参加舞会,服装要整齐。国外惯例是,在请柬上注明服装要求,以穿晚礼服和西装为多。即使天气炎热,如主人未表示请宽衣,男宾不能随意脱下外套。跳舞时,穿戴要整齐。

(2)第一场舞,主人夫妇、主宾夫妇共舞(如夫人不跳,也可由已成年的女儿代替)。第二场,男主人与主宾夫人,女主人与男主宾共舞。舞会中,男主人应陪无舞伴的女宾跳舞,或为她们介绍舞伴,并要照顾其他客人。男主宾应轮流邀请其他女宾,而其他男宾则应争取先邀女主人共舞。男子避免全场只同一位女子共舞,切忌同性共舞。

(3)男方邀请女方共舞,如有其丈夫或父母倍伴,则应先向其丈夫或父母致意。请舞时,应立正,向对方点头邀请,待对方同意后,陪伴进舞池。如对方不同意,不能勉强。一曲完毕,男方应向女方致谢,并陪送回原处,并向其周围亲属点头致意后离去。女方无故拒绝男方邀请是不礼貌的,如实在不愿意同某人共舞,可婉言辞谢,但一曲未了,不要再同别的男子共舞。跳舞要注意舞姿,男方应挺胸收腹,右手在女方腰部正中。自己不熟悉的舞步,不要下场。跳舞时不能吸烟、戴口罩。

第七节 涉外参观游览礼仪

涉外参观游览,是指外国客人在访问或旅游期间对一些风景名胜、单位设施等进行实地浏览、观看和欣赏。来访的外国人以及我出访人员,为了了解去访国家情况,达到出访目的,都应组织一些参观游览活动。

一、涉外参观游览的程序

(1)选定项目。选择参观游览项目,应根据访问目的、性质和客人的意愿、兴趣、特点以及我方当地实际条件来确定。对于外国政府官员、大财团、大企业家一般应安排参观反映我经济发展情况的部门单位和经济开发区,以及重点招商项目。对于一般的企业家、商人和有关专业人员可安排参观与其有关的部门、单位、同时安排一些有地方特色的游览项目。

年老体弱者不宜安排长时间步行的项目,心脏病患者不宜登高。一般来说,对身份高的代表团,事前可了解其要求;对一般代表团,可在其到达后,提出方案,共同商定。对方提出的要求,在可能情况下尽量予以满足,如果确有困难,可如实告知,并作适当解释。

(2)安排日程。当参观游览项目确定后,应制定详细活动计划和日程,包括参观线路、座谈内容、交通工具等,并及时通知有关接待单位和人员,以便于各方密切配合。

(3)陪同参观。按国际惯例,外宾前往参观时,一般都安排相应身份的人员陪同。如有身份高的主人陪同,宜提前通知对方。接待单位要配备精干人员出面接待,并安排解说介绍人员,切忌前呼后拥。参观现场的在岗人员,不要围观客人。遇客人问话,可有礼貌地回答。

(4)解说介绍。参观游览的重头戏是解说介绍。如参观单位部门,可先全面介绍其概况,借机宣传我改革开放政策和投资环境。有条件的可播放一段有关情况的录像片,这样既可节省时间,又可事先让客人对情况略有所知,经过实地参观,效果会更好。陪同解说员和导游应对有关情况有所准备,介绍情况要实事求是,运用材料、数据要确切,不可一问三不知,也不可含糊其辞。确实回答不了的,可表示自己不清楚,待咨询有关人员后再答复。遇较大团组,宜用扩音话筒。另外,遇有保密部位的,则不能介绍,客人提出要求,应予婉拒。

(5)乘车、用餐和摄影。在出发之前,要及时检查车况,分析行车路线,预先安排好用餐。路远的还要预先安排好中途休息室,要把出发、集合和用餐的时间地点及时通知客人和全体工作人员。一般地方均允许客人摄影。如有不能摄影处,应事先说明,现场要竖中英文"禁止摄影"标志牌。

二、在国外参观游览的礼节要求

(1)出访人员、团组要求参观,可通过书面、电话或面谈方式向接待单位提出,经允许后方能成行。参观内容,要符合访问目的和实际,要注意客随主便,不要强人所难。在商定之后,要核实时间、地点和路线。

(2)参观过程,应专心听取介绍,不可因介绍枯燥或不对胃口而显露出不耐烦和漫不经心状,这是极不礼貌的。同时应广泛接触、交谈、以增进了解,加强友谊。注意尊重对方的风俗和宗教习俗。如要拍照,事先向接待人员了解有无禁止摄影的规定。参观游览,对服装要求不严格,不必穿礼服,穿西装可以不打领带,但应注意清洁整齐,仪容也宜修整。参观毕,应向主人表示感谢,上车离开时,应在车上向主人挥手道别。

第八节 礼宾次序与国旗悬挂

一、礼宾次序

(一)礼宾次序的概念

礼宾次序,是指在国际交往中对出席活动的国家、团体、人士的位次,按某些规则和惯例进行排列的先后次序。它不仅体现着东道主给予外宾的礼遇,而且在一些国际性场合还表示各国主权平等的地位。礼宾次序安排不当或不符合国际惯例,往往会引起不必要的误会与交涉,甚至影响国家关系。所以,对于礼宾次序的排列,看起来很简单,可是一旦出了问题,就是大事。所谓"外事无小事",就是这个意思。由此可见,在组织涉外活动时,必须高度重视礼宾次序。

(二)礼宾次序的要求

在国际交往中,凡涉及位次排列时,约定俗成,都讲究以右为大、为长、为尊;以左为小、为次、为偏。大至悬挂国旗、会见会谈的座次安排、国宴的席位安排,小至坐车、行走均是以右为尊、以右为贵。因此,在涉外交往中,就应遵循"以右为尊"的原则,把右侧让给贵宾、尊者和长者,以示礼遇。

(三)礼宾次序的排列方法

按照国际惯例,常见的礼宾次序有下列三种排列方法:

1. 按来宾的身份与职务的高低顺序排列

在国际交往中,一般按来宾的身份与职务的高低顺序安排礼宾次序。这也是礼宾次序排列的主要依据。例如,按国家元首、副元首、政府总理(首相)、副总理(副首相)、部长、副部长等顺序排列。在部长级人员中,外交部长应列首位。各国提供的正式名单或正式通知是确定职务的依据。由于各国的国家体制不同,部门之间的职务高低也不尽一致,所以要根据各国的规定,按相当的级别和官衔进行安排。在多边活动中,有时按其他方法排列,但无论按何种方法排列,都必须考虑身份与职务高低的问题。

2. 按参加国国名字母顺序排列

在多边活动中,如国际性会议、多边谈判、国际体育比赛等,有时按参加国国名字母顺序排列礼宾次序。一般以英文字排列居多,少数情况也有按其他语种的字母顺序排列。在国际会议上,公布与会者名单,悬挂与会国国旗,以及座位安排等,均按各国国名的英文拼写字母的顺序排列。在联合国召开联合国大会、各专门机构会议和悬挂会员国国旗等,均按此法。联合国大会的席位序次,也按英文字母排列,但为了避免一些国家总是占据前排席位,因此每年要抽签一次,决定本年度大会的席位以哪个字母打头,以便让各国都有机会排在前列。在国际体育比赛中,体育代表团名称的排列,开幕式出场的顺序,一般都按国名字母顺序排列(东道国一般排在最后)。代表团观礼或召开理事会、委员会等,应按出席代表团的团长的身份高低排列。

3. 按通知代表团组成的日期先后排列

在一些国家举行的多边活动中,按通知代表团组成的日期先后排列礼宾次序是经常采用的方法之一。东道国对同等身份的外国代表团,按派遣国通知代表团组成的日期先后排列,或按代表团抵达活动地点的时间先后排列,或按派遣国决定应邀派遣代表团参加活动的答复时间先后排列。究竟采用何种排列方法,东道国在致各国的邀请书中,都应加以明确注明。

在实际工作中,遇到的情况往往是复杂的。例如,有的国家出于当前国家关系和国际政治形势,在特殊情况下,会撇开国际惯例,而把关系密切国家的代表排在最前列。所以,礼宾次序的排列常常不能按一种排列方法,而是几种方法的交叉,并考虑其他特殊因素。例如,在某一多边国际活动中,首先是按代表团团长的身份高低来确定与会代表团的礼宾次序,这是最基本的。在同级代表团中,按派遣国通知代表团组成日期的先后来确定;对同级和同时收到通知的代表团按国名英文字母顺序排列。此外,还要考虑国家之间的关系,活动的性质、内容和对活动贡献的大小,以及参加活动者的威望、资历高低等因素。例如,常把同一国家集团的、同一地区的、同一宗教信仰的或关系特殊的国家的代表团,排在前列或排在一起;对同一级别的人员,常把威望高、资历深、年龄大者,排在前列;有时还考虑业务性质、相互关系、语言交流等因素,如在观礼、观看比赛和演出,特别是在大型宴请时,在考虑身份与职务的前提下,将业务性质对口的、语言相通的、宗教信仰一致的、风俗习惯相近的,安排在一起。

总之,在具体安排中,要耐心、细致、反复考虑研究,设想多种方案,以避免因礼宾次序方面的问题引起一些不愉快。

二、国旗悬挂

国旗,是指某个国家由宪法规定的代表国家的旗帜。它是国家的标志和象征,代表着一个国家的尊严。国旗能够唤起国民的爱国热情,培养国民对国家的责任感和荣誉感。

国旗悬挂,是指在国际性会议或外交场合将国旗挂起。人们往往通过悬挂国旗表示对本国的热爱或对他国的尊重。在一个主权国家的领土上,一般不得随意悬挂他国国旗。许多国家对于悬挂外国国旗,都有专门规定。在国际交往中,还形成了悬挂国旗的一些惯例,为各国所公认。

(一)悬挂国旗的场所

(1)国际公认,一个国家外交代表在接受国境内,有权在其办公处和官邸,以及交通工具上悬挂本国国旗。

(2)按国际关系准则,一国元首、政府首脑在他国国土上访问,在其住所及交通工具上悬挂本国国旗(或元首旗)是一种外交特权。东道国在接待来访的外国元首、政府首脑时,在隆重场合、贵宾下榻的宾馆、乘坐的汽车上悬挂对方(或双方)的国旗(或元首旗),这是一种礼遇。

(3)在国际会议上,除会场悬挂与会国国旗外,各国政府代表团团长,也按会议组织者有关规定,在一些场所或车辆上悬挂本国国旗。

(二)悬挂国旗的要求

(1)制旗规范,旗面完好、整洁。各国国旗的图案、式样、颜色、比例均按本国宪法规定。不同国家的国旗,有时长、宽比例是不同的,因此在并排悬挂时,应按同一规格略放大或缩小,使旗的面积大致相等。不仅如此,旗面还要完好、整洁,不能使用有污损的国旗。

(2)在建筑物上,或室外悬挂国旗,应日出升旗,日落降旗。参加升降国旗者,要服装整齐,立正,脱帽行注目礼。升旗一定要升至杆顶。

(3)悬挂双方国旗,右为上,左为下。两国国旗并挂时,应以旗本身面向为准,右挂客方国旗,左挂主方国旗。在汽车上挂国旗时,以汽车行进方向为准,司机右手为客方,左手为主方。

(4)国旗不得倒挂、反挂。一个国家的国旗由于文字和图案的原因,不能竖挂、反挂。因此,正式场合悬挂国旗宜以正面(即旗套在旗的右方)面向观众,不用反面。如挂在墙壁上,应避免交叉挂和竖挂。

(5)悬旗致哀,应降半旗。降半旗的方法是先将旗升至杆顶,再下降至离杆顶相当于杆长三分之一的地方。降旗时,也应先将旗升至杆顶,然后再下降。此外,还有的国家不降半旗,而在国旗上方挂黑纱致哀。

第九节 东西方礼仪的特点及世界部分国家的习俗与禁忌

一、东方礼仪的特点

古老的东方,以其富有人情味的传统礼仪向世人散发着无穷的魅力。与西方礼仪比较,东方礼仪具有以下几个特点:

(1)重视血缘。东方的民族,都非常重视家族和血缘关系。"老吾老以及人之老,幼吾幼以及人之幼",敬老爱幼之风,自古皆然。在中国、日本人的家庭里,四代同堂,共处一室,这在西方人看来是不可思议的。"落叶归根""父母在,不远游",无不体现出东方人强烈的家庭种族观念。

(2)谦逊含蓄。与率直坦诚的西方人相比,东方人显得谦逊和含蓄。中国人以及日本人在给人送礼物时,尽管礼物是经过精心挑选的上品,但在送人时也总会恭敬地说些"微薄之礼,不成敬意,请笑纳"之类的谦恭话语。而西方人在送人礼物时,则会说:"这是最好的礼品。"一位东方姑娘面对称赞她美丽漂亮的先生,若不摇头否定会被看做是失礼的;而一位西方姑娘若不对称赞她漂亮的先生说声"谢谢",则被看成是不礼貌的。

(3)强调共性。在西方,提倡个性自由,崇尚个人力量;而在东方,国家、民族甚至"集团"的凝聚力非常强烈。在日本,企业的经营也充满着家庭式色彩,富有人情味,人人视为集团谋事出力而为荣。

(4)礼尚往来。"来而不往,非礼也"。基于这种思想,日文中馈赠一词为:"赠答",意为赠送和还礼。日本人很注重还礼,如突然接受礼品而无物可还时,即便是用纸张代替,也要放入对方送礼的容器里,以示自己答谢之情。

二、西方礼仪的特点

西方礼仪的产生与西方文明的发展有着密切的关系,它萌芽于古希腊,形成于十七和十八世纪的法国,其间深受古希腊、古罗马、法兰西等国文化的影响。西方礼仪完全不同于东方礼仪,它具有简单实用、强调个人尊严、提倡自由平等、尊重妇女等特点。

(1)简单实用。西方礼仪是西方各国人们在长期的实践活动中产生和形成的。因此,西方礼仪具有很强的现实性。

(2)强调个人尊严。西方人维护个人尊严,崇尚个人的力量,追求个人的利益。在西方,冒犯到对方"私人的"地方是非常失礼的行为。因为他们尊重别人的隐私权,也要求别人尊重他们的隐私权。

(3)自由平等开放。从古希腊开始,在与自然抗争中,古希腊人就形成了独立进取的乐观精神,提倡人人平等,积极参与竞争,漠视家庭血缘关系。西方人崇尚"绝对的"个人自由。

(4)尊重妇女。在西方,"女士优先"不单是一个口号,而是确确实实体现在现实生活中。

三、世界部分国家的习俗与禁忌

(一)日本

日本食物主要由米饭、蔬菜、海鲜和水果构成。早餐一般在上午6~8点。午餐从正午到下午1点,而且一般以快餐为主。晚餐从下午6点到8点,米饭和汤是晚餐的主食。最能代表日本饮食特色的是生鱼片、寿司以及茶道。日本人喜欢吃生鱼,常把活鱼切成薄如蝉翼的鱼片,佐以姜丝、酱汁等拌着吃。寿司为米饭团,在饭团里卷上鱼、虾等,用手拿着吃。日本以茶道著称于世,茶道是以沏茶、品茶为手段,用以联络感情、陶冶性情且又富有艺术性、礼节性的一种独特的活动。

日本的传统民族服装为和服。男女和服款式基本相同,其主要区别在于:男式和服一般是单色布料,腰间束带较窄且短;女式和服一般用花布制成,后腰处系一个大布包,称为"腰包",独具风格。与和服配套的鞋子叫草履,草履呈椭圆足形,用草、皮革、布制作而成。日本女子身着和服、足登草履,出席各种隆重的仪式,尽显日本民族的情趣。

日本人喜欢名牌货,但对装饰着狐狸和獾的图案的东西极为反感。到日本人家里作客,携带的菊花只能有十五片花瓣,因为只有皇室帽徽上才有十六瓣的花。日本是世界上最重送礼的国家,礼品要注意包装,用宣纸做包装纸表明你有高尚的审美观,那些容易引起话题的礼品常受人欣赏。但送礼时不要让对方感到措手不及,因为没有现成礼物回赠而感到窘迫。送礼时,表情要自然、诚恳。送日本人礼物最好送三、五、七件,但绝不要送"四"件,因为日语里"四"与"死"同音。

(二)英国

在英国,除了一日三餐之外,威士忌最具有代表性。威士忌是一种以麦类、玉米为原料的"蒸馏酒",以苏格兰所产的最为有名。英国有很多酒吧和小酒店,是消遣的好地方。大多数英国人喜欢到那里喝酒。

英国人对着装特别讲究,而且不同场合的服饰也不尽相同。许多正式的宴会或舞会,往往会在请柬上注明服装要求。出席正式场合一般须着礼服,礼服有晨礼服、小礼服、大礼服之分。晨礼服的上装为灰黑色,后摆为圆尾形,下衣为深灰色底、黑条子裤,系灰领带,着黑皮鞋,戴黑礼帽;这种礼服一般在白天参加典礼、星期日教堂礼拜,以及参加婚礼等场合时穿用。小礼服,也称"晚餐礼服"或"便礼服",为全白色或全黑色西装上衣,衣领镶有缎面,腰间仅一钮扣,下衣为配有缎带的黑裤,系黑色领结,穿黑色皮鞋。这种礼服一般用于出席晚宴、音乐会、剧院演出等活动。大礼服,也称"燕尾服",为黑色或深蓝色上装,前摆齐腰剪平,后摆剪成燕尾样子,翻领上镶有缎面,下衣为黑色或蓝色配有缎带,裤腿外面有黑丝带的长裤,系白色领结,配黑皮鞋、黑袜子、白色手套。

英国人讲究外表,认为外表决定一切,因而应尽力避免感情的外露。英国人在送礼时,一般送较轻的礼品,由于花费不多就不会被认为是一种贿赂。合适的送礼时机应是:晚上请人在上等餐馆用完晚餐或在剧院看完演出之后。英国人喜欢高级巧克力、名酒和鲜花。对于饰有客人所属公司标记的礼品,大多都不欣赏。由于业务关系和私人关系泾渭分明,英国人最不注重送礼。办理业务的人之间,如送礼过重,被认为不合适。到英国人家作客,带上鲜花或小件东西即可。

(三)法国

法国素有"奶酪王国""面包王国"等美称,而法国大菜、白兰地及香槟酒更是誉满全球。法国菜非常讲究烹调,花色品种丰富多彩,法国的厨师在国内享有很高的地位。

巴黎是世界时装的中心。由于时装的影响,法国人对社交场合的服装很讲究。法国的妇女是世界上最爱打扮的妇女,在巴黎街头很难发现穿着同样服装的两个女子。在日常生活中,她们给人的印象是:随意、时髦。法国男士的礼服主要有常礼服、吸烟服、晚礼服、丧服等。

对法国人来说,初次见面就送礼往往会被认为不善交际,甚至行为粗鲁。到法国人家里登门拜访时,送花是不可缺少的,但千万别送菊花,因为它表示悲哀。如果要在主人家住上几天,送一件银制礼品比较恰当。不要送香水给法国女性商业对手,这对于只有一般业务联系的人来说未免太过于亲密了,所送礼品应该表达出对她的智慧的赞美,不要显得过于亲密。

(四)美国

美国的饮食特色可谓五花八门,但是最具代表性的却是快餐。美国人用餐一般不在精美细致上下功夫,而讲求效率和方便。所以,快餐便成为美国式饮食的最典型特征。受欢迎的快餐是汉堡包、热狗、三明治以及各种饮料,而经营快餐的麦当劳、肯德基等店也已在世界各地落户。

美国是一个移民国家。美国人的衣着跟饮食一样显得五花八门,工装裤、牛仔服、毛线衫、运动服、夹克衫等,都是他们喜爱的服装。但在正式场合,美国人还是很讲究着装礼节的。

在美国,朋友之间也互赠礼品。美国人举行家庭招待会,在两三个小时内同时接待几十名来访的亲友,客人送不送礼皆可。如果出席专为宾客举行的家宴时,就应带些小礼品,美国人之间一般送瓶酒或鲜花。在美国,如果客人赴宴不送礼品,往往意味着准备回请一次。美国人在接受礼品时,往往当场打开礼品,这时送礼者介绍几句,受礼者赞扬一番,气氛会颇为亲切融洽。美国人虽然不太注重礼品的价值,但却十分讲究礼品的包装。美国有专门的礼品包装纸和装饰花样供送礼者选择。

复习思考题

1. 涉外礼仪的基本原则有哪些?
2. 在与外国人交谈时,应选择什么样的话题?哪些话题是不宜谈论的?
3. 在国际交往中,迎送礼仪包括哪些方面?应注意哪些事项?
4. 涉外宴请的形式有哪些?
5. 涉外宴请的程序怎样?
6. 涉外宴请现场的礼宾工作有哪些?
7. 涉外宴请的礼节要求有哪些?
8. 涉外演出与涉外舞会的礼节要求分别有哪些?
9. 在国外参观游览的礼节要求有哪些?
10. 东方礼仪与西方礼仪各具有哪些特点?

第十一章

现代礼仪文书

第一节 现代礼仪文书的概念和作用

一、现代礼仪文书的概念

现代礼仪文书,是社会组织、企事业单位或有关部门与广大公众加深了解、密切关系、沟通感情、交流信息的书面形式。它是文书的一个种类。礼仪类文书作为现代社会公共关系、社交行为和礼仪活动的重要组成部分,既是公关部门、社会企业、部门组织与广大公众沟通信息的传播载体,也是一种礼仪行为,是礼仪在精神和意识方面的体现。礼仪类文书的写作,谋求的不是直接推销商品,而是通过某种间接方式,帮助企业、服务部门树立良好的形象,不间断地与内外公众沟通信息、协调关系,扫除相互关系中的障碍,谋求合作与信任,以便使其获得尽可能多的经济效益和社会效益。

企业的公关礼仪活动,是一种长期的情感投资活动。礼仪类文书是实现对客户施加影响的重要方式和手段。所以,从某种意义上说,礼仪类文书比实际的公关礼仪活动更为复杂多样,要求自然也就更高。它有着不可替代的宣传、协调功能,而且还具有保存性,甚至还可以成为公关社交活动的凭据。

二、现代礼仪文书的作用

现代礼仪文书的写作动机、写作目的,是非常直接和明显的。即为满足公众的利益服务、为塑造企业的形象服务;为实现公关功能服务、为取得最佳的社会效益和最大的经济效益服务。礼仪文书通过与公众的感情联络,致力于企业与公众双方利益的平衡,谋求共同的协调发展,融洽真诚合作的平等互惠关系,帮助企业与公众之间建立一种和谐的贸易关系,并促使这种关系持续不断地发展下去。

礼仪文书注重双向沟通。它不仅重视信息的发送,而且十分重视信息的反馈,并以此来调节和改善后继信息的内容和量度。通过与公众的业务交流,可以帮助企业与公众之间建立更加密切的信息传播网络,促进双向信息沟通,为更有效地制定营销策略和措施提供依据。

礼仪文书还致力于改善企业自身的管理机制和外部环境的关系,通过信息的处理、协调,实现企业的决策。通过对企业的优质服务、优质管理以及科技水平的宣传,可以帮助企业树立良好的形象,提高信誉和声望。

礼仪文书通过与公众的友好交流,可以增进公众对企业的理解、信任和支持,强化对本企业产品的偏爱程度,使得已经相信本企业的公众更加深信不移。

礼仪文书通过对企业及产品的介绍,可以提高企业及产品的知名度和美誉度,通过特定环境融洽气氛的创造,可以吸引更多的公众,成为广交朋友、发展贸易的桥梁和纽带。

第二节　现代礼仪文书的写作要求

现代礼仪文书撰拟的质量,直接关系到公关社交工作,影响着一个单位甚至国家的形象。因此,礼仪文书的写作是一项丝毫苟且不得的、严肃而重要的工作。

现代礼仪文书的写作,要求具有一定的马克思主义理论修养,较高的政策水平,强烈的公共意识,丰富的知识储备,良好的写作习惯,求实、进取的工作作风;要求做到内容真、意图善、形式美,并且要把三者紧密结合起来;要求写出来的文章,生动而不轻浮,锐利而不偏激,形象而不浅薄,感人而不过度。现代礼仪文书的写作,除了一般文书写作所应有的要求外,还有以下几个方面的基本要求:

一、实事求是

实事求是,就是不弄虚作假,说真话,讲真实。礼仪文书的一个远大目标,就是要促进社会上各种组织和各类公众的交流、谅解与合作,用真实、准确、公正、负责的态度为公众服务,让每一类公众对所提供的每一个信息都确信无疑。

礼仪文书必须遵循诚实可信的原则。只有这样,才可保证公关工作最后取得胜利和成功,从而在公众心目中树立起良好的形象。那种故弄玄虚、张冠李戴、添油加醋、笔下生花的手段,变稻草为黄金的伎俩,只能一害公众,二害国家,最终也必将自食其果,不仅会在公众中信誉扫地,还会受到社会舆论的谴责乃至法律的制裁。

一个企业在生产经营工作中犯有错误或有违纪行为时,依靠笔下功夫是搪塞、掩饰不了的;凭摇唇鼓舌而诿过他人,也不可能减轻责任。正确的做法是借助各种传播媒介,实事求是,承认错误,分析得失,求得公众的谅解,并且从根本上另寻出路。

当然,讲实事求是,并不是必须在一篇文章中囊括所有的事实,而不能有所选择、有所取舍。总之,要事实要真,态度要真,情感要真。

二、感情要真挚

礼仪类文书无论从交际目的还是从交际情境来说,真挚的感情都是至关重要的因素。感情不是无缘无故的,它来自人们对现实生活的体验,只有做到有感而发,才能表达真情实感。那种纯粹为了应付、俗套的、言不由衷的礼仪文书,是难以达到沟通双方情感、塑造良好形象的目的的。

(一)热情恳切,言由衷发

待人以诚,是一切社交之本。要以诚相见,必须出自真挚的感情抒发言辞。无论哪一类礼仪文书,都必须尊敬对方、态度热诚、言辞恳切、言由衷发。"感人心者,莫过于情",在撰写礼仪文书时,要充分发挥感情的积极作用,注意树立自身的形象,使人觉得既无矫揉造作、故弄玄虚之感,也无任凭感情放纵之嫌。

(二)中心突出,态度明确

礼仪文书应具有突出的中心思想以及明确的思想态度,应该注重赞扬人世间一切美好的事物,歌颂人们向往未来、追求美好幸福人生的思想感情和美德。

(三)内容透彻,质朴亲切

礼仪文书的内容力求写深、写透,不要给人留下矫揉造作、哗众取宠之感;要以真挚亲切的感情、质朴的风格为贵,不要一味追求文辞的华丽。"情者文之经,辞者理之纬",对于礼仪文书写作来说,渗透在字里行间、贯穿于各种文体之中的情感,就显得尤为突出和重要。有了诚挚质朴的情意,文章才会有感染力、感召力,人们才乐于接受。

三、语言要得体

礼仪文书在语言方面有特定的要求,既要具备一般文书语言的共同特点,又要有同礼仪活动内容和表达方式相适应的个性特点。

(一)措辞恰当

措辞恰当,就是明确无误、实事求是地表达主体对客观事物的认识和态度,一份思想不清、冗长杂乱、前后矛盾、不切实际的礼仪类文书,必然会使对方费解或误解,以致误时误事、影响工作。而要做到措辞恰当,首先在起草时,就应将可有可无的字、句、段和空话、套话删去。只有确保用词准确无误,才能避免产生误解和歧义。

(二)简要鲜明

礼仪类文书的语言必须简明精炼,惜墨如金;不拖泥带水、丢三落四,不含糊其辞、模棱两可。这是现代礼仪类文书发展的必然趋势。所以,写礼仪文书时,首先要对文稿着意推敲、修改压缩,提倡写短文,要给公众以明确的而不是含糊、空洞的概念。其次,要力求言简意赅,多选用精炼的、表现力强的词语,并在尽可能简短的篇幅里,提供尽可能多的信息,以便更好地表达情感。

(三)朴实叙议

朴实叙议是礼仪类文书在语言上有别于文学作品的一个重

要特点。文学作品为了追求艺术感染力,在语言上可以铺陈渲染,夸张虚饰;礼仪类文书只求对客观事物作如实反映,实实在在,质朴无华,通俗明快,一目了然,而不求词语的华丽含蓄,更不能用曲笔。叙述事情的始末,一看便知,一听便懂;议论问题的是非,深入浅出,易于理解。在风格上是露而不藏,而不是藏而不露,既不拐弯抹角,也不做作卖弄。当然,朴实无华并不等于淡而无味;平易明朗也并不等于浅显,更不同于不修边幅,随随便便。朴实无华是貌似寻常,而华在其内。朴实是对语言精心锤炼的结果,没有较高的语言驾驭能力,是无法运用纯情、精炼的语言的。礼仪类文书的语言,就是要让人在平易朴实的话语中见真情、见风貌,追求那种"清水出芙蓉"的表达效果。

四、体式要规范

礼仪类文书是企业的化身、组织的喉舌,因此写作礼仪类文书和其他应用文体一样,也要具备规范的体式。具体而言,就是在写作的规格程序和结构模式方面,要力求做到阅读方便、归档和微机处理方便。

在科技高速发展的现代社会,计算机正逐步取代手工操作的办公方式,办公效率不断提高。程序的运用是运用计算机从事工作的核心,礼仪类文书写作的规范化、程式化,正是现代办公方式的要求和体现。

礼仪类文书写作的规范体式,主要包括以下几个方面:

礼仪类文书的文体,一般都设有标题。标题大都由主体名称、主要内容和文体名称三部分组成。在写作时,要注意标题的严肃性,不要任意增加或省略,以免造成对方阅读困难。

(二)格式

礼仪文书的文体,一般都明显地分为文头、正文和文尾三部分。正文是中心内容,一般由事由、引据、申述、归结等四个部分组成。正确使用格式的好处是:不致遗漏表达的内容,不会用错习惯用语,避免把文章拉长。

(三)行文关系

在处理行文关系上,如无特殊情况和紧急事宜,一般应按照直接的隶属关系行文而不能越级。平行或不相隶属的机关、部门、组织之间,应当使用平行的礼仪类文书,而不能使用上行的或者下行的礼仪类文书。

(四)礼仪用语

礼仪类文书的用语,一般包括称谓语、经办语、引叙语、期请语、表态语、结尾语等。写作礼仪类文书在使用专门用语时,应该弄清楚其特定的含义和使用习惯,以免错用、滥用,弄巧成拙。当然,礼仪类文书语言的这种固定模式,也并不是一成不变的。随着社会公关礼仪的不断开展,一些新的礼仪用语将会逐步取代旧的用语。因此,在进行礼仪类文书的写作时,除要保持文书体式的规范、正确和完整以外,还应注意吸收新的、富有生命力的用语,以便使礼仪类文书不断充满新意和活力。

第三节 日常礼仪文书

日常礼仪类文书大多数是用于企事业单位或社会组织与各类公众交往的一种文体。它包括的内容很多,其中与社交礼仪相关的文书,主要有请柬、聘请书、感谢信、慰问信、贺信、贺电、贺卡、致词等。

一、请柬

请柬,也称"请帖",是为了邀请客人而发出的一种短小通知。我国是礼仪之邦、文明古国,中华民族具有悠久的文化历史。在邀请宾客前来参加会议或精心安排的活动时,常采用发送请柬这种书面邀请的形式。

发送请柬,能够显示邀请的礼貌性。它的主要作用有3个:一是表示对客人的尊重;二是表明邀请者对此事的郑重态度;三是对客人起提醒、备忘之用。

(一)请柬的格式

请柬有一定的书写格式,一般由名称、称呼、正文、习惯结尾语和落款等五部分构成。

(1)名称。在封面或第一行中间写上"请柬"或"请帖"。

(2)称呼。抬头顶格写清被邀请的单位的名称,如邀请的是个人,则应写清其姓名、职衔和职称。

(3)正文。即交待活动内容,如开座谈会、联欢晚会、过生日等;交待举行活动的时间和地点。如果是请看戏或其他表演等,还应将入场券附上。

(4)习惯结尾语。在正文后另起一行空两格写"敬请"二字,然后再另起一生顶格写"光临"二字。

(5)落款。即署明邀请单位的全称或邀请者的姓名,以及发出请柬的时间。如是组织邀请,须盖上公章。

(二)请柬的写作要求

(1)请柬是具有特殊意义的书信,一些有意义的请柬,往往被人们当做纪念品而珍藏起来。因此,它的款式和装帧都比较精致讲究而有艺术性,从而使人在接到一帧精美的请柬时,会感到快乐和亲切。此外,在书写时,还应注意字迹工整、美观大方,能充分体现一个组织或个人的层次水平和礼貌风度。

(2)为了提高工作效率,适应现代社会生活的需要,请柬的内容应简明扼要,语气应婉转并带有协商、祈望、请求的口吻,能表现出主人的热情和诚意,切忌使用生硬的命令式口气。

(3)发送请柬表明邀请者对所举办活动的郑重,也表示对客人的尊重。因此,即使近在咫尺,也需要发送请柬。而且,还要仔细核对书写的地点、时间、人名、内容是否清晰无误。

(4)如果是以个人名义发的请柬,落款应签名;如果是以单位名义发的请柬,落款应盖公章。

二、聘书

聘书是邀请外单位人员担任本单位某项职务或承担某项工作时使用的一种礼仪文书。由于需方对应聘者的聘请是出于对应聘者的信任和尊重,因此授予聘书,能加强应聘者的工作责任感,使其更好地发挥作用。

(一)聘请书的格式

(1)标题。可以在正中写上标题"聘书"或"聘请书"字样,也可以不写标题。

(2)正文。一般要交代聘请的原因和请去做何事情,但也有的不交代聘请的原因,只说明聘请去做什么事情或担任什么工作。正文中还要写上对被聘者的希望。

(3)结语。一般是表示敬意和祝贺。

(4)署名和日期。结语下一行偏右处写上聘请单位的名称并加盖公章,再下一行写清年、月、日。

(二)注意事项

(1)文字言简意赅,行文语气和善,态度诚恳真切。

(2)要慎重确定聘期和工作权限,以避免受聘者无法应聘或聘而无权等现象的发生。

(3)要加盖公章。因聘书是以单位名义发出的,所以一定要加盖公章后才能生效。

三、感谢信

感谢信是为感谢对方的关心、支持和帮助而写的书信。它的对象及事迹,一般都和写感谢信的人有直接的关系。所以,应满怀感激之情,把对方的好思想、好作风以及光荣事迹概括地写出来。感谢信不仅有感谢的意思,而且有表扬的内涵。

(一)感谢信的格式

(1)第一行。正中写"感谢信"或"致×××的感谢信"等字样,字体要大些。

(2)开头。顶格书写感谢对象的单位名称或个人姓名。

(3)正文。从第三行空两格起,写感谢的内容和感激心情。首先,要精炼地叙述对方的好品德、好作风与先进事迹。特别是要重点叙述在关键时刻,因对方的关心、支持、帮助而产生的效果。然后,再表示向对方学习的态度和决心。

(4)结尾。写上表示敬意、感激的话,如"致以最诚挚的敬礼""此致""敬礼"等。

(5)署名。署单位名称或个人姓名,并注明写信的年、月、日。

(二)注意事项

(1)要把被感谢的人物、事件,准确地叙述清楚,使对方能够回忆起来或让他人了解情况。

(2)应满怀感激之情去议论和评价事迹的深刻含义,并表示谢意和学习的决心。

(3)语言要真诚、朴素、热情、亲切,表达谢意的行动要符合实际、切实可行。文字要精炼,评价要恰当,篇幅不宜太长。

四、慰问信

慰问信,是以组织或个人的名义向有关单位或人员表示慰问的专用书信。它能够充分地体现组织的温暖和同志、亲人之间的深情厚谊,给人以继续前进的力量、勇气和信心。

(一)慰问信的类型

(1)向做出贡献的集体或个人表示亲切慰问,鼓励他们发扬成绩,戒骄戒躁,继续努力。

(2)向由于某种原因而遭受重大损失或巨大困难的集体或个人表示深切的同情和安慰,鼓励他们克服困难,改变现状。

(3)节日慰问。

(二)慰问信的格式

(1)正文。上方正中写"慰问信"或"致×××的慰问信",字体要大些。

(2)开头。顶格写被慰问的单位或个人的称呼。

(3)正文。另起一行,空两格写慰问的内容。开头说明写慰问信的背景、原因,接着写表示深切慰问,常用"致以亲切的慰问""致以节日的祝贺"等。然后,再概括地叙述对方的先进思想、先进事迹以及战胜困难的可贵品质和高尚风格。最后,向对方表示慰问或学习。

(4)结尾。以表示共同愿望、决心的话语作结尾,并写上"祝节日愉快!""祝你们取得更大成绩!"等祝愿或希望的语句。

(5)落款。署名和日期写在正文的右下方。

(三)注意事项

(1)要向对方表示出慰问的倾向性和赞扬功绩或表达同情的激励之情,使对方有情谊深厚、温暖如春的感觉。

(2)语气要诚恳、真切,文字要简洁朴素。篇幅不宜过长。

五、贺信、贺电、贺卡

贺信、贺电和贺卡,都是向对方表示祝贺、赞颂的礼仪类文书。它或是祝贺对方取得卓越成就、巨大贡献,或是用于祝贺某项工程竣工、某项科研项目成功,或是对个人的就任、晋级、寿诞表示祝贺,或是借新年、圣诞及对方生日之际表达庆贺之意的。这类文书形式虽然短小简单,但却是联络感情的纽带。

贺信是表示祝贺的书信;贺电是表示祝贺、赞颂的电报;以卡片形式表示的即为贺卡。贺信、贺电、贺卡一般是直接寄给对方。当然,贺信、贺电可以在报刊上登载,也可在电视、电台上播放。贺卡一般没有什么统一的要求,通常又分新年卡、圣诞卡、生日卡等多种类型。贺卡既可以精心制作,也可以购买现成卡。

(一)贺信、贺电的格式

(1)标题。第一行正中写"贺信"或"贺电"字样。

(2)开头。顶格写被祝贺单位或个人的称呼,并加冒号。

(3)正文。另起一行,空两格起写贺信、贺电的内容。主要概括说明对方在哪些方面取得了成绩。如果是祝贺重要会议的召开,应该说明会议的内容及其重要性;如果是寿辰贺信、贺电,应精炼、概括地说明对方的贡献和品德。然后,再表示热烈的祝贺和赞扬,并给以热情的鼓励和殷切的希望。

(4)结尾。写上表示祝愿的话,如"祝大会胜利成功!""祝取得更大的胜利!""祝健康长寿!"等。

(5)落款。另起一行,在右下方写祝贺单位或个人姓名,并注明贺信、贺电发出的年、月、日。

(二)注意事项

(1)表示祝贺的感情要饱满、充沛,给人以鼓舞和力量。

(2)贺信、贺电的内容要实事求是,评价成绩要恰如其分,表示决心要切实可行;不可言过其实,空喊口号。

(3)语言要精炼、明快,通俗流畅,不能堆砌华丽的词藻,篇幅要短小。

(4)挑选印制好的贺卡,应注意赠言的内容,选择最贴切的。有特定内容的贺卡,最好让对方在相应的节日当天或提前几天收到,否则就失去了意义。

六、致词

致词,是指礼仪活动中表示迎送宾客和集会时应酬用的礼仪类文书。常用的致词,主要有欢迎词、祝酒词、欢送词、答谢词等。由于致词是一种面对面进行的交流形式,因而可以起到与客户交流感情、融洽关系的作用,富有感染力。

(一)致词的内容

致词中的欢迎词,是指客人光临时,主人为了表示热情的欢迎,在举行相应的礼仪活动中所发表的热情友好的讲话。

祝酒词,是指主人设宴招待客人时所发表的令客人愉快的劝酒祝愿之词。

欢送词,是指客人将要离别时,为了表示依依不舍之情,在举行相应的礼仪活动中发表的叙旧惜别、充满情意的讲话。

答谢词,是指在某个特定的社交场合,主人致欢迎词或祝酒词之后,客人为了表示感谢主人的欢迎和招待,所致的相应答词。当然,客人也可以举行必要的答谢活动,如宴会、酒会、招待会等。客人在这种场合发表的对主人的热情接待和多方面关照表示谢意的讲话,也是答谢词。

致词在内容上,一般要表达对客人的热烈欢迎之情,抒发对客人的依依惜别之情,追忆与客人友好合作的昔日往事,表示对客人的美好祝愿,并表白与客人长期合作的真诚愿望。致词可以根据所要表达的欢迎、欢送或祝愿、答谢等不同情感的需要,选择其中的内容。

(二)致词的写作要求

(1)语言要热情友好、充满浓厚的感情色彩,字里行间都应注意传递友谊。但切忌客套话连篇,如果感情不真挚,会给人以千篇一律之感,造成虚伪的印象。

(2)篇幅要简短,结构要完整;措词要得体适度,不卑不亢;词语要简洁清晰,朗朗上口。

(3)致词时,要器宇轩昂、洒脱大方,表现出应有的气度。

第四节 涉外礼仪文书

当今社会,由于社会化大生产和商品经济的不断发展,形成了一种以市场为轴心、全新的社会经济关系,使得社会交往活动突破了一个国家和民族的界限,使人们之间的交往在更为广阔的领域内迅速发展起来,随着社会主义市场经济的发展,我国必须扩大对外开放的领域,拓展国际市场和参与国际分工,发展多边贸易和经济技术合作。因此,企事业单位和社会组织为加强与国外的联系,就必然会更多地运用涉外礼仪文书。限于篇幅,在此着重介绍涉外礼仪类文书中的英文方面的外贸函电。

一、外贸函电的概念

外贸函电,是指在对外贸易时使用的通讯方式。

函,也称"信函""函件""书信",通常又分为公函与便函。

公函,是我国各进出口公司和有关部门与外商客户进行联系业务、洽谈商品交易的信件,双方通过这种方式直陈己见,灵活方便,但速度较慢。便函与公函的内容和写法相同,但不编发文字号。

电,是指电报、电传、传真。在科学技术高速发展的当今社会,作为联系业务、磋商交易、处理问题的重要手段的"快"电,已越来越受到人们的青睐。因为它能抢时间、争速度,增加经济效益。

二、外贸函电的作用

外贸函电是经贸活动中对外洽谈所必不可少的手段。在外贸活动中,贸易双方通常以函电的方式进行交易磋商,以提出或解决问题为磋商内容,以谋求贸易双方的根本利益为目的。因此,外贸函电在外贸活动中具有十分重要的作用。

一般来说,一桩买卖的成交要经历询盘、发盘、还盘和接盘四个环节,而每个环节并不是一次就能完成的,有时甚至往复数次方能达成协议。在往返不断的商品贸易磋商过程中,使用函电主要有以下两个作用:

(1)重要的媒介沟通作用。外贸函电是书面合同的主要依据,是对外经贸活动中必不可少的手段。贸易双方就交易的各项条款,进行反复磋商,最后在意见取得一致的基础上,确认成交,签订合同。在这过程中,双方通过函电的交往进行洽谈磋商,实质上就是通过沟通来实现交易目的。

(2)具有约束作用。通过函电联系业务,洽谈买卖,意味着任何一封函电对发文的一方都具有约束力,并应按函电中所提出的条件、要求去办事。

三、外贸函电的格式与写法

(一)函件的格式

外贸函件由信文和信封组成。信文的书写格式,一般包括信端、称谓、正文、结束语、祝颂语、附件和签名等几部分。

(1)信端。英文书信的信端,必须写清寄信人的地址和发信日期,同时写清收信人的姓名和地址。寄信人地址书写顺序为:门牌号、楼号、弄号、街号、城市名、国名。收信人的姓名、地址,应写在信笺的左上角,位置比右上方发信人地址低一至二行,也分数行依次写下。

(2)称谓。称谓,是对收信人的尊称语,也是书信的第一句话,写在信笺的左边,大约在信头下面半英寸左右的地方。收信人的称谓必须从信纸左边顶格写,以示尊重,而且每一词的开头的英文字母都要大写。

(3)正文。正文是函的主要部分。如果写信人要说的内容较多,可根据事情主次、情况缓急分段叙写。信的正文应该在称谓下面一行开始,信纸的左边要留有一英寸左右的空白。

(4)结束语。一般表示希望回函,或提出与发函主要内容相关的其他具体要求、希望等。

(5)祝颂语。一般是写一些表示赞美、祝愿或表示敬意的语句。在正文结束后间隔两行,从信纸中间向右写,用半行写完。

(6)附件。附件,是指附属于正文的文字材料。附件并不是每封信函都有,它是根据需要而作为正文的补充的。一般在发函纸的左下方写清楚附件的标题。

(7)签名。置于祝颂语下方,签名表示写信人负责之意。为防止假冒,务必亲自签上不易模仿的字迹。由于签名潦草,不容易认清拼法,因此在签名下面还要打明签名人的姓名和职位,以便对方了解。如果是以公司名义签署,则应打上大写的公司名称,再由公司负责人签名,打上姓名以及职务名称。

英文信封的写法,主要是指如何写寄信人姓名、地址和收信人的姓名、地址以及其他附属说明等在信封上的位置。信封上的地址必须和信封内的地址完全一致,否则会引起矛盾。

寄信人的姓名、地址一般均写在信封的左上角,地址由小到大,视长短分三、四行不等。如使用背后开口的信封,寄信人姓名、地址也可写在信封背面。

收信人的姓名、地址通常写在信封中心偏左,地址也是由小到大,长短一般也是三、四行不等。信封上的收信人姓名前要加头衔,如 Mr.、Miss、Dr. 等。

其他一些附属说明一般写在信封的左下角,有时也写在收信人上方,如 Air Mail(航空)、Registered(挂号)、Express(快速邮件)、Printed Matter(印刷品)等。

(二)外贸电报的格式与写法

通常用"cable"一词来称呼发往国外的各种电报。一份完整的电报,由四部分组成:电报头栏;收报人地址、姓名栏;电文内容和署名栏;发报人姓名、地址、电话栏。在这四部分中,后面三栏由发报人填写。

(1)收报人地址、姓名栏。拍电报必须在这一栏写清收报人的详细地址和单位名称。为了便于客户电报往来、节约费用,一般企业、团体都在电报局登记使用电报挂号(cable address)。发电人可以用收电方的电报挂号代替单位名称和地址,填在此栏方格内。

(2)电文内容和署名栏。由于电报是按电报局的收费规定按"字"来计费的,所以拍电报应在意思表达清楚完整的前提下尽量压缩字数,做到简明扼要。电报有其特殊的"电报用语",电报中所用的英文字母全部要大写,文字和句子一般不用标点符号点开,如要用应该用固定单词表示。

电报挂号除了作为通讯地址用以外,在向外商发电报时,也常常用来表示发电报单位的签名。因此,电文后要紧接着写上发报人一方的电报挂号。

(3)发报人姓名、地址、电话栏。这部分内容不拍发,也不计费,仅供电报局在必要时联系用,所以应该详细填写。

(三)电传

电传(Telex),又称"用户电报"或"打字电报",是指由电讯部门在用户那里安装电传打字机,通过国际电信系统设备,对外与同样安装有电传打字机的另一用户直接收、发电文。电传所需费用,仅约为一般电报的1/5。

电传是先进的通讯方式,主要优点如下:

(1)利用电传,通讯双方可以直接联系,也可以用来代替电话。通讯双方可以用电传打字机交换语言进行笔谈,也可以当场得知对方的答复和意见。

(2)到达时间快。在把电文用打孔带机械打成带孔的纸条,并将纸条放在电传机上传送的同时,对方就可以收到电文。

(3)在受电人不在时,电传可自动接受电讯,这对时差较大的国家和地区之间的通讯极其方便。同时,通信内容全部译印在电传纸上,发、受双方都有记录可查。

(4)费用便宜,效率高。一般电报的费用是以"字数"来计算的,而电传则以时间来计算,每分钟约可发出400个字母,加上使用电传用的是简化字和缩写字,因而可以传递大量信息,有效地提高工作效率。

起草电传文稿和起草电报时,要在保证意思明确、完整的前提下力求简练,一般不重要的词语能省则省,也可使用简化字或可缩写字以及国际贸易中通用的略语来代替较长的文字。但是,使用这些缩略语或简化字,应尽量使用那些常见的、为通讯双方所熟悉和接受的词,不要滥用那些生僻、不常见的词,以免引起误解而造成双方联络上的错误和困难。

(四)传真

传真(Fax)比电报、电传更为先进。它不仅能传递文字,还能传递图像,是一种传递各种书信、文件、手稿、图表、照片等静止图像的通信方式。用传真机传送文字图像不但速度快,而且不受自然条件的限制。此外,传真的另一优越性,就是不失真,传真既能传递信息的内容,又能传递信息的形式,把信函连同签字盖章如实地再现于收件人面前,快捷而真实。

复习思考题

1. 什么是现代礼仪文书?它有何重要作用?
2. 现代礼仪文书的写作要求有哪些?
3. 参照请柬的格式,请拟一份以商贸交易会为内容的请柬。